PARENT SURVIVAL MANUAL
Edited by
Eric Schopler

Copyright © 1995 Plenum Press, New York
Japanese translation rights arranged with
Plenum Publishing Corporation, New York
through Tuttle-Mori Agency, Inc., Tokyo

REIMEI SHOBO

まえがき

　この本は，当初は孤高な先駆者として，今やクウェートやインドや日本にまでも影響を及ぼしている指導者としてのエリック・ショプラーと彼のチームによってまとめられた。これは，彼らの30年以上の経験と，創意に満ちた仕事の成果である。またこれは，ほんの少し前までは革命的で議論を巻き起こすことになるとは信じ難いほどの，きわめて簡潔で，人道的で，合理的な考え方を結実したものでもある。成人期にある自閉症者の親たちは，かつてわが子の問題を解決するための役割を演じる人であるよりも，その原因であるとされたことは，脳裏を去らない。エリック・ショプラーが，1971年の『Autism and Childhood Schizophrenia誌』に，われわれ親のことを「共同療育者（co-therapist）」と記して，すでに親として行いつつあった努力を，妥当で強固なものにした。このことは改革以外の何ものでもなかったが，TEACCH部は自閉症児を支援する新たな方法を展開し，実際に親たちにそれを教え，親が子どもの治療を始めることを可能にした。

　この本に述べられている内容は，ありきたりの出来事であると思われることであっても，私には奇跡以上のことのような気がしている。なぜなら，親たちが自閉症児・者と生活する際に生じる，自閉症からの絶え間ない挑戦への回答として発展された，創意に富んだ解決策の集積だからである。9つの章は，単に自閉症の人との日常生活のあらゆる側面に起きる困難な事態に対処するための，示唆に富んだアイデアを提供しているのみではない。TEACCH部の基本原則，すなわち親と専門家の連携の原則に基づいて実践され

た事例が紹介され，ＴＥＡＣＣＨのスタッフは，親が行ったそれぞれの解決策に対し，自閉症についてのより一般的な課題に関連づけて，その理由と方法を分析した解説を加えている。本書『自閉症への親の支援』は，こうした相互の尊敬と信頼の下に，親と専門家が協力して成し遂げた仕事である。もはや奇跡的なことではなく，今や当然の権利のように享受しているけれども，いかにはるかな道をわれわれが歩んできたかを知る目安となろう。

クララ・クライボーン・パーク

マサチューセッツ州ウイリアムスタウン

謝　　辞

　ＴＥＡＣＣＨにおけるわれわれのあらゆる活動は，自閉症の問題に新たな洞察を与えてくれた両親の協力と参加に恩恵を受けているが，それにしても，この本で両親から受けた恩恵はユニークである。この本では，多数の親と何人かの専門家が，自閉症の行動問題についての興味深く情報豊かな解決策を，他の親や関心のある専門家と分かち合うために，350もの事例の形で執筆をしている。いくつかの事例は，匿名で記されたり，あるいは他人によって語られたものである。親の執筆者の内の何人かは，名前を伏せることを求めたため，名前をあげて個別に礼を述べることはできないが，創造的な解決策を追求した彼らすべての人々に感謝を捧げたい。また，彼らが率先して与えてくれた示唆と援助に対しても感謝したい。こうした親たちとの連携は，その仕事が子どもたちに役立つようにと，われわれを奮い立たせてくれた。
　同じように，各章の事例を集め分析を加えてくれた大勢のＴＥＡＣＣＨの仲間の偉大な功績に，感謝を捧げたい。マリー・ブリストルは，全米自閉症協会，ノースカロライナ州自閉症協会およびミシガン州自閉症協会において，親の会議を精力的に召集した。彼女はまた，ローダ・ランドラス，マーガレット・ランズィング，リー・マーカスおよびブルース・シュファーによって収集され分析された各章の内容を取りまとめた。これらすべてのセラピストたちは，自閉症の人たちへの洞察と理解をもって貢献し，ＴＥＡＣＣＨからの荷重な要望にもかかわらず，時間を割いてそれに応えている。アリス・ワートハイマーの寄稿は，とりわけ満足すべきことである。彼女は第９章に，

親としてまた代弁者としての経験を記し，収集した豊富な資源資料をあげて，親のニーズに対する並々ならぬ献身をしている。アン・バシュフォードとヴィッキー・ウィーバーは，いつもながらの能力と能率で，複雑なタイプとコンピュータを操作した。ジョン・スウェットマンとクリスティン・レーガンは，主に編集助手および技術助手の役割を務めた。スーザン・オアーは，原稿の編集の準備をして，各章における氷山の索引の説明を効果的に完成させた。アンソニー・アルバーツは，最終の編集に腐心した。われわれのほとんどの者は心理教育セラピーの経験者であるが，その1人であるキャロル・ロジーは，有効な指導方策としての氷山の比喩を描くことで，行動療法と認知療法を統合したTEACCH独自の方法の紹介に専念した。

　また，全米自閉症協会，ノースカロライナ州自閉症協会およびミシガン州自閉症協会は，親の小文の提供と地域資源の確認を通して，特別な援助を提供してくれた。われわれは，彼らの専門的な知識の提供と協力に恩義を感じている。ノースカロライナ大学医学部およびノースカロライナ州議会は，精神科TEACCH部における，われわれのあらゆる活動を可能にした。最後に，エリック・ショプラーは，約10年前にこの本をまとめるためのアイデアを提起して端緒を開いたが，刊行の遅れや，親たちや仲間によって構築されたすばらしいネットワークから逸脱するような編集上の問題があれば，彼が責任を負っている。

　1995年4月

TEACCH部

ノースカロライナ州チャペルヒル
ノースカロライナ大学医学部

目　次

まえがき　*1*
謝辞　*3*

第1章　はじめに
　　　　──親と専門家が同じ目標をめざす　*11*

1　自閉症の定義　*14*
2　背景　*16*
3　親と専門家の連携　*16*
4　療育技法の選択　*20*
　(1)　精神分析理論　*21*
　(2)　ファシリテイテッド・コミュニケーション　*22*
5　各章の紹介　*26*

第2章　反復行動と興味のかたより　*31*

1　強迫的で儀式的な手順　*33*
2　奇妙な，あるいは限られた興味　*38*
3　常同行動　*42*
4　同じことへの固執　*49*
5　儀式的な言語　*51*

第3章　コミュニケーション　55

1　言語理解に関する問題　56
　(1)　単語が多すぎることによる混乱　56
　(2)　記憶の問題　57
　(3)　聴覚情報処理の問題を軽減する　59
　(4)　意味を一般化することの失敗　60
2　表出言語の問題　61
　(1)　代替システムの必要性　62
　(2)　コミュニケーションできないことによる欲求不満　68
　(3)　さまざまな環境でコミュニケーションすることの困難さ　69
　(4)　社会的なコミュニケーションの欠如　70
　(5)　社会的なルールの理解の欠如　72
　(6)　要約　75

第4章　遊びと余暇　77

1　遊びと余暇を好きになる　79
2　ゲームのやり方を変えて楽しめるようにする　84
3　構造化を利用する　86
4　得意なところを伸ばしていく　93
5　社会性を伸ばして，地域統合を図る　98
　(1)　仲間とかかわり合う　98
　(2)　地域でレクリエーションや余暇施設を上手に利用する　101

第5章　攻撃的な行動　105

1　自分自身に向かう攻撃行動（自傷）　106
　(1)　頭突き　107

(2)　目を突く　*111*
　(3)　自分の手を嚙む　*112*
　(4)　髪を抜く　*115*
　(5)　こぶしをつぶす　*116*
　(6)　窓を壊す　*116*
　(7)　鼻の皮をむく　*118*
2　他人に対する攻撃行動　*120*
　(1)　他人を叩く，蹴る　*120*
　(2)　嚙みつき　*122*
　(3)　他人をつねる　*125*
　(4)　唾を吐く　*126*
3　物を破壊する　*127*
　(1)　家の小物を壊されないようにする　*128*
　(2)　本を破かれないようにする　*129*
　(3)　家具を壊されないようにする　*131*
　(4)　服破りをさせない　*132*

第6章　トイレの使用と衛生管理 *135*

1　トイレの使用　*136*
　(1)　生理的な要求や機能をコントロールする　*137*
　(2)　正しい場所にいく　*139*
　(3)　関連する身辺自立の技能　*141*
　(4)　トイレットトレーニングにおける行動上の問題　*142*
　(5)　困った事態に対応する　*145*
　(6)　便をこねる　*146*
2　衛生管理　*148*
　(1)　入浴　*149*
　(2)　歯磨き　*152*

(3)　身だしなみ　155

第7章　食事と睡眠　157

1　食事　159
　(1)　異食　160
　(2)　極端な偏食　163
　(3)　過食　168
　(4)　食事中の行動　169
　(5)　反芻と嘔吐　173
2　睡眠　174
　(1)　入眠障害　174
　(2)　就寝中の徘徊　177
　(3)　朝の睡眠の問題　179

第8章　行動への対処　183

1　行動への対処の一般原理　185
　(1)　トークンシステム　186
　(2)　分化強化　187
　(3)　消去　188
　(4)　レスポンスコスト　189
　(5)　対立行動分化強化　190
　(6)　タイムアウト　190
　(7)　社会的不同意　192
　(8)　新しい行動の教示　193
　(9)　環境の修正　194
2　一般的問題行動　195
　(1)　不服従　196

(2)　破壊的行動　*199*
　(3)　攻撃的行動　*203*
　(4)　薬物療法　*204*
　(5)　嫌悪療法　*205*

第9章　地域支援　*207*

1　1人からの出発　*208*
2　ローカルユニット（地域グループ）　*211*
3　チャペルヒル地域ローカルユニット　*211*
　(1)　経営　*213*
　(2)　成果　*213*
　(3)　会報　*214*
4　ローカルユニットの基礎　*214*
　(1)　支援　*215*
　(2)　教育　*215*
　(3)　広報　*215*
　(4)　擁護　*216*
　(5)　サービス　*216*
　(6)　ガイドライン　*217*
　(7)　さらなる情報のために　*218*
5　トライアングル自閉症資源ガイド　*218*
6　地域の資源ガイドを作るための手順　*221*
7　資源リスト　*222*
8　参考図書　*224*
　(1)　会報と機関誌　*224*
　(2)　図書　*226*
9　ＴＥＡＣＣＨの図書とビデオ　*231*
　(1)　図書　*231*

(2) ビデオ　*232*

監訳者あとがき　*234*
参考文献　*240*

第1章

はじめに──親と専門家が同じ目標をめざす

エリック・ショプラー

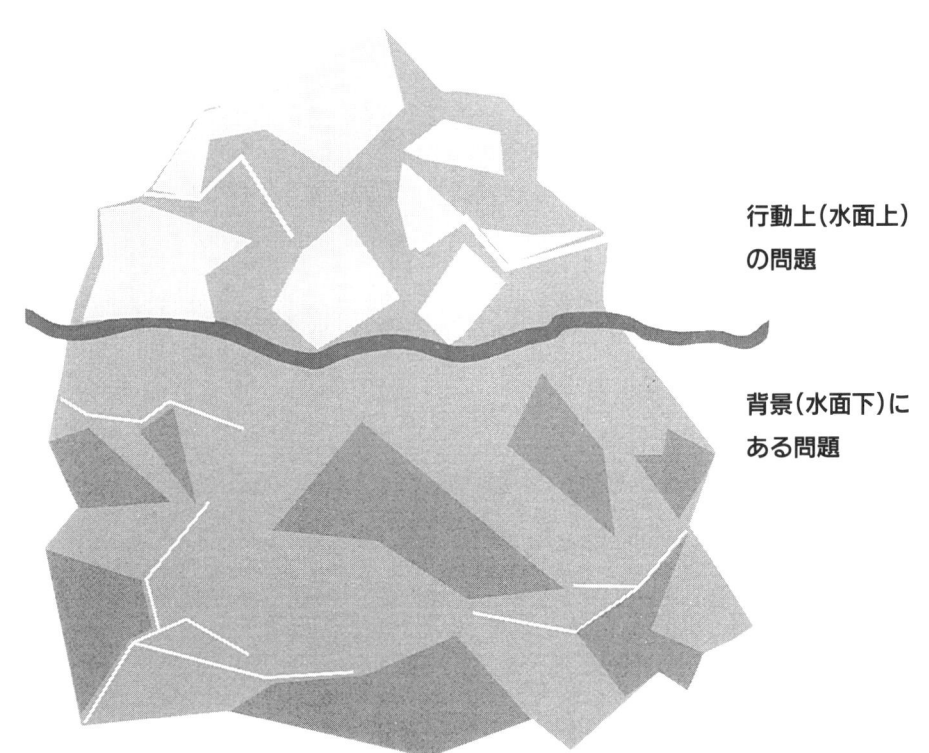

行動上（水面上）の問題

背景（水面下）にある問題

コミュニケーションや対人関係，その他の面の発達に，何らかの問題や遅れがあると気づいたとき，その子の家族をショックが襲う。それは，漠然とした事態に遭遇したときに感じる苦痛を伴っている。この問題はどのくらい長く続くのか。子どもの学習や友人関係，家族関係に影響をもたらすのか。軽度なのか，それとも重度なのか。それはどういうことを意味しているのか。診断を下せるのか，治療法はあるのか。それぞれの家族の抱える問題がさまざまであるように，こうした悩みや疑問も多種多様である。疑問の中には，知識のある専門家に相談して回答の出されるものもある。一方で，詳しいことがわからなかったり，予測の難しい問題であったり，将来への不安を含んでいるものも多い。このような悩みのいくつかは，特別な問題のない子どもの親にもあるものだが，自閉症の複雑さに伴って，時にそれは独特の姿をみせている。
　こうした悩みに直面し，気がかりな事態を引き起こす子どもたちとかかわった経験を役立てていただくために，われわれはこの本をまとめた。重要な点は，将来についての回答を模索しながら難問と闘っている親たちに，われわれが奮起させられたということである。彼らの問題解決法は，創意工夫に富み，巧みであることが多かった。時には，注意深く思慮深い観察から子どもについての新たな知識を得て，その結果を行動介入の方法に移していた。それは，専門の研究者たちによっても見出されているものであった。経験は最良の教師なのである。
　この本に取り上げている実践事例は，親の会や，州や国レベルの自閉症協会の年次総会で，6年間にわたって集めたものである。この間に，自閉症や関連する発達障害の子どもの親たちが，どんな問題を最も大変だと考えているかを知るための調査も行った。大変だとされる問題には，攻撃，コミュニケーション，異常行動や特殊な興味，トイレットトレーニング，食事と睡眠，遊びと余暇の過ごし方の困難さなどが含まれていた。これらの行動上の問題がすべてであるというわけではないが，親たちが話してくれた事例にはたびたび出てきて，文中にも引用されている。
　いくつかの実践事例には，その状況では最適で唯一可能であると思われる

第1章　はじめに——親と専門家が同じ目標をめざす

解決法が話されていた。しかし，別の問題を解決するためには，いくぶん違った解釈やアプローチの方がうまくいく場合があるかもしれない。事例の中には，われわれの求めている解決法とは異なっていても，親が結果を求めることに熱心であったという理由で，取り上げたものもある。われわれは，それらすべての事例が有益であり感動的だと思っている。というのも，それぞれの家族が自閉症という特別な問題に対処しているからであり，そこには，原因を求めたり代償を求めようという意図がないからである。にもかかわらず，彼らはその状況を効果的で前向きに対処する力と才能を持ち合わせている。また彼らのほとんどが，「なぜ私に」という思いで子どもを受けとめた苦難の時期を味わっている。しかしほとんどの場合，人をいらだたせる「砂粒の中からみつけ出した真珠」のように，その苦難の時をすばらしいものにしているのである。こうした事例は，同じような問題を抱えて苦闘している人々を奮起させることができるだろう。

　このマニュアルの目的は，親たちから聞いた実践事例を，読者に役立つようにまとめ，それぞれの事例について解説をすることである。そして，厄介な問題を観察し認識し，その行動のきっかけとなった原因を推測し，そのうえで，介入や適応のための環境条件を整備する，という点について述べることである。この場合の介入法とは，思いやりがあり，子どもにとって効果的で，個々の家族の生活様式に適しているとともに，利用可能な最良の情報を反映したものでなければならない。親が述べた介入方法の根底にみられる合理的な考え方は，専門の治療者のそれと同じである場合が多い。われわれが切に希望し期待するのは，親と専門家の両者の連携から生まれた，合理性と共感と激励に基づく英知から，読者が利益を得てほしいということである。われわれは，そこに焦点を置いている。実践事例は，困難な事態に対処するための明確な示唆を提供してくれる。さらに重要なのは，あなた方の子どもが抱える問題を適切に解決するためのヒントを与えてくれることである。われわれはどんな介入法も実践事例も特に勧めはしないし，専門家の助言の代わりにこの本を読むようにと提案したりもしない。ただし，重篤で危険な行動，あるいは，そのいずれかの行動については，専門家の支援を求めるよう

に読者の皆さんに助言したい。

　この章では，自閉症の定義や，集められた事例に登場する一群の子どもたちの定義を述べ，次いで，親と専門家の協力関係や，治療の技法や原理に優先順位をつけることの背景思想について述べている。最後に，実践事例と，この本の内容，および使い方について説明をしている。

　われわれは，この本があなた方の家族の特別な問題を理解し，対処していく出発点になることを期待している。この本には，自閉症やその周辺の問題に対するための著名な治療法は載せていないが，それぞれの子どもの問題を軽減し，発達と学習を促進させる方法を記している。自閉症についての知識を得ることは，あなたにとって重要なことではあるが，最良の知識というのは，あなたがどれだけ本を読んだかには関係がなく，子どもとの経験から得られるのである。その経験を感動的なものにし，そして，他人とそれを分かち合える人々に，このマニュアルを捧げたい。

1　自閉症の定義

　カナー（Kanner, 1943）は，精神医学の文献で初めて自閉症について述べたことで知られている。彼が自閉症について確認した特徴のいくつかは，研究機関によって支持され，アメリカ精神医学会（1994）の『診断と統計の手引き－第4版』（DSM-IV）に反映されている。DSM-IVは，3つの広範な問題，すなわち，①社会的かかわりの障害，②コミュニケーションの障害，③行動の常同的パターンや限局した興味の問題をあげ，これらの3領域について12の診断基準が設けられている。自閉症の診断がされるのは，以下のような12の基準項目のうち6項目に合致し，それらが1の領域で2項目以上，2と3の領域のどちらにも1項目以上みられた場合である。

　社会的相互作用の障害の領域には，次の4つの基準が設けられている。すなわち，ⓐ非言語性行動の使用の著明な障害，ⓑ仲間関係を年齢相応につくることの障害，ⓒ興味や成し遂げたものの他人との共有を自発的に求めることの欠如，ⓓ対人的または情緒的相互作用の欠如，である。

コミュニケーション障害の領域の基準には，次の4つが含まれている。すなわち，ⓐ話し言葉の遅れ，または欠如（代わりのコミュニケーションの仕方による補償を伴わない），ⓑ会話技能の著明な障害，ⓒ常同的で反復的な言語の使用，ⓓ年齢相応の自発的なごっこ遊びや社会性をもった遊びの欠如，である。

限定された興味と行動の領域には，次の4つの基準が含まれている。すなわち，ⓐ異常なほど常同的で限定された興味，ⓑ機能的でない習慣や儀式へのかたくななこだわり，ⓒ常同的で反復的な衒奇的運動，ⓓ物体の一部への異常なまでの関心，である。

これらの基準の6つに合致していることの他に，社会関係，コミュニケーション，想像的な遊びのいずれかに遅れを示し，その状態のはじまり，あるいははじまりを認められたのが3歳以前でなければならない。自閉症と診断するためのこうした条件が，部分的にのみみられる場合は，「広汎性発達障害」，レット障害，小児期崩壊性障害，あるいはアスペルガー障害に分類されよう。

診断基準には，この症候群の重要な点は述べられているけれども，ある子どもにはみられても別の子どもにはみられないような，多くの特徴を扱ってはいない。それらは，理解力，言語表現，注意，抽象化，混乱などの問題や，限局しない関心事には記憶が乏しいことなどである。パターン認知に相対的な強さをみせる点も，自閉症児に認められることである。同様に自閉症の社会性の問題が，次のようなテーマで研究されてきた。それは，共同注意への参加，注意の移行，社会的な愛着，理解の共有，順番の交替，話題を保持しながら会話をする能力，および，声の調子，表情，イントネーション，会話のリズムなどの社会的な手がかりを了解する能力である。これらを理解しようとする場合には，子どもの短所と長所の両面からみていく必要がある。同時に，これらの特性が，どのような環境条件でみられるのかを理解することも大切である。例えば，ひたすら大声で指示をしている教師は，子どもの注意を引くことができないが，視覚化されたスケジュールを使っている教師には，それが可能である。この本にあげている事例は，一貫して，それぞれの

子どもと問題が起こった生活状況とを，きわめて深く理解した結果を描いている。これらの事例の中で，効果的にその問題を解決するために，大勢の親たちが巧みに環境を修正しているのである。

2 背　景

30年間にわたって，われわれは自閉症児およびコミュニケーション障害児の治療教育の，最初で唯一の全州規模のプログラム（TEACCH）を展開してきた。この本は，その経験から生み出されたものである。大学を基盤にしたこのプログラムは，フロイト派の理論によって指導され，社会政策を大きく転換した，自閉症についての誤った知識と理解に対する反論から生まれている（Schopler, 1993）。

以前，自閉症児たちは，知的で強迫観念が強く情緒的に冷たいと思われた親への無意識の敵意と反発から生じた，引きこもりの状態にある子どもたちであると推測されていた。そこで，治療法として選ばれたのは，子どもを親から引き離すという方法で，公立学校を除籍して精神科の病院や居住施設に措置することであった。TEACCHの活動を開始したころ，われわれの研究と臨床的経験は，自閉症が多様な生物学的原因によって生じたものであり，親の不適切な養育態度からの引きこもりによるものではないことを示して，こうした誤解に反論してきた。親は障害の原因ではなく，むしろ子どもの社会参加のために不可欠の役割を持つ人たちである。彼らは，個別の療育過程を決定し運用する際に，専門家との必要で十分な連携のとれる人たちである。居住する地域が都市部であれ郡部であれ，子どもたちは，公立学校や地域社会で最良の支援を受けることができるのだということを，われわれは早くからその親たちに学んできた（Schopler & Reichler, 1971）。

3　親と専門家の連携

自閉症と類似の障害者のためのTEACCHプログラムが発展するにつれ

て，親の立場からの観点は，療育プログラムと研究のプロジェクトを立案したり情報を得たりするためには，きわめて重要な観点であるということを学ぶようになった。それは，われわれスタッフが親の経験から学びそれを活用する，という協力関係の成立を意味していた。そしてそれは，専門家としての知識と，多くの子どもたちとかかわった経験を，親たちに提供することでもあった。親たちは，プログラムの優先課題を決定する際にわれわれと連携し協力して，公立学校プログラム，レスパイトケア，サマーキャンプ，グループホーム，援護就労，就学前プログラムその他のプログラムを発展させることに力をつくしてくれた。

　総合的な見方をする立場でもある親の立場は，ジェネラリスト・モデルとして，多岐にわたる専門領域の訓練内容を構築するための情報源ともなった。このことは，われわれがトレーニー（訓練生）に次の点を期待するのだということを意味している。すなわち，そのトレーニーがソーシャルワーカーや，教育者，心理学者，言語病理学者，精神科医などの，それぞれの領域の専門職であったとしても，専門家養成校で学んだような特定の立場でしか子どもにかかわれないというのではなく，自閉症によって起こるあらゆる問題についての知識をもってかかわれるようにと願うのである。われわれは，親と専門家の連携の重要性に加えて，子どもが自閉症であるために生じたいくつかの教訓を親の立場から学び，6つの実践の原則に集約することができた。これらの原則が専門家によって概念的にまとめられたのに対して，親たちの体験例は，これらを直観的にとらえている。

1　**適応**　われわれは，自閉症には生涯にわたる苦闘が伴うことを見出した。治療法の探求の他は何もしない，といった高邁な研究者たちや資金供与の機関によって支えられている計画には，われわれは賛同をしない。われわれの使命は，「自閉症の人たちがまさに今生活を送っている世界への，各自の適応力を改善することだ」と確信している。そしてそれは，少なくとも次の2つの方法によって果たされる。すなわち，最も適切な指導技法を用いて生活のためのあらゆるスキルを向上させることと，いかなる障害についても環境を修正することである。適応力を改善するた

めには，こうした両方のプロセスが必要である。

2 **アセスメント**　個々の子どもの綿密な評価には，フォーマルなアセスメント（最良で最も適切なテストの活用による）と，子どもと日常的にかかわりを持つ教師や親やその他の人々によるインフォーマルなアセスメント（最良で可能な限りの思慮深い観察による）の両者が含まれる。言葉を代えると，利用可能で最適の個別化された療育方法を決めるために，個人の学習上，あるいは行動上の，問題点と長所を最もよく理解することが必要なのである。後の章で述べられるほとんどの事例に，こうした観察の経過が示されている。

3 **構造化された教育**　自閉症の人たちのほとんどは，学習上の特別な問題と同時に，一面の強さを持っている。彼らには，自分をコントロールすることの苦労や，聴覚情報処理についての困難，とりわけ，特別に興味を抱くもの以外の事柄に対する記憶の脱落が見られる。一方で彼らは，特殊な記憶力と，限局された興味と，視覚的情報処理の強さを持っている。これらの能力は，自立を教え学習を進めるために効果的に活用することができる。視覚的構造化は，学習力と自立を増進し得るのみでなく，家庭と学校と職場の連携も密にする（Mesibov, Schopler & Hearsey, 1994）。同様に大切なことは，構造化された教育は，機能的でないコミュニケーションや欲求不満から生じる多くの行動上の問題を予防するのである。構造化された教育でうまく対処できない行動上の問題についても，後の章で論じている。このマニュアルに取り上げている事例の多くは，構造化された教育の原理に基づいて実践されている。しばしば指摘のある，自閉症は視覚に強いという認識は，専門家の経験からもたらされたものである（Schopler, Mesibov & Hearsey, 1995）。

4 **能力向上のために優先すること**　指導のための最も効果的なアプローチは，現在持っている能力を活用し向上させることであり，改善されるべき短所を認識し受容することである。こうしたアプローチは，自閉症児・者を指導するためにのみ重要であるばかりでなく，親やスタッフやその他の専門家にとってもまた大切なことである。

5　**行動理論と認知理論**　最も有効な教育的介入と行動管理は，行動理論と認知理論に基づいたものである。精神分析理論や同種の理論とは異なり，これらは，実証的研究と責任あるデータで検証することができる。認知理論は，発達水準に伴う個人差を考慮している。例えば，自発性のコミュニケーションを指導する場合，身体的な動作によるか，具体物を使用するか，絵によるか，単語によるかといった，子どもの現在のコミュニケーションレベルを手がかりにする（Watson, Lord, Schaffer & Schopler, 1989）。われわれはまた，要求したいのか，注意を引くための試みなのか，拒否したいのか，情報を与えたいのか求めているのか，といったコミュニケーションの意図と，その中に含まれている意味を分析し，コミュニケーションが行われる状況も考慮する。そのうえで，すでに身についている語は，遊園地や祖母の家のような目新しい状況で教えるのに対して，新しい語は，家庭や教室のように身近な状況で教えるのである。

　一方，行動理論はこの章の後の方で議論されていて，氷山の比喩を用いて述べてある。この考えはまた，本書の主要な部分である実践事例の中で，親や教師によっても数多く応用されている。

6　**ジェネラリスト・モデル**　自閉症の人々とかかわろうとする専門家は，いかなる分野からの参加者であっても，ジェネラリストとしての訓練を受ける。それは，われわれが彼らに次のことを期待するからだ。すなわち，それぞれが受けてきた専門的訓練とは無関係に，自閉症によって生じる広範囲にわたる問題の処理能力を持つことである。このことは，すべての子どもに責任を負い，必要に応じて適切なスペシャリストに紹介することを可能にし，親の立場というものを教えてくれる。なぜなら，親というのは，子どもたちが特別なニーズを持つか否かにかかわらず，ジェネラリストとして機能することを期待されているからである。

4　療育技法の選択

　初めて自閉症という診断名を耳にした親にとって，利用できる療育技法を選択することは，費用がかかることであり，気の重い選択を求められることだといえる。過去何十年にわたって，多くの治療法や療育法の考え方が，出版物や専門誌で明らかにされてきた。表1－1に20項目を越える技法を示しているが，すべてのものを含んでいるわけではない。

　リムランド（Rimmland）は，約30種の薬物を含む100項目以上の治療法について触れている。これらは，奇跡的な改善が得られる治療法を探し求める親たちによって，あるいは，治療法を発見したという名声と報酬を望む専門家たちによって，しばしば大きな騒動をもたらしてきた。不幸なことに，科学的進歩の過程には，誤った期待に満ちていることがあり，期待した技法が単に市場取引での成功やメディアの宣伝の産物にすぎなかった，ということも頻繁に起きている。そうした場合のデータは，その技法が意図した有効性を支持しておらず，短期間で一時的な流行の結果であることが多い。これらの技法のいくつかは，社会政策へと変わるイデオロギーに育っていくものもある。中には，予想もしなかったマイナスの結果を招くという危険性を背負っているものもある。例えば，後に取り上げる精神分析理論やファシリテイテッド・コミュニケーションがそれである。

　療法の選択についてのこうした議論は，自閉症の予防法や治療法がわかっているのなら無視されてよいことだろう。しかしまだ明らかにされていないので，自閉症に立ち向かっている各家族によって，症状の改善を促すためのさまざまな方法がなおも実行され続けなければならない。全米自閉症協会は，彼らの声明の中に親の選択優先権を加えることで，この事態を認識しようとしている。選択される内容は，各家族の生活様式や居住地や受けることのできる専門的援助の内容によって異なってくる。

表1-1　自閉症の治療法

嫌悪療法	メインストリーミング
聴能訓練法	ビタミン大量療法
ダンス療法	音楽療法
脱施設化	パターニング
発達療法	薬物療法
イルカ療法	フェノチアジン誘導体
電撃療法	機能訓練法
ファシリテイテッド・コミュニケーション	遊戯療法
食事療法	乗馬療法
フェンフルラミン（食欲抑制剤）	心因論に基づく療法
抱っこ療法	感覚統合療法
強化行動療法	サイン法
交互作用法	言語療法
ロゴセラピー	

(1) 精神分析理論

　自閉症を説明するために精神分析理論を用いることで生じる誤解や苦悩については，すでに言及をした。子どもたちは公立学校から除外され，治療法として選択されたのは，施設に処置するために両親から引き離されることであった。このことは，しばしば子どもの地域生活への参加を妨げる一方，不必要に親の気力をくじくことになった。今やこの療育法は，自閉症を誤解した結果であると広く認識されている。問題は，大量の実験的研究が示しているような，自閉症を神経生物学的な過程の障害に基づくものではなく，情緒の問題として誤って分類したことである（Schopler & Mesibov, 1987）。にもかかわらず，自閉症の療育法としての誤りを立証された精神分析的な方法が，いくつかのヨーロッパの国々でなおも支配的に行われている。例えば，ほんの10年ほど前のフランスでは，他の療育法を選んで利用することができなかった。このような好ましくない状況下でも，いくつかの家族は，精神分析的な療育法の下で子どもが大きく進歩をした，と信じていたのは注目に価する

ことである。これは，社会的な方策として悲惨な結果をもたらしたような誤った理論であっても，他に方法がないときには，改善し得た何人かの人たちがいた，ということを示している。ファシリテイテッド・コミュニケーションも，精神分析と同様に，誤解や悪影響を与える可能性のあるもう1つの技法である。

(2) ファシリテイテッド・コミュニケーション

　ファシリテイテッド・コミュニケーション（ＦＣ）は，10年以上前にオーストラリアのローズマリー・クロスリー（Rosemary Crossley）が発展させた方法である。ローズマリー・クロスリーは言語療法士で，精神遅滞を伴う数人の脳性マヒのクライエントを指導していた。セラピストや，いわゆる「ファシリテーター」は，クライエントがコミュニケーションのためのメッセージを記す間，その手や腕の代わりをつとめる。この間，重度の知的障害であると考えられていたクライエントによって，予期されなかったような知的に高度な内容の，きわめて複雑なメッセージが著された。オーストラリアの評論誌の審査員は，脳性まひや自閉症であると診断された人々が高度な知的機能を有するとは認めていない。さらに審査員は，「ファシリテイテッド・コミュニケーション」がクライエントではなくファシリテーターによって創作されている，という強い疑念を述べた。研究や議論の結果，オーストラリアでは，もはやすぐれた治療法とは考えられずに，拡大コミュニケーション技法のうちの1つとみなされてきた。同じころに，アメリカ人の特殊教育家であるダグラス・ビクレン（Douglas Biklen, 1991）は，自閉症を理解し療育するための新たな突破口として，不法であるとされたＦＣをオーストラリアから持ち帰った。彼と仲間は，自閉症児の90％以上がコミュニケーションの障壁を取り払うことができたと広言した。しかし研究が重ねられ，コミュニケーションはファシリテーターが創作したものであり，ファシリテーターがその問題についての知識を持たない場合には，通常は重要なコミュニケーションが生じないことが示された（Green & Shane, 1994）。ＦＣの支持者たちは，こうした実証研究の実施に直面すると，ＦＣを成功させる基盤であ

る子どもとの信頼関係が犯されるという理由で，実験的な研究を躊躇なく斥けたのである。

　このような厳しい批判にさらされてはいたが，おそらくは，初めて愛を表現してくれたわが子を目撃した親たちの多くが，そのメッセージがどこで作られたかはさておいて，ＦＣに熱中したのは驚くにあたらないことである。不幸なことに，技法というのは裏づけとなる研究の根拠を超えて市場化され宣伝されると，予期せぬそして高価な，多くの副産物を生んでしまう。ＦＣの支持者たちが実証的研究の意義を認めないことから，ＦＣが自閉症児のための最適の拡大コミュニケーション技法であると決まったわけではない。ファシリテーターに委ねられた子どもたちは，誘導をしてタイプを打たなくても，自分でタイプを打つことができる言葉のない子どもや，話し言葉を向上させるための援助を必要としている言語能力のよい子どもであった。このような子どもたちは，コンピュータ，絵カード，記号によるシステム，シンボルの指差し，その他の拡大コミュニケーションの技法からどれかを選択するといった，それぞれに最も適したコミュニケーション技法を用いることを阻まれていた。ＦＣの過度の熱心さが生んだ破壊的な面には，親や養育者を対象にしたＦＣでの証言のみに基づく性的虐待の申し立てがあり，米国でもヨーロッパでも，裁判の件数を増やしている。ＦＣでの証言は，法廷で常に取り上げられてはいないが，巻き込まれた家族は，取り返しがつかないぐらいにその生活を破壊されてきた。

　ファシリテイテッド・コミュニケーションと精神分析が似通っているのは，どちらも，証明されていない理論に基づいているということと，支持者たちが実験的研究を試みることを拒んでいるという点である。どちらも，情緒的あるいは社会的に抑圧されたハンディキャップのない人が開放を待ち望んでいるのだ，と主張している。どちらの理論も，無意識な児童虐待と性的な児童虐待，またはそのどちらかがあったとして，両親や保護者を非難していた。しかし今なお，どちらの治療法も特定の子どもには効果的な対処法であると立証した，と確信している親や専門家もいる。

　表１−１にあげたすべての療育技法について論評するのは，この本の趣旨

ではない。しかし，次に述べるようにそれらすべてが共通に持っているいくつかの点を，明白に示すことはできる。

1 **グッド・アイデア** その治療法の創始者と仲間たちにとっては，その治療法は概念と方法ともに理にかなったすばらしいアイデアであるように思われている。脳性まひの人に対するＦＣのように，時にその技法は別の問題を改善したり，あるいは付加的なテクニックで改善された部分が増すことがわかってきた。根拠のないままに，創始者は，この技法をあらゆる自閉症の人たちに適用する価値があると確信したのである。

2 **逸話のような治療** たいていの場合，注目すべき改善を見た１，２の事例が存在し，時にそれを治療と称している。しかし，１事例としての逸話にすぎないので，改善された理由は明らかにされない。それは多くの要因によって生じた可能性があり，中には自然に生じた行動の変化も含まれている。こうした先駆的な成功談は，ニュースに飢えたマスコミや大衆雑誌や専門誌によって取り上げられる場合が多い。その結果生じる騒動は，未熟なままその技法を拡大して利用することになり，試験的な研究の結果と実際的な効果との間に混乱を生じている。

3 **限界を伴った有効性** 試験的研究に対するマスコミの過大な注目は，多くの研究者たちを得意にさせ，宣伝された奇跡を再現するために，利用し得る基金に彼らを群がらせる。こうした反復しての実施は，基盤となる適正な理論を持たない仮説同然のものに基づいていることが多く，主として宣伝文句や期待感によって推し進められているのみである。その技法がどれだけ繰り返し実践されようとも，単一の療育技法が，すべての自閉症児に，あるいは大部分の自閉症児に効果をもたらすはずがない。

4 **費用と作用** 継続して利用すると，それぞれの技法には費用がかかり，またマイナスの作用のあることがわかるが，それは，先導的研究を讃えるドラマの渦中にある創始者は思いもつかず，予想もしていなかったことである。

5 **効果のみられない資料** 療法に効果のみられないという場合には，一

般に次のような場合がある。

a 　理論は広く受け入れられているが，実証的研究が創始者によって行われていなかったり考慮されていない場合　これは，精神分析とファシリテイテッド・コミュニケーションのケースによって明らかである。

b 　利用し得る実験的な証拠資料が，治療の効果であるという主張を適切に立証していない場合　例えば，食事療法や聴能訓練による効果の測定は，9カ月後までは行われない。食事療法のケースでは，その変化は別の要因によって生じたかもしれないからである。一例をあげると，ダイエットをするために，家族全員がより注意深く構成された食事習慣を身につけた結果である場合が多い。聴能訓練では，特定の音への敏感さが修正されたのではなく，起こり得る多くの理由によって改善の見られることが多いのである。その中には，実験場面がより聴き取りやすく作られた場面であったという理由が含まれる。

c 　ある療法が，好むと好まざるとにかかわらず，制度として全員に課せられる場合　例えば，時に権利として要求された，通常の学級への統合を意味するインクルージョンは，ある人々にとっては望ましいことであっても，別の人々にはまったく否定的な場合がある。脱施設化は，多くの患者を詰め込んだ精神科病棟のような施設を閉ざしめたが，一方で，多数の放浪者の増加をみた。それは，観念論者の触れていないことがらである。つまり，療育の手続きが制度に変わると，ある人々にとっては効果的かもしれないが，別の人々にとっての特別なニーズを否定してしまうのである。

表1－1にあげた治療技法の大部分のものは，精神分析理論やFCのように費用がかかったり，マイナスの作用をみるものではない。すべての自閉症児に有効な治療法や療育法が見出せない中で，居住地や利用し得る資源や子どもたち個々のニーズに基づいて，両親は，わが子にとって最もふさわしい方法を選ばねばならない。すなわち，第9章にあげたような，図書で勉強したり，地域の専門家に相談したり，あるいは親の会の専門相談員と連絡をとって，それを選ぶことになる。ある家族がどんな治療的アプローチを選ぶか

はさておき，抱えている独自の行動の問題に，親たちは対処し挑戦をする。このマニュアルに示した解決法のほとんどは，一家族のみによって提供されたことになっているが，複数の家族からのものが少なからずあった。さらに，いくつかの事例は，複数の章の課題で同じように活用ができ，相互に参考になるかもしれない。われわれも情報を提供してくれた家族も，どんな解決法もそれが唯一のものであるとは思っていない。しかし，それらが自閉症の特別な問題を解決するためのアイデアと示唆を，あなたがたに提供することを期待している。

5　各章の紹介

われわれの30年におよぶTEACCH部の活動で，すでに述べたような地域基盤のプログラムでの療育概念を用いた結果，行動上の問題のきわめて一貫した改善と予防が得られることを経験した。それは，家庭や学校，および職場で視覚的構造化を活用することに，特に重点をおいた考え方である。しかし，そのような条件下にあっても，時に行動上の問題は起きてくる。これは，図1-1に示した氷山の比喩を使うとわかりやすいだろう。この氷山は攻撃性の問題を表し，水面上の部分は押す，叩く，唾をはく，物を投げるなどの攻撃行動を，目にみえない水面下の部分は，自閉症に伴うさまざまな障害や，攻撃行動の引き金となるメカニズムを表している。後者には，社会的な判断に乏しいこと，自分や他人の感情に対する意識が欠如していること，特異な感覚を持っていること，コミュニケーション上の問題によって生じるフラストレーションや不適切なかかわりなどがある。その行動が，過去や現在のどんな環境や条件で生じたかを注意深く観察すると，最も的を射た解釈でその問題を解決することができる。例えば，次のような例がある。5歳のビルは，先生や友だちを始終叩き続けていた。そこで，教師は，ビルが人を叩くのは，おそらく注意を引くためのコミュニケーション手段を持っていないためであろう，と考えた。ビルには言葉がなかったので，教師は自分を描いた絵を渡し，来てほしいときにはそれを上に挙げるように教えた。その絵

第1章　はじめに——親と専門家が同じ目標をめざす

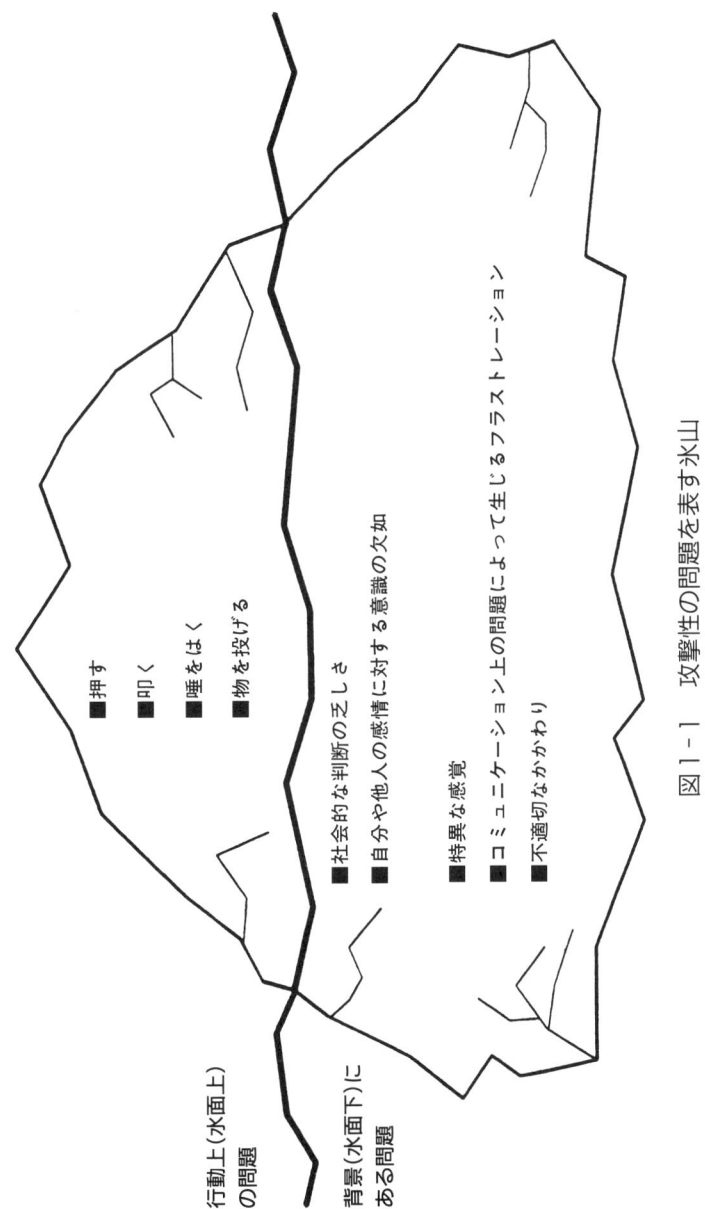

行動上（水面上）
の問題

■押す
■叩く
■唾をはく
■物を投げる

背景（水面下）に
ある問題

■社会的な判断の乏しさ
■自分や他人の感情に対する意識の欠如
■特異な感覚
■コミュニケーション上の問題によって生じるフラストレーション
■不適切なかかわり

図1-1　攻撃性の問題を表す氷山

を使うことを学ぶにつれて，叩く行為はしだいに減り，3週間後にはなくなった。このことから，標的になった問題の行動は，コミュニケーション手段を持たない結果であるということがはっきりした。もしも叩くという行動が減らなかったなら，違った解釈が求められ，別の介入法が導入されたことだろう。

　第2章から第8章に出てくる事例には，攻撃行動をめぐって氷山の比喩で説明したのと同じような分析がされている。一つひとつの事例には，その章を取りまとめたＴＥＡＣＣＨのスタッフが検討した事柄を書き加えている。つまり，子どもがとった行動を分析し，何がその引き金になったのか，その行動を起こさせないようにしたり修正するためには，何をすべきだったのかを検討している。また，行動研究に関する参考文献からも引用がされている。そしてここでは，親たちが直観的に見出したやり方は，専門家の研究によって見出された方法と同じものであるという例が数多く示されている。終わりの参考文献欄には，ある特定の話題についてさらに知りたいと願う読者のために，読み進めてほしい文献を紹介している。

　多くの場合に，事例の内容は複数の章に含めてもよかったし，同様に，それ以外の介入の方法を用いることができたかもしれない。もしも，事例の分類がうまくいっていないと思われたら，読者が関心のある話題を見つけて読み進めていただきたい。われわれは本書で，あなたの子どもとその行動を，観察によって思慮深く理解することの大切さを強調している。また事例それぞれの生活スタイルに合った解決策で，どのように子どもの問題行動を減少したり予防したりすることができたかを紹介している。

　各章の最初のページに氷山の絵を示しているが，氷山の絵に記された行動項目の後の数字は，その項目の出てくる逸話のページを表わし，水面下の箇所で説明されている障害についても同様に該当するページを示している。この表示は，各章の目次の役割も果たしている。

　第8章では，2つのタイプの対応策，すなわち，視覚的構造化や，これまで述べてきた考え方による問題行動の予防策では，それほど効果がみられないと考えられる問題について述べている。あらゆる予防的な構造化を行った

としても，特別なニーズを持たない一般の子どもの場合と同じように，それなりに問題行動は起きるものである。このような問題行動のほとんどは，親たちが取り組んできた紹介事例のように，氷山モデルによる考え方を使って対応することができるだろう。

　以上の2つのアプローチでも効果の乏しい問題行動に対処するために，第8章では伝統的な行動修正の手続きのあらましを取り上げた。ここでは，トークンを使った賞や，強化，消去，タイムアウト，社会的強化といったさまざまな手続きについて触れている。

　第9章では，地域支援の組織化の必要性とその方法についてまとめている。アリス・ウエルトハイマー（Alice Wertheimer）が，同じような悩みを持つ親からの支援がいかに大切かということに初めて気づいたときの様子を，簡潔にまとめてくれた。彼女は，ノースカロライナのチャペルヒルにおいて，自閉症の問題に理解のあるレストランや歯医者，その他の専門家たちがどこにいるのかを案内する「資源ガイド」を紹介し，親たちが，親の会をどのように組織したかについて回顧している。ここではまた，関連する文献や機関誌の一覧をあげている。

　われわれは本書で，自閉症候群によって持ち上がったさまざまな問題を，家庭でどのようにうまく解決していったかについて，事例をまとめて紹介する。親たちが，どのようにこれらの問題を解決していったか，そのプロセスを読者に伝え，関連した行動研究について述べている。われわれは，個人的な経験のレベルから，地域社会，州，全国組織のレベルへと支援の輪を広げてきている。こうした資料を提供し，支援の広がりを実感させるような新たな経験を見出すことは，自閉症にかかわる仲間たちを勇気づけることだろう。

第2章

反復行動と興味のかたより

教会から逃げ出す 33　強迫的に物をさわる 34　ドアで遊ぶ 35　靴のひもをほどく 36　強迫的に物を片づける 37　足にキスしたりさわったりする 39　ベッドのシーツが変わるのをいやがる 40　部屋の中で歩き回る 40　食べ続け，テーブルに座り続ける 41　シャツをなめる 42　手をなめる 43　水で遊ぶ 44　通気孔に物を投げ入れる 45　石けんをトイレに投げ入れる 45　手をひらひらさせたり，食器などをくるくる回す 48　お盆やコップ，ボールを叩く 48　慣れ親しんだ物を変えると怒る 49　時間通りに進まないと，混乱する 50　プールに抜け出していく 51　同じ言葉を繰り返す 52　常に質問をし続ける 53

行動上（水面上）の問題

衝動をおさえる力が弱い 34　社会的なルールや規範が理解できない 34　違いがわからない 36　コミュニケーションに問題がある 37　特異な興味に駆り立てられる 40　同じ運動を繰り返す 40　数にこだわる 41　舌や皮膚の感覚刺激を求める 43　水に夢中になる 44　目に見えた動く物にこだわる 45　手をひらひらさせる 47　変化を嫌う 49　時刻にこだわる 50　儀式的な手順が必要である 52

背景（水面下）にある問題

反復行動と特別な物への興味は，カナー（Kanner）の最初の論文（1943）だけではなく，ＤＳＭⅢ-Ｒ（アメリカ精神障害者診断統計マニュアル，1994）においても自閉症児の特徴として定義されている。反復行動のある自閉症者たちは，活動をあるやり方でせねばならないという強迫観念があるように思われる。そのような型にはまった活動が妨害されると，不機嫌になり，結果としていろんな問題行動を生じることになる場合が多い。
　これらの行動や特別な物への興味には，いろいろなタイプがあり，発達の段階により変化する。早期の発達段階では，手をひらひらさせたり，指をねじ曲げたり，物をくるくる回すような常同行動となる。常同行動には，過度に物をなめたり，臭いをかいだり，妙な音をたてるような奇妙な癖もみられる。
　別の発達段階では，物を一列に並べたり，スイッチを点滅したり，ひもや釘やゴムのチューブやおもちゃに執着を示すことがある。おもちゃで遊ぶ場合も，おもちゃ全体に興味があるわけではなく，車輪のようなおもちゃの一部に興味を示すこともある。
　高機能の自閉症の人では，電話帳や誕生日，天気予報，コマーシャルなどに極端な興味を持っていて，詳しく話し続ける人もいる。また，時刻表や地図を調べたり，チャールズ・ディケンズの物語のような，もっと複雑な話に興味を持っている人もいる。多くの自閉症者にとって，通学路や家具の決まった配置，あるいは学校でのスケジュールなどが変わると，極端に混乱を示すことがある。こうした行動は，第1章で述べた氷山の一角に過ぎず，すべてではない。それらの行動を容認することはたやすいが，基本的なメカニズムを理解し，個々の子どもをよく知ることが大切である。
　とりわけ，自閉症児や類似の発達障害児に典型的にみられるのだが，社会性の問題やコミュニケーションの問題からのいらだちが高まったときに，反復行動が現れるのかもしれない。そのような反復行動について行われた生化学の研究データがある（Breese, Mueller & Schroeder, 1987）。
　親と専門家の双方が，反復行動を理解し対処するのは困難であった。困難な行動を誘発するメカニズムや，その行動が何を意味しているのかを理解す

るよりも，標準的な行動対処技法でこれらの問題行動を取り除く試みが数多くされている。このような行動を分類することによって，反復行動や特別な物に対する興味が，独特の問題行動を作り出す素地を持っているだけではなく，社会的・職業的に貢献し得るような才能や働く習慣を養うことに心がけることは価値のあることだ。私たちの経験では，まず多くの親が，子どもの興味の特殊性に関して肯定的な見方をしている。これは，子どもの特別な物への興味と，社会的要求の間の折衷案を苦心して考え出そうとしているからかもしれず，それはまた，社会的に役立つ活動に使える新しいスキルを学ぶための舞台をセットしていることなのかもしれない。この章では，敏感にかつ愛情のこもった対応をした多くの親の事例を示す。

1　強迫的で儀式的な手順

　強迫的で儀式的な手順は，きちんとしたやり方で無理にやらされているように思える物事である。強迫的にしているようにみえるが，もしそうすることができないなら，子どもたちは混乱状態になってしまうのである。これは，家族の生活を混乱させたり，仕事ができないようにさせるかもしれず，大きな問題を生じる。例えば，他人が部屋を使おうとしても，自閉症児が部屋を出るたびに自分の後ろにあるドアを必ず閉めて，電気を消さなければならないと感じたりするのである。このような強迫的で儀式的な行動は，公の場で親を困らせ，地域の場で家族に迷惑を与えるかもしれない。例えばオードリーは，教会に入る際に，入ったドアと同じドアから出ていくことにこだわり，したがって，家族は教会へいくのに不安を抱くようになってきた。彼女の父親は，次のように報告している。

　　私は定期的に教会にいきたいと思っていましたが，11歳の娘のオードリーと一緒にいくのは難しいことでした。なぜなら，オードリーは礼拝中に教会の通路を走って駆け抜け，教会を出ていってしまうのです。これは礼拝を中断させただけではなく，オードリーの奇妙な行動——入った所と同

じ所から出なければならない——を証明することにもなりました。
　ある日，私はこの奇妙な行動に対して1つの対処法を考えつきました。それはオードリーが教会を出るときに，出口から出るならば誰にも迷惑をかけないのではないかというものでした。彼女を出口から出させる方法は，出口から入ることでした。今では，私たちは出口から教会に入り，後部の扉のすぐ近くに座っています。礼拝中に彼女が飛び出ようとしても，誰もわずらわすことなく後ろのドアから出ていけるのです。今では，いきたいときにいつでも教会にいけるようになりました。

　オードリーには，入った所と同じ所から出なければならないというこだわりがあった。このことは，家庭では問題とならなくても，教会のような公の場では非常に問題となるのである。そこで父親は教会でこのような行動をやめさせようとする代わりに，その行動を受け入れ，自分自身の行動を変えたのである。出口から入ることによって，彼女は教会の礼拝を中断させることなく，入った所から出るという儀式的な行動を続けることができた。
　オードリーは外で危険なく待つことができたため，この問題解決法は適切な対応であった。オードリーにとって，教会での1時間という長い礼拝時間は，彼女には我慢できない時間であった。父親は，望まない行動に罰を与えようとはせず，オードリーの行動を礼拝時間の長さが自分の忍耐レベルを超えているという言葉で示せない彼女のサインとしてそれを理解したのであった。小さな子どもや，あるいは教会にいることが難しい子どものためには，親は受け入れてくれる教会学校を探したり，教会にいる時間を短くしたり，儀式的行動をやめさせたり，また多動な子どものためにはおもちゃなどを持っていかなければならない。
　上の事例は，教会の礼参への親の参加に影響を与える娘の行動について述べられた。以下に示されるこだわり行動のいくつかは，家族がいろいろな公の場に出かけるときの妨げになっている例である。

　5歳の息子ジャスパーは，歩き始めのころからこだわりがあり，目にみ

えるあらゆるスイッチやノブ，ボタンをさわったり，動かしたりするのでした。かつて公立水族館にいったとき，彼はフロア全体の電気を消してしまい，たくさんの人を暗闇に閉じ込めてしまいました。また，デパートでエスカレーターを止めてしまったこともありました。ジャスパーを叩いたり，無視したり，押入れに閉じ込めたりして教育しようと試みましたが，すべて失敗しました。7歳のときに，学校のある観察力の鋭い先生が，ジャスパーがスイッチをさわるのは，罰を与えるべき反抗的いたずらではなく，適切な時間や場所の理解が欠如しているためではないかということに気づきました。その先生は，特定の時間に教室の明かりやテープレコーダーをつけたり消したりする役割をジャスパーに割り当てました。この練習は，家でも実行しました。ジャスパーは適切な時間や場所がわかるにつれて，スイッチをさわらずにすむようになりました。

　ジャスパーのスイッチを点滅させることへのこだわりは，家族が公の場に全く出かけられないような状況をつくり出していた。罰による行動改善の試みに失敗した担任は，適切な時にスイッチを点滅させることでジャスパーの行動を構造化したのである。すなわち，ジャスパーが明かりやテープレコーダーのスイッチ操作する責任を負うことを覚えたため，彼が適切なやり方で反復実行する機会を頻繁に与えた。こだわりのスイッチ操作を，役立つスイッチ操作に修正したことによって，自閉症の奇妙なこだわり癖を有効利用へと置き換えることができたのである。
　何人かの親が報告している同じような行動に，ドアの開閉があった。ある幼児の母親が，この行動をうまく処理した事例を紹介しよう。

　　息子のトミーは5歳で，ドアにこだわりを持っています。彼は部屋を出ると自分の後ろにあるすべてのドアを閉めなければいけないと思っているのです。そして，ドアを開けたり閉めたりしながら何時間も遊びます。私たちはおもちゃの車庫のセットを使って，適切な行動を教えました。まず，私たちは彼に「開けて，閉めて，開けて，閉めて」という遊びをさせるよ

うにしました。それから別のおもちゃを与え，ドアを開けて車を中に置き，車が中に入った段階でドアを閉めることを教えました。トミーはついに，ドアを開けたままにして，車や他のおもちゃで遊ぶことができるようになりました。

　トミーがドアに夢中になることは家族にとっては迷惑であり，また彼を適切な遊びから遠ざけることになっていた。そこで両親は，現実のドアではなく，おもちゃのドアで遊ばせることにした。トミーがドアに強迫的に夢中になることは，象徴遊びをできなくするなど，自閉症の子どもに多く生じる問題だと気づいていた。両親は車などのおもちゃで，ドアを開閉するおもしろい活動をみせたのである。この遊びを通して，彼はドアに対するこだわりをやめることなく自分の活動を広げることになった。車のおもちゃをみせることによって彼の興味を刺激し，ドアを開けっ放しにしても不快ではないことを教えたのである。

　適切な物の使い方を理解しないことが，儀式的行動を増やしているのかもしれない。息子のこだわり行動を記したある母親の事例がある。彼女は，どのようにしてこだわりが生じるのかを知ったのであろうか。

　　7歳になったジャックは，自分の靴ひもや，他人の靴ひもをみるとほどいてしまうという困った習慣を身につけていました。専門家たちは，ひもをほどくことにこだわっているときには，靴を取り上げてしまうという行動変容のアプローチを勧めました。ジャックは靴なしで外出することはいやだったので，このことはすばらしい罰刺激であろうと思われました。しかし，これは失敗でした。ジャックは，他人の靴ひもを追い求めたのです。ある朝，ジャックは私が靴ひもを結ぶ動作をやり終えたのをみて，彼も自分の足から手を離しました。それをみて，私ははっと理解しました。靴ひもをほどくのは問題行動ではなく，靴ひもを結ぶのを教えてもらいたいということを私たちに訴える行動だったのです。ジャックはひもをとくたびに，ひもが結ばれるのをみる機会を待っていたのでした。ジャックは兄と

同じ左利きだったので，兄という有能な教師を得ると，6回もしないうちに，靴ひもの結び方を覚え，「問題行動」はなくなりました。

母親が指摘したように，彼の表面的な迷惑行動は，靴ひもが結べないがどのようにして覚えればよいか，尋ねたくても誰にも聞くことができないということから生じていたのであった。基本的な問題が何であるかがわかれば，問題解決は簡単なことであった。すなわち彼に靴ひもの結び方を教えればよかったのである。母親はそのことをすぐに理解し，指導者として左利きの兄に協力を求めた。この事例は，子どもが困難なコミュニケーションに努力をしていることの理解の重要性を指摘している。夢中になっている行動を，適切な行動に移し変えたもう1つの事例がある。その母親は，異常な行動をやめさせようとするよりはむしろ，その行動の理由をみつけようとした。すべての反復行動が明確な目的を持っているわけではないが，子どもが送っているメッセージには注意を払うべきである。

親が述べる典型的なこだわりの1つに，何もかも片づけて部屋をきれいにしておこうとする行動がある。子どもの中には，この行動が極端で家の中にある物すべてを片づけようとすることもある。たとえそれが片づける必要のないような物でさえも。

　ビリーは，家の中で何でもきちんとしておくのが好きで，（いつもというわけではないけれど）物を片づけるのが得意でした。家に，肘かけの所にノブのついた古いいすがありますが，彼は，いすからノブを取ってみつけられない所に片づけてしまうのです。私は彼にいってノブをみつけさせなければなりませんでした。そういう時私はビリーが好きな接着剤の瓶を手に入れ，いすの近くに置いていいました。「もしノブをみつけさえすれば，それをくっつけることができるのに。」するとビリーは，部屋を出てすぐに「なくした」ノブを持ってきました。

確かに，ビリーの何でも片づけてしまう習性は少し極端すぎた。彼は片づ

けなくてもよいノブやいすなどと，片づけなければならないおもちゃとの違いが理解できなかったので，母親はどうあってもノブを探させるという極端な手段を講じたのである。接着剤は彼の好きな物であっただけではなく，いすにノブを取りつけ直すという問題解決にも役立ったのである。

「フェリックス」（「奇妙なカップル」という映画のとてもきれい好きな相手）のような息子について述べた，もう1人の母親を紹介する。

　ロジャーは，私たちの「フェリックス」です。時折彼は，私たちにも度が過ぎた片づけをさせようとします。問題はきれい好きということだけではなく，適切でないとき（まだ使うことがあるときに，それらを片づけてしまう）に，片づけてしまおうとすることでした。そこで，土曜の朝に家族の部屋をきれいにしてもらうことに決めました。今では，あらゆるおもちゃや紙くずが拾われ，部屋がきれいになるまで，誰もとめません。他の子どもたちは，ロジャーのことを「ボス」（見張っていろ！　もしクッションの下に何かを置いたら，ボスがやっつけにくるぞ！のように）と呼んでいます。子どもたちは，自分たちが片づけるよりも彼が片づける方がきれいになることがわかり，安心しているようにみえます。十代の兄弟たちが，このロジャーのきれい好きをまねるなんて，誰が知っているでしょう。

この事例の場合，母親はその行動が不適切な行動なのか，あるいは適切な行動なのかを見分けるために，ロジャーの行動を分析した。ロジャーのきれい好きを適切な活動に構造化することによって，家族のためになることができるようになり，家族から感謝されるようになっている。

2　奇妙な，あるいは限られた興味

もう1つのタイプの儀式的行動に，特異な物に対する興味がある。さらにこの興味の1つに，特別な物への愛着がある。特別な物を身につけたり，それらを手放すことをいやがる子どもたちがいる。また特別な物に接触するご

とに極端な反応を示す子どもたちもいる。この愛着は異様にみえ，子どもに問題を生じさせている。

次に，特異な物に興味を持つ息子について記したある母親の事例を記す。

　18歳になる息子ジェリーは，援助つき雇用の制度を利用していました。そこでは，ジェリーが足に対して特別なこだわりがあるため，問題が起きていました。ジェリーは足をさわったり，足にキスしたり，足に戯れたりするのが好きでした。足に対するこだわりは次から次へと変化し，予測ができない状態でした。女性に気持ちが集中すると，女性の足元にいきたがり，そのためいつも大変な混乱をきたしました。

　この行動は絶え間ないものだったので，彼が足や靴に興味をなくしてしまうことはないだろう，と考えられていました。私たちは妥協案を持ち出しました。もし，ジェリーが靴を磨きたいなら，そのことに情熱をぶつけることができるはずです。必要な物をすべてそろえて，ジェリーは靴磨き屋を始めました。今では，以前のように足や靴に触れたいときに，攻撃的な行動をする必要がない，ということがわかるようになりました。その代わりに，ジェリーは日に1人か2人を選び，ランチタイムにその人たちの靴を磨くことができるようになりました。ジェリーは，人にではなく，靴磨き場で喜んで靴をさわるようになっています。

ジェリーの足に対する異常な興味は，誤解を招いていた。親と援助つき雇用のスタッフは，この問題を望ましい活動に変えるために，懸命な解決法を思いついたのである。親やスタッフらは，ジェリーに靴の磨き方を教え，行動をうまく管理するルールを教えた。彼に日に1，2の人たちの靴を磨くことを許し，ランチタイムの間に靴磨き屋でのみ靴にさわることができるようにした。靴にさわりたいという彼の気持ちはとても強かったので，このルールに従うようになった。足への「崇拝」は生産的な靴磨きの仕事となったのである。

また，特定の対象物に執着する娘について述べた親の例を記す。

10歳のベスは，私がきれいなシーツを敷こうとして，ベッドから彼女の大好きなシーツを外すたびに腹を立てました。毎週シーツを代えようとするたびに，私たちはけんかになりました。ベスの好きなシーツを代える際に，彼女に手伝ってもらってきれいなシーツを敷けばよい，そうすればけんかをしないでシーツを代えることができるのだ，とやっとわかりました。今では，私たちは土曜の朝になるとシーツを代えていて，全くけんかはなくなりました。

この解決法によって，好きなシーツに執着する行動をコントロールし，また自己援助のスキルを促進することができた。自分がシーツを代える役割を果たしていると感じてからは，抵抗は減少し，きれいなシーツをベッドに敷くことができるようになった。母親は，シーツの交換に参加させることによって，こだわりをうまく利用したのである。シーツを代えることが仕事となると，彼女はシーツをはがすとき，そのシーツがどこにあるかを理解し，最後にはどこに戻せばよいかを予期することもできるまでになった。
　少し大きくなった自閉症児や思春期に達した自閉症者は，新奇なものに夢中になってしまうことがある。この特別なものに対する興味は，長時間，他の活動に迷惑を及ぼすようになる。こうした執着は，情報を蓄積するようなものに多い。例えば，地図を暗記したり，バスの時刻表を勉強したり，日付けを示したりというのがそれである。このタイプの自閉症者について語ったあるグループホームの寮母がいた。

　21歳のスティーブンには，訪れた家中を歩き回るというこだわり行動がありました。いつも家の中を歩き回ろうとするので，それは社会的な問題行動でした。定例のクリスマスパーティーの前に，グループホームの寮母さんは，彼が社会的に受け入れられる方法で家の中を歩けるようにと，家の中を案内しました。寮母さんは「ドアが閉まっていたら入ってはいけません」といいながら，どの部屋なら入ることができて，どの部屋は入ってはいけないかとスティーブンに教えました。寮母さんは，入り口から最も

離れた2階の部屋にコート掛けをセットし，彼には客のコートを片づける仕事を与えました。ドアのチャイムが鳴るたびに，スティーブンは客のコートを受けとり，2階へ上がり，家の中を突っきってその部屋へいきました。パーティーが終わった後，またコートを取りに戻り，このような行動をとることによって，社会的に受け入れられる形で家の中を歩き回れたのでした。

　寮母は，パーティーの開催中，スティーブンにコート係の役割を割り当てることによって，思慮深い問題解決をした。部屋の中を「せかせかと歩き回る」といった社会的に不適切なこだわり行動を，部屋から部屋へコートを運ぶという社会的に有益な行動につなげたのである。このことでスティーブンは，コートを受けとる間客と接触を持ち，客の感謝という好意も得ることができた。彼の微笑みは，家の中を「歩き回る」のがどんなに楽しいことであるかを示しており，客からドアでコートを受け取る歓迎ホスト役を果たすことでもあった。
　次の事例は，奇妙なこだわりを使って息子の体重減少を図った母親の体験である。

　ミッキーは，何年もテレビに耽溺している26歳の太り気味の青年です。彼は，体重を減らすためにダイエットをしたり，運動したりすることをいやがりました。彼は，数（とりわけ数を数えること）とスポーツにとても興味がありました。そこで私は，両方の興味の利点を使うことに決めたのです。私は彼に「リチャード・サイモンショー」のように，運動をする番組をみるようにいいました。そして，ジョギングスーツと靴を買い与えました。彼が1マイル走ると，どれくらいのラップタイムになるかがわかるように，郵便受けから家の階段までの距離を測り，それを計算していくようにしました。すると彼は，毎日運動の番組をみるようになり，それからラップタイムを測りながら1マイルを走るようになりました。次に，カロリーダイエットの本を与えることによって，ダイエットすることを納得さ

せました。彼は本に書いてあるすべての数に魅力を感じており，限界を超えないように，毎日カロリー計算をしました。運動とダイエットの結合によって，ミッキーの体重を落とすことができました。

　これは，何かをする動機づけに，数や決まりきったパターンへの奇妙なまでの熱中をうまく使った劇的な事例である。ミッキーは，運動やダイエットをしようとしなかった。なぜなら，彼にとっての体重は，社会的にも健康面でも大切なことではなかったからである。しかし，数とスポーツに対する興味はとても強かったので，ジョギングのラップタイムの計測や，ダイエットのためのカロリー計算に同意したのである。運動とダイエットの結合は，ミッキーに体重の低下と健康の改善をもたらした。彼のジョギングがうまく行われているときに明確な結果が得られるようにと，母親は毎日決まった時間にジョギングスーツを渡した。

3　常同行動

　常同行動は，時に自閉的行動とも呼ばれ，奇妙な癖や感覚に対する異常な興味などがある。奇妙な癖には，手をひらひらさせたり指を鳴らしたり，チックや，かかと歩きなどがある。子どもの中には，おもちゃのトラックの車輪を際限なくくるくる回すような，対象物の一部のみに際立った興味をみせる者もいる。これらは，自己を刺激する以外に何の目的もないようにみえるので，自己刺激行動と呼ばれることがある。さらに，明確な目的のないこれらの行動は，異様にみえ，より有益な行動を妨害しているようにも思える。
　このような行動を，有効な行動に変えていくことは努力に値することである。そうすることができない場合，その行動を除去しようとする親がいる。そのために，いつも創造性が求められるので，親や専門家のための多くの技法を発展させていくのである。

　6歳になるフランクは，いつもシャツを噛んでいました。彼はシャツに

気持ちを奪われていて，結果的にシャツをぼろぼろにしてしまいました。シャツにタバスコを塗ったりして，シャツを噛ませないようにいろいろなことをしてみましたが，どれもうまくいきませんでした。ある日，シャツの上に毛糸のセーターを着せてみました。そして，口に入れたときに，どんなに毛がまずいかに気づかせ，定期的にそれを着せました。フランクは毛糸の感触が我慢できず，セーターを口に入れることはなくなりました。幸いにも，暖かい季節が始まる前にその癖はなくなりました。

　フランクには，はっきりした理由もなく，シャツを口に咥える癖があった。彼の両親は，その癖にこれという理由をみつけることができなかったので，その癖そのものを取り除こうとした。しかし，タバスコのような強い刺激物を使ってでも，その行動を取り除けなかった。しかし，口の中に入った毛糸の感触を好まなかったので，毛糸のセーターを着せたことが成功した。何人かの研究者は，別の技法を発展させている。それは，口の中の物を取り除くための過剰修正法である（Foxx & Azrin, 1973）。この技法で，子どもの好ましくない行動を修正できたのである。例えば，口の中に物を入れるのが好きな子どもに，口に物を入れた後に必ず洗浄液で5回ほど口の中をゆすがせるという方法である。

　常同行動のもう1つのタイプに，物や手をなめるという行動がある。研究者によれば適切に物を使うスキルがないときに，なめるといった行動をとるのだそうである。物をなめる行動から得られる感覚から，フィードバックされる刺激に満足するのだという。言い代えれば，手は，遊びのスキルのない子どもにとっての刺激物なのかもしれない。子どもが受け入れる感覚のフィードバックがブロックされるために，これらの行動が減少するのだとする，「感覚消去」と呼ばれる手続きで行われた研究報告がある（Aiken & Salzberg, 1984）。どのようにしてこの技法を使ったか，を話したある親の事例がある。

　　11歳になる娘キャリーは，いつも手をなめていました。私たちは，彼女

にプラスチックの手袋をさせました。この手袋をしている間は，手をなめることはありません。やがて手袋を外しても手は手袋のような味がするので，何時間も手をなめるようなことはなくなりました。

プラスチックの手袋によって，気持ちのよい皮膚や舌の刺激がなくなってしまったのである。この気持ちのよい感覚がなくなると，キャリーは手をなめる行動をやめてしまった。3人の重度発達遅滞児の，過度に手を口に入れていた行動を減少させた研究者がいる（Richmond, 1983）。発達遅滞児が手を口に入れるのをみると，「手をおろしなさい」といって手を握って降ろした。何週間かたって，この単純な手続きは成功し，手を口に咥える行動はなくなったという。

　自閉症者は，物を使うときに本来の意味とは異なる方法で使用するのが好きである。例えば，物をくるくると回したり，強迫的に物を一列に並べたりすることがある。そうした強迫的行動の1つに水遊びがある。

　ティミーは8歳で，水の興味にはまっていました。もし私たちが許すなら，彼はトイレ，水遊びができる場所で，1日中水で遊んだり水をみていることでしょう。罰を与えても，それをやめませんでした。そこで，ティミーの好きな水を使って役に立つことをさせようとしました。私は，皿の洗い方と濯ぎ方を教えました。これは彼の仕事になり，その仕事が好きになりました。今では，毎夕食後皿を洗っています。

ティミーもほとんどの子がそうであるように，水が好きである。このこだわりをやめさせようといろいろ試みたがむだだったので，母親は皿の洗い方を教えることによって，その行動を役立つものに変えた。彼のこだわりを適切な活動へと導き，家族にとっても役に立つ行動，すなわち皿洗いを教えたのである。解決がうまくいった裏には，ティミーに誤った行動をさせないようにする，という母親の理解があった。母親は，ティミーの学習に重要な手がかりをみつけた。その興味を家の中で役に立つスキルに導いたのである。

目にみえるおもしろい物に執着する常同行動が多い。金メッキのボタンや万華鏡のように，カラフルでくるくる回るおもちゃは，みると楽しいので自閉症児が好む。テーブルで物を回すときの音が好きな子どもは，レコードプレーヤーをかけて音楽を聞くのを好むかも知れない。これは，自己刺激行動を好ましいレジャースキルに置き換えることを可能にする。

トイレに物が落ちるのをみたり，物を流したりする執着行動について報告した親がいた。

　9歳のアリスは，いつも教室の床にできた穴に物を落としていました。彼女は穴をのぞき，熱い空気が出て物が穴の中をひらひらと落ちていくのをみるのが好きでした。彼女が落とした物で，暖房の通風口が詰まってしまったので暖房がきかなくなりました。私たちは，空気が彼女の望むようにはうまく出ないように穴をふさぎました。頂上が開いている箱を穴の上に置き，箱の側面に「窓」を作りました。このようにして，箱の上の穴に何か物を入れることができるようになり，空気の中にひらひらと物が落ちていくのをみることができましたが，物が穴の中に落ちることはなくなりました。アリスは，教室でこのような指導を受けることにより，「熱い空気箱」を使う機会が持てるようになりました。彼女は徐々にこの行動に興味がなくなり，私たちは箱を穴から動かすことができるようになって，作業をやり遂げるための遊びに変えることができました。

アリスの動く物への興味はまた，万華鏡の使い方を学習するきっかけになった。どんな種類の刺激（視覚刺激や聴覚刺激など）を，子どもが探し求めているかをしっかり観察してみつけると，より適切な（対処可能な）情報を得ることができる。このタイプの刺激は，子どもにとっての強力な強化子となることが知られているので，遊びの活動として，また，望まれる活動の強化子として利用することができる。

　昨年，ジムは（10歳で）よくトイレで石けんを流していました。石けん

が便器の中をぐるぐる廻り，排水路に落ちていく……それはなんとおもしろいものなのでしょう。しかし，石けんが落ちていき，U字管の所でトイレをふさいでしまうのです。私は本に載っているあらゆる行動変容の技法を試しましたが，すべてうまくいきませんでした。誰かがいいました。「さいころを買ったらどう？……浮くわよ」と。さいころは浮くので，配水管に落ちていく石けんをみることができなくなりました。ジムにとっては全くおもしろいものでなくなり，トイレに石けんを流すのをやめるようになりました。

　アリスもジムも，視覚的な興味にこだわる反復行動があった。熱い空気の出る穴に物を落とす行動も，トイレに石けんを流す行動も，両方とも家事や仕事の妨げになってしまった。両親も教師も，ふさがれたトイレや詰め込まれた穴にいらいらするようになった。どちらも，子どもが故意に破壊的な行動をしているとは思えなかった。これらの行動は，子どもの興味を保持しているのだと判断された。先のケースの場合は，教師は物を吹き飛ばすのが好きな子どもにとって格好の方法をみつけて，適切な行動の報酬としてそれを使った。後のケースの場合，親はトイレに石けんを流すのをみるといった「強化子」を取り除いた。視覚的な興奮が減ると間もなくその行動はやんだのである。
　手をひらひらさせたり，指をならしたりする行動は，一般的に常同行動といわれている。子どもが神経過敏になったり，興奮しているときに手のひらひらは増加しているようだが，他にやることがなく自分に集中せざるを得ないために，このような行動をしているのではないか，と親は報告している。これらの行動は，時に他の行動を妨害してしまうことがある。また，奇妙な手の動きによって，親も迷惑を被っている。研究者たち（Epstein, Doke, Satwaj, Sorrell & Rimmer, 1974; Foxx & Azrin, 1973）が報告している解決法の１つに，過剰修正法がある。それは，不適切で，また反復的であるその行動を，身体の同じ部分を使うことによって正しい活動に置き換えるのである。繰り返し手を開けたり閉じたりするような場合，それをより一般的に役立つ

活動として，何度も手を使わせるのである。
　また，ジョギングのような身体的活動を，自己刺激行動を減少させるために使っている（Kern, Koegel & Dunlap, 1984）。定期的な身体運動は，手の動きに気を取られることなく注意を改善し，課題に注意を払うようにさせるのだと信じている研究者がいる。
　子どもの手のひらひら行動にうまく対処した，ある母親の報告がある。

　　6歳になるミシェールは，いつも手をひらひらと動かしていました。彼女は他の何よりもこれをするのが好きでした。私たちはこの行動をとめる方法は何もないと考えたので，課題を終えた後に，ほうびとしてそれを使うことに決めました。彼女が課題を終えると，私たちはポムポム（音の出るおもちゃ）を与えて「がんばる」ようにいったのです。彼女はポムポムを持って手をひらひらさせています。このことによって，手のひらひらにうまく対処できるようになりました。なぜなら，「がんばった」場面においてのみそれが生じているからです。

　この親は，ミシェールが手をひらひらさせることで課題ができないことに不安を感じていた。そこで，ポムポムによって，手のひらひら行動を有効で対処しやすい方法に変えた。ポムポムが役立つときにのみ「手をひらひら」させることを学習したのである。このようにして，公の場所でのその行動をやめさせることができた。重要なことは，ほうびとしてポムポムを与え，望ましい課題を意欲的にやり遂げることを可能にした点である。両親は，正しい目的を達成するために手をひらひらさせることの利点を取り入れたのである。
　多くの親にとって，必ずしもこういうことが可能とは限らない。時には自己刺激行動はほうびを与えられることによってのみ減少するという場合がある。ある研究者グループ（Eason, White & Newson, 1982）は，物を回すのが好きな男の子について報告している。この男の子がおもちゃを回さないで適切に扱うたびに，系統的にほうびを与え，物を回す代わりにおもちゃを使っ

た遊びを教えることができた。
　同じように，罰の手続きを使った親の報告がある。

　　息子のマックスは12歳で，皿洗い器に皿を入れたり出したりする仕方を学びました。しかし，これをするには長い時間がかかりました。なぜなら，グラスや銀の食器をくるくる回したからです。彼の好物が干しぶどうだと知っていたので，私は干しぶどうを10個揃えていいました。「くるくる回したり，手をひらひらさせたりしなければ，これを全部あげるよ」と。マックスが手をひらひらさせたときはいつも，干しぶどうを1個取り上げて箱の中に入れました。このルールはわかりやすいので，彼はまもなく皿洗いの仕事をとてもきちんとやるようになりました。今では，仕事がうまくできると干しぶどうの代わりにお金をもらうようになっています。

物を回す癖によって，マックスは仕事のやり方をきちんと覚えることができなかった。集中力を保つために，母親は彼が物を回すたびに干しぶどうを取り上げるという，はっきりわかる罰の手続きをとった。母親は，彼にわかりやすい方法できちんとしたルールを設定したのである。やがて大きくなるにつれて，より長く待つことができるようになり，抽象的な報酬，すなわち食べ物の代わりにお金の価値を理解できるようになった。またどんな時でも，何かを失う代わりに，報酬を得させるという点に全力を注いだ。このことによって，マックスは手を使う仕事に集中するようになり，徐々に他の仕事にも慣れるようになった。
　時には，子どもに適切な行動を学習させるための報酬をみつけられないことがある。そんな場合，次の事例のように環境を再構造化するとよい。

　　ジュリーは10歳ですが，夕食時にテーブル上の兄弟の皿やグラスやボールを，フォークやスプーンで叩く癖があります。私たちは，彼に夕食を1人で食べてもらったり，食器を取り去ったりしたくはないのです。なぜなら，家族に合わせて，1人前の食事をさせたいからです。私たちは，家族

と一緒にいるけれど兄弟の邪魔をしないように，テーブルの近くに置いた学習机にジュリーを移動させました。

　この両親は困っていた。なぜなら，食器を叩く行動が生じており，彼の食事を妨げることなく，食器を取り除くことができなかったからである。両親は，彼を家族の食事から排斥するか，この迷惑な行動を受け入れるかの選択に直面していた。叩く行動を受け入れることを選んだが，家族の迷惑も最小限になるようにした。このことによって，家族は彼を肯定的にみるようになり，もし単にその行動を取り除こうとしていたら生じたかもしれない疎外感を避けることができた。この問題を解決するもう１つの方法があるとしたら，それは，叩いたときに出る彼の好きな音を和らげるように，紙皿やプラスチックのフォークやスプーンを使ったり，テーブルクロスでカバーすることである。

４　同じことへの固執

　自発的に変えていくことができず，同じ方法に固執する行動をしたり，古くから親しんでいる物に執着する傾向のある子どもがいる。決まりきった仕事やスケジュールが変化したときに，不安になったり混乱をする。このような行動がみられると，家族の生活に厳しい制限が加わるようになる。家族は，厳格に予定通りのスケジュールに無理やりに従わせられ，予測できない出来事や変化を避けるようにさせられる。しかし予測できない出来事は完全には避けられないので，変化が生じるとかんしゃくや混乱が生じることになる。
　自発的に活動したり，変化に対応できないという特性は，家庭に緊張感をつくり出す。飾り物を置き換えるというあたり前のことであっても，極端に変化への抵抗を示す人がいるときには，考え直し，計画し直さねばならない。

　アーネストは31歳になる息子ですが，家の物が変わると，とても混乱してしまいます。例えば，寝室の時計がとまってしまったとき，古い時計を

新しいものに置き換える前には，彼がいないことを確認しなければなりませんでした。壊れた古い時計や親しんだ家具を置き換えるとき，古い物のようにみえる新しい物であることを確かめるのです。彼が変化に対してある程度慣れることができるように，厳密には同じ物を置かないようにしています。彼が家に戻ったとき，それがすでに適当な位置にあるなら，新しい時計や他の物も受け入れます。

アーネストの変化に対する抵抗は成長してきたので，親がこれを受け入れるようになった。両親は家庭の物を置き換える場合，アーネストが帰宅する前にそれをすませておくというように，彼の行動への対処の仕方を身につけた。両親はまた，新しい物を購入する場合，古い物と類似した物を選んだ。それは，家族にとってはいくらか不便だが，アーネストの混乱した行動に比べると大したことではない。アーネストのケースでは，長期の生活での同じ物へのこだわりが特性として現れている。本人ではなく，他人がこの困難な特性に合わせる努力をすべきだということを，親や研究者は理解している（Rutter, 1978）。とりわけ，子どもが小さいときにはそうである。

 13歳のマーティは，時刻にこだわりを持っています。彼の時計が先生の時計よりも少し遅れました。そのことでとても混乱し，「まだ時間じゃない」ので，その日は学校から帰れませんでした。次の日，私はマーティに時計をさせずに「先生の時計に従いなさい」といいました。彼は自分の時計について時々尋ねますが，別に時計をしなくても，たやすく学校にいくようになりました。

マーティは，時刻に対して特別に興味を持っており，すべての時計が同じ時刻を告げるのだと思っていた。だから，2つの時計が異なった時刻を示すと混乱してしまうのであった。彼のこだわりは，自分の時計と他人の時計が異なった時刻を示す場合に，混乱を生じさせた。先のアーネストの場合，母親は異なった時計を置かねばならないとき，同じような時計を置くことによ

って変化への混乱を軽くした。マーティの場合，時計の時刻の違いに対処するのは難しいことであった。なぜなら，学校では異なった時刻を示す時計をみることが多かったからである。母親はこのことがわかったので，マーティの混乱を避けるためには，時計を外させるのが最もよいやり方だと決めたのである。これによって，他人の時計と自分の時計の示す時刻の違いに悩む必要がなくなり，混乱は消滅した。

また，母親がもう1つ選択するとしたら，息子に時計を持たせ，毎朝教師の時計と時刻を合わせて，両者が同じになるようにすることである。さらにもう1つの選択肢としては，自分の時計の時刻がおかしくて混乱する際に，今何時であるかを尋ねるように息子に教えることも考えられる。さらに，学校では教師の時計の時刻が正しいのだ，というルールを教えることも1つの方法である。

別の教師が，クラスに転校してきたポールという11歳の男児について報告している。ポールは，週に3回計画されている水泳に心が奪われていた。毎日プールを探し求め，プールをみようと教室から抜け出してしまうのであった。教師はポールのために，水泳の時間が予期できるように，絵に描いたスケジュールを用意した。視覚的なスケジュールによって，ポールは強迫観念から解放され，教室から抜け出す行動はなくなった。子どもに学校の活動の変更を明示する視覚的構造化や中継点の設定は，ＴＥＡＣＣＨの教育システムにおける重要な要素である（Schopler, Mesibov & Hearsey, 1995）。

5　儀式的な言語

儀式的行動のもう1つのタイプに，好きな言葉や音，歌などを繰り返す行動がある。この行動には，何度も何度も繰り返して同じ質問をする行動も含まれる。このような反復行動は，辟易させられるだけでなく，社会的関係をもダメにしてしまう。ある研究で報告されている思春期の少女は，混乱していないときでさえも，ひっきりなしに金切り声を上げている（O'Brian & Azrin, 1972）。少女のセラピストは，日々の課題を高度に構造化したスケジ

ュールにして示し，金切り声を繰り返さないで課題を遂行するごとに，ほうびを与えるようにした。その結果，少女の金切り声は消滅した。息子の儀式的な言語行動を，別の手続きで処理したある母親の報告がある。

　6歳のラリーには，繰り返してしゃべる儀式的な言葉がありました。みんなその言葉を聞くのに飽きて，悩まされるようになりました。彼は，話すことを禁じられました。私は，黒板に言葉を書いた紙を張り，その紙を取り外すたびに彼に読ませました。黒板が片づけられると，翌日黒板をもう一度持ってくるまでは，その言葉をいうことができないようにしました。私は，彼が話すことのできる言葉のリストを作り，別の黒板に張りました。黒板はいつもきちんと役立つようになり，言葉が徐々に増えていくようになりました。

ラリーの儀式的な反復言語によって，周囲の人たちは怒りを覚えた。したがって母親は，これらの言葉をいうことができないようにルールを作り，代わりの話してもよい言葉を学習している間，禁止されたことによるストレスが生じないように構造化した。黒板には話してはいけない言葉が書かれ，1日に一度それらを読むことができたことは，彼にとってのはけ口となった。また，黒板に代わりの話してもよい言葉が書かれてあったので，禁止された言葉を別の言葉に置き換えることによって，いらいらの感情を抑えることができた。この母親が，息子の問題を敏感に理解したことは価値のあることである。なぜなら，彼が母親を悩ますために言葉を繰り返しているのではない，ということがわかったからである。母親は，この問題に対処するために構造化し，その行動がいつなら適切で，いつの場合は不適切かというルールを作り上げたとき，ラリーは望ましく変化をした。

　儀式的な言語行動のもう1つのタイプに，繰り返し質問するという行動がある。繰り返し同じような質問をされることは腹立たしく，とりわけ，その答えをすでに本人が知っている質問をされるときはなおさらである。好きな出来事が生じるという安心感を求めたり，次に何が起こるかを確認したいと

きに，そのような質問がされることがある。
　この問題に対し，同じような解決法を試みた2つの事例を示そう。

　　38歳のダビッドは，何かが起きるときに必ず質問をします。彼はすでに答えを知っており，もう一度私が答えるのを聞きたがっているのです。私は壁のカレンダーに大事な日の印をつけ，それを彼の部屋にかけました。何かあるごとに，彼が私に質問すると，その答えをわからせようとカレンダーのところへ連れていきました。そうすることによって，彼のしつこい質問癖は目にみえて減少しました。

　　14歳になる息子ウィリーは，何度も何度も同じ質問を繰り返すのが好きでした。何週間かごとに新しい質問を作り出しているようにみえました。この質問は，辟易させられることだったので，私は答えを紙に書いて，冷蔵庫に張っておくことにしました。彼が質問をすると，私は冷蔵庫にいくようにいい，答えを指さしました。ウィリーは字を読むことができたので，私はその答えを文字で書いて示すことができました。文字を読むことができない子どもは，絵を使うとよいのです。

ダビッドもウィリーも繰り返し同じ質問をすることで，親を悩ませていた。親が考え出したこの解決法は，質問への回答に視覚的な方法を取り入れたことであった。カレンダーや書かれた回答を息子にみるようにいうことによって，親の不満は解消され，子どもは自分の質問に対する回答を自分で探すようになった。ダビッドのカレンダーはいつもみえる場所にあったので，いつ好きな出来事が生じるか，あるいは好きな出来事があるのかについての不安や困惑は，カレンダーのマークをみることによって解消した。ウィリーの質問は，何事もその時彼にとって重要なことと関係していた。ダビッドの場合のように，回答を書いて示すことによって，彼は回答に継続的なアクセスができるようになった。結果的に，彼の混乱はたやすく減少することができた。視覚的な手法の長所は，自閉症者に頻繁に適用され構造化の主要な手段とし

て活用されることである (Schopler, Mesibov & Hearsey, 1995)。

　この章のほとんどの事例で，親は子どもの反復行動に対し正しい展望を見出すことができた。それはまた，子ども自身にではなく，反復行動そのものに対して正しい対処の仕方をみつけることができたのである。親は，特別な時間や場所で生じる子どもの行動に対する，適切な対処法を見出す情報源でもあった。子どもの特殊な物に対する興味と家族や親のニーズをうまく解決する方法は，あらゆる状況の下で明らかになっているわけではないが，一度その考え方を悟るならば，多くの例に応用することができるだろう。

第3章

コミュニケーション

指示に反応しない 57　　車に乗って通学する途中で騒ぎ立てる 58　　言葉で制止するとかんしゃくを起こす 59　　話せないが書いた文字に興味がある 59　　移行に際して混乱する 60　　話し言葉に関心がないし話せない 61　　無言語 64　　「いや」を表すサインを学習できない 67　　サイン言語や指さしが伝わらない 68　　必死でコミュニケーションしようとするが相手に伝わらない 68　　学校で経験したことを話せない 69　　不自然な話し方 71　　かんしゃく 72　　教会の礼拝中にしゃべる 73　　知らない人に話しかける 74　　腹が立ったときに人をののしる 74

行動上（水面上）の問題

複雑な言語に混乱する 56　　長期記憶や順序立てることの困難性 58　　構造化されていないと容易に混乱する 59　　言葉に混乱するので視覚的手がかりが必要 59　　微細運動スキルの未熟さ 67　　話し言葉を学習できない 68　　機械的でもったいぶった話し方 71　　感情を命名したり表現できない 72　　教会での社会的な行動のルールを理解していない 73　　社会的な判断の欠如 74　　ののしりへの他人の反応を理解していない 74

背景（水面下）にある問題

コミュニケーション障害は自閉症を定義づける特性の1つである。自閉症者の多くは話し言葉を持たないか，自分の要求やニーズをはっきりと人に伝えることが難しい。要求を伝えられないということが，強いフラストレーションを引き起こすことがあり，引きこもりや問題行動の発生につながる場合も多い。

　自閉症あるいは近縁の障害児は，言語理解にも重篤な障害を持っている。幼児期，彼らは親が話しかけても反応しないことがある。このようなふるまいの欠如は，親を困惑，狼狽させ，多くの親は耳が聞こえないのではないかと思うが，聴力は正常だといわれて，ますます混乱してしまう。

1　言語理解に関する問題

　障害児の多くは，自分に話しかけられたことの理解に障害がある。よく知らない場面での指示や，2〜3の概念を含む指示は，彼らを混乱させる。大人になっても，抽象的な言葉や概念の理解が困難な場合がある。また，誰かが早口で話したり，単語をたくさん使いすぎることも，混乱を引き起こしやすい。簡単な単語で，よく慣れた場面で，視覚的な手がかりを加えて，といった条件がなければ，自閉症児は指示に従うことが難しいということに，親たちは気づいている（Schopler, Mesibov & Hearsey, 1995）。

(1)　単語が多すぎることによる混乱

　自閉症児の中には，長い文章や複雑な単語で話しかけられると，混乱しやすい人もいる。健常児は，自分の聞いた言葉と，その場の社会的な状況の観察とを関連づけて言語を理解する。乳児にとっての言語理解とは，言葉と自分がすでに理解している行動，例えば，見る，行う，模倣するといった行動との関連づけを意味する（Lord, 1985）。親が乳児に話しかけるときは，簡単な言葉を使うように心がける。普通は，一語文か，きわめて短いフレーズで話し，一度に1つの行動についてのみ話そうと努める。単語は，子どもがあるものをみるための手がかりとして使われることが多い。専門家たちは，自

閉症児の言語理解を促進するために，同じようなやり方が役立つと指摘している（Lord & Baker, 1977）。教師は，生徒の言語レベルに合わせた語句を使って話すことを身につける。子どもがよく知っている簡単な語句，例えば，「遊んでおいで」，「入れなさい」，「給食の時間ですよ」などである。また，子どもが言葉とそれの意味することとの関連性を理解するのを助けるためには，話題になっているものを指さすことが役に立つ。ある親は，同様のアプローチをどのようにして発展させてきたかを記録している。

　トミーは，私が話していることは，全く理解していませんでした。私が使う単語は，彼にとっては雑音にすぎないようでした。そこで，話しかける方法を変えねばならないと決心しました。ある日出かける前に，「トミー，あなたのコートを取ってきてちょうだい」という代わりに，コートを指さして，「コート」とだけいいました。すると彼はちょっと私をみて，それからコートを取りました。5歳になったこの時初めて，私がいったことを，彼が本当に理解したと思えました。それ以来，彼が理解できるようにするには，どのように話せばよいかを悟りました。

トミーは，言語理解に大きな問題を持っていた。母親が完全な文章で彼に話しかけたとき，彼は混乱し反応できなくなった。ついに母親は，1つの単語だけを使い（コート），コートを指さしながらいうといったうまい解決方法をみつけ出した。簡潔な話し言葉と身ぶりを組み合わせることで，トミーは母親のいうことを理解し，それ以降，彼にとってこれは有効な方法になった。このように，子どもそれぞれのレベルに合った言語を使うことが重要である。コミュニケーションは必要以上に省略すべきではないが，簡潔な文章を用いるよりも複雑な使い方をするほうが，はるかにコミュニケーションの失敗を引き起こしがちである。

⑵　記憶の問題
　自閉症児の多くは短期記憶に強く，自分で理解できない語句を復唱するこ

とさえできる（Schopler, Reichler & Lansing, 1980）。その顕著な例はエコラリア，すなわち，直前に聞いた語句や思い出した語句を反復することである。長い時間が経つと，自閉症児は長期記憶から語句や言語指示を引き出すことが難しくなってくる。子どもが自分で理解している語句を親が使う場合にも，このようなことは起こり得る。記憶の不均衡は，親が子どもの問題に気づくのを妨げるかもしれない。

　　7歳のベスは，週2日の午前中，家から55マイル離れた都市にある学校に通っていました。数カ月後，別の曜日の午後に，週2日もう1つの学校にも通い始めることになりました。ベスは，2つ目の学校にいる間ずっと泣き続け，その学校を受けつけませんでした。どちらの学校にいくにも，同じ4車線の高速道路を通るのですが，2つ目の学校にいくには，1マイルばかり遠くへいく必要がありました。そこで家を出るとき，いつもどちらの学校にいくのか話しました。ある日，いつものように家を出るときにそれを伝え，そのうえ，はじめの学校への分岐点の2つ手前の出口あたりで，今日はもう1つの学校にいくということを繰り返し伝えました。それ以来，ベスは全くぐずらなくなりました。彼女がとても大人しくなったので，教師に一体何があったのかと尋ねられました。じつは，彼女への予告があまりに早すぎたために，もう一方の学校に着くころには（車で1時間の距離），私にいわれたことを忘れてしまっていたのでした。その日以来，車が分岐点に近づいてから，どちらの学校にいくのかを伝えるようにしました。こうして，彼女は混乱しなくなりました。

　表面的にみれば，ベスは1番目の学校に通うというルーティンの変更に混乱しているという解釈も成り立つ。しかし，母親は彼女の混乱した感情を直感的に理解し，別のアプローチを試みた。つまり，ルーティンの変更が生じるより前に，予告するようにしたのである。母親は，ベスの問題が変化への抵抗というより，むしろ長期記憶の困難性だと気づいたので，変更が生じる直前にもう一度予告したのだ。そのおかげで，ベスの混乱は減り，学校へい

く動機づけが高まって，行動の改善に結びついた。

　記憶に問題のある子どもには，視覚的な手がかりも利用できる。文字で書いた伝言や写真や具体物は，自分がすべきことや，変化したことを思い起こさせるのに役立つ（Watson, Lord, Schaffer & Schopler, 1989）。例えば，先の逸話の母親は，その日どちらの学校にいくかを娘に思い起こさせるために，書き表したものや，もう1つの学校の教師の写真をみせることができたかもしれない。このようなタイプの手がかりの与え方は，次の逸話に示されている。

　息子のマットは9歳です。耳で聞いた言葉の理解を助けるために，彼には書き言葉を使う方が役立つことに気がつきました。彼は話し言葉よりも，書いた言葉の方をずっとよく理解しました。例えば，彼は最近一晩中起きていて，翌朝の朝食にゼリーをほしがりました。そこで，「あなたは昨晩寝ないで騒いでいたので，今はだめだけれど，学校が終わってからなら食べてもいい」と伝えました。さらに「マットは学校へいく。学校から帰ったら，ゼリーを食べる」と書いてみせました。これをみて彼は状況を理解し，かんしゃくを起こしませんでした。そのうえその次の夜はベッドでちゃんと眠ることができました。

　メモがなければ，マットは恐らく母親が言ったことを忘れてしまい，混乱したことだろう。書かれた単語は，彼にその意味を考えるゆとりを与え混乱を防いだのだろう。さらに，話し言葉と違って，書かれた単語のメッセージは1日中消えないので，彼は繰り返しそれをみることができたのである。同様の目的で絵を用いることもできるが，書かれた単語の利点は，絵よりも複雑なメッセージを伝えることができる点である。

⑶　聴覚情報処理の問題を軽減する

　自閉症児の多くは聴覚的課題よりも視覚的課題の達成度が高い（Fulwiler & Fouts, 1976；Lancioni, 1983；Mesibov, Schopler & Hearsey, 1994；

Schopler, Mesibov & Hearsey, 1995)。自閉症児・者に対して，具体物，絵・写真カード，サイン言語，文字ボード，単語カードなどを導入する主な理由はこの点にある。言語理解が困難なことが多い自閉症児・者に，指示やこれからの出来事について説明するときに，視覚的手がかりを用いると有効なことを親も専門家も確認している。例えば，その日の出来事を説明するのであれば，教師は生徒にスケジュールを読んで，それに従うことを教えている。スケジュールは必ずしも単語で示す必要はない。文字を読めない生徒のためには，カラーコード（色のマッチング）で示したり，特定の活動を表す具体物を用いることで，行動上の問題の多くを予防したり，次に何が起きるかを子どもに予告したりすることができる。

　話し言葉を持たず機能レベルも低い18歳のジャニスは，ある場面から別の場面へ移るときによく混乱します。そして，常に声をかけられるか身体的介助がなければ，どこへいけばよいかわからなくなりました。彼女は写真が好きだったので，私たちはクラスで出かける場所や活動のいろいろな写真を撮りました。クラスでどこかへ出かけるときには，次に何が起きるかがわかるように，必ず彼女にその場所の写真をみせるようにしました。このことによって彼女の混乱は減り，移動に関してより自立的になりました。

　ジャニスは言語指示だけでは状況の変化を理解できなかった。しかし，写真のおかげで，次にどこへいくかを常に視覚的に思い起こすことができたのだ。目の前の視覚的手がかりによって，混乱は減少し，クラスの友だちと一緒に新しい場所へいこうとする彼女の動機づけは目にみえて高まった。

(4)　意味を一般化することの失敗
　自閉症者の多くは，意味を一般化することが難しい。ある状況で理解した単語は，それとは別の状況では，その人にとっては意味を持たないかもしれない。この問題の一部は，その人が最初にどうやってその単語を理解するよ

うになったかに関連している。彼らはある単語をより広い意味概念によって理解するよりも，特定の狭い状況の中での手がかりと結びついた意味として理解してしまうのである。このことは，次の事例に示されている。

　わが家では，6歳の息子ルイスのために個室を用意しています。この部屋はとても安全で，室内には彼が壊してしまいそうなものは何もありません。私が忙しくて相手ができないとき，「遊んでおいで」というと，彼は自分の部屋へいって遊ばねばならないことがわかりました。ある日，ルイスを連れて公園へ出かけて「遊んでおいで」といったら，ブランコの方へはいかず，空中で手をヒラヒラさせるだけでした。その時，彼が「遊ぶ」という言葉の意味を本当には理解していないことに気づきました。それから毎日公園へ連れていき，「遊んでおいで」といってから，ブランコやジャングルジムの所へ連れていきました。このようにして，やがては「遊んでおいで」という言葉の意味を理解するようになりました。

　ルイスの母親は，彼が家の中では「遊んでおいで」という言葉に適切に反応したので，彼の言語理解力を過大評価していた。しかし，ルイスは「遊んでおいで」という言葉は，自分の部屋へいっておもちゃで遊ぶことを意味すると思っていて，別の場面ではその単語は何の意味も持たなかった。そこで，母親は［遊んでおいで］と指示するたびに，彼を遊ぶ対象の方へ連れていくことで，その言葉の意味を教えようとした。しだいに彼は「遊んでおいで」という言葉を家の中だけでなく，公園でも理解するようになった。友人宅や親戚宅で「遊ぶ」という言葉の意味を理解させるためには，それぞれの状況で教えていく必要があるだろう。

2　表出言語の問題

　自閉症児の多くは，ほとんどまたは，全く話し言葉を持たないので，代替コミュニケーションシステムを指導する必要性が高い（Watsonら，1989；

Wilbur, 1985)。以前は代替コミュニケーションシステムを指導することは，言語によるコミュニケーションの学習を妨げると思い込んでいる専門家もいた。しかし，現在では，研究結果や臨床経験からは，必ずしもそうではないことが示されている。それどころか，自閉症児の多くは代替コミュニケーションシステムを学習すると同時に言語スキルの改善もみられた。

発達障害の人の中には，コミュニケーションをするために視覚的手がかりを必要としている人が多い。彼らはある単語が意味する具体物をみないで，その単語の意味を想い起こすことが難しい。別の場面で起こったことを視覚化できないので，その日に学校でしたことを帰ってから親に尋ねられても答えられないのである。

さらに，社会的な約束ごとの認識の欠如も，コミュニケーションの問題を引き起こすことが多い。小さな子どもが，私的な場面で話すべきことをうっかり人前で大声で話してしまい，親を戸惑わせるのはよくあることだが，自閉症児の親にとっては，たとえ子どもが大きくなっても，それは日常茶飯事である。また逆に，店で「すみません」と店員を大きな声で呼ぶことを援助しなければならない場合もある。このように，大声で話し過ぎたり，声が小さ過ぎる場合があるが，いずれにしても，声の大きさが他人に影響を与えることに気づいていないのである。また，比較的よく話せる人でも，特定の話題をとめどもなく話したり，同じ質問を繰り返したりすることがある。

(1) 代替システムの必要性

子どもが話せるか否かを問わず，多くの親はわが子が何らかのコミュニケーション手段を身につけるべきだと思うようになる。しかし，その子にどの代替システムが最適かを判断するのは，簡単なことではない。代替システムの選択に際しては，その代替システムの利点と限界とを天秤にかけ，その特徴と，子どもの強いところ弱いところを比較検討する必要がある。例えば，思考の過程がゆっくりで視覚優位の子どもは，絵のシステムを使うとよいかもしれない。ところが，常にそわそわして飛び回っている多動な子どもの場合は，身ぶりや写真カードブックのような携帯式のシステムが必要かもしれ

ない。さらに子どもの日常生活を観察し，どのシステムが利用可能で，自発的に使えるかを判断する必要がある。選択したシステムは，子どもが日常的によく経験し，かつ指導者がコミュニケーションスキルを教えやすいような状況とうまく組み合わせる必要がある（Watson ら，1989）。親はふつう，特定のスキルに基づいてコミュニケーションシステムを選択する。ところが，もともとはコミュニケーションとしては考えられていなかったようなスキルに基づいて，選ばれる場合もある。

　8歳のトミーはほとんど言語がないのですが，文字には関心を示し始めていました。そこで私は，スクリーンに単語が表示されると同時にその単語の音声が聞こえる機能のある「スピーク　アンド　スペル」という装置を買いました。トミーは，「スピーク　アンド　スペル」の中の単語を全部綴れるようになりました。このことを担任の先生に話すと，先生は彼が必要とするような単語や文章（例えば，「トイレへいきたい」など）を書き出してくれました。彼が何かをしたいと思ったときには，単語カードを取って先生に手渡し，それを読まねばならないようにしました。しだいに視覚的サイン（文字カード）はフェイドアウトされ，今ではカードを読まなくても要求を言葉でいえるようになりました。

トミーは話すことはできなかったが，読んで綴ることを容易に学習してしまうほどすばらしい視覚弁別能力を持っていた。母親はこの長所と，書き言葉への関心をうまく引き出した。教師は，彼の日常のニーズや要求を満たすのに必要な表現を書き出すことによって，読んで綴る能力をコミュニケーションシステムへと変化させた。
　代替コミュニケーションの指導は，一般的にはトミーの事例よりも骨の折れるものだ。通常は，子どもがワンステップずつ学習できるように，代替システムをスモールステップに分解する必要がある。ベナローヤ，ウェスリー，オグルビー，クライン，ミーニー（Benaroya, Wesley, Oglvie, Klien & Meany, 1977）は，自閉症児はうまく模倣しなかったり，アイコンタクトを

避けるので，サイン言語の指導は困難であったと報告している。そこで彼らは，まず子どもに他者を気づかせるようにくすぐることから始め，しだいに，相手の身体の動きを模倣させるようにした。やがて彼らは，このような身体の動きをサイン言語に型作り，サインと対象物との関係を指導していった。キャリア（Carrier, 1974）とランシオニ（Lancioni, 1983）は，ある自閉症児に写真を使ってコミュニケーションの指導をする前に，まず対象物と写真とのマッチングを教えねばならなかったと報告している。マッチング練習を繰り返した後に，その子は対象物を実際にみなくても写真が表している物を理解するようになった。そして，この段階に達してから，ほしいものを入手するために写真を指さすことを指導した。ある母親は，写真のシステムの導入について次のように述べている。

　　ダビッドが話せないことは，私にとっては大きな悲しみでした。しかし，6歳になるころ，私たちは彼に何らかのコミュニケーション手段を獲得させることを真剣に考えるようになりました。みたことは理解しているようだったので，写真のシステムを導入してみることにしました。私は，家中の物の写真とその名前を書いた7.5cm×12.5cmのカードを作り始めました。そして，カードをそれに対応する物のある場所に張りつけました。例えば，食べ物のカードは冷蔵庫に，衣服のカードは洋服ダンスに，というように。「正しいカードをみつける」というゲームを始めました。ダビッドはほしいものを手に入れるためには，正しいカードを探さねばなりません。まもなく彼は，ほしいものがあれば，自分から写真カードを私の所に持ってくるようになりました。

　ダビッドの母親は，息子に写真カードのコミュニケーションシステムを教えるのに，相当な時間とエネルギーを費やした。彼女は，ほしがりそうな日用品や食べ物のような，彼にとって意味のあるものの写真を用いた。このシステムがうまくいったのは，彼が動機づけられる対象物を選んだことと，視覚的スキルが聴覚的・言語的スキルよりも優れていたことによる。次も，言

第3章 コミュニケーション

語のない男児に対して,親が写真カードのシステムを用いた事例である。

　10歳になる息子のレイミーは全く話すことができません。彼のコミュニケーションを援助するために,私たちは写真の張ってあるコミュニケーションブックを作りました。そして,ほしい物の写真を指さして要求することを教えました。朝着替えるとき,私たちがシャツとズボンなどの写真を指さすと,彼は自分の引き出しからそれらの物を出してきました。このシステムは非常にうまくいったので,食事時間や入浴時間のような時間も,写真カードのシステムを使うようになりました。

コミュニケーションブックを利用している教師は多い。とりわけ,写真をみることが好きで身近な物の写真を理解している子どもに,コミュニケーションブックは役に立つ。その子が使用する写真はすべて1冊にまとめておくことができる。レイミーの母親は,着替え,食事,入浴といった日常の活動とコミュニケーションブックの利用とを結びつけるようにした。その結果,コミュニケーションブックの利用が日常生活の中で自然に行われるようになった。このように,コミュニケーションの練習を身辺自立スキルと結びつけてできれば,親にとっても時間を有効に使えることになる。
　代替コミュニケーションシステムが,実際にどのように利用されているかを知りたい親は多い。先の2つの写真システムの事例は,家庭内ではうまくいったが,地域社会の中では実用的ではないかもしれない。子どもがより多くの写真を使用するようになり,写真カードのシステムが繁雑になるにつれて,この問題は大きくなる。この問題の効果的な解決策について,ある母親は次のような創造的な試みを述べている。

　8歳のケンは,話すことができません。家族には彼の要求がわかることもありますが,他人には理解することが難しいのです。私は,彼の好きな物,例えば好きな食べ物のポラロイド写真を撮ることから始めました。彼が何かを要求するたびに,その物の写真をみせるようにさせました。この

システムに慣れると，今度は他の人にもこのシステムが使えるようになってほしかったので，彼のベルトにリングをつけて，写真をそこに綴るようにしました。今では，ファーストフード店用，ショッピングセンター用，バス乗車用といった目的別のカードブックを持つようになりました。

この母親は，いくつかの問題を解決した。まず1番目は，言語の障害に直接働きかけるよりも，写真カードを使って母親とコミュニケーションできるように指導していったことである。2番目は，写真を綴ったリングをベルトに取りつけることで，彼がさまざまな場所でさまざまな人とコミュニケーションすることが可能になった点である。そのおかげで，彼の要求をほとんどの人が理解できないという問題は解決した。3番目は，状況別にカード綴りを作ることで，ケンの写真カードシステムの利用が非常に広がった点である。もし，1つのリングに綴っている写真が多すぎたら，このシステムは複雑すぎて，ケンは混乱してしまっていただろう。

自閉症者はよく知らない人とコミュニケーションするのが難しいと一般にいわれているが，次の実例ではこの問題について触れている。写真のシステムは誰でも容易に理解しやすい。サイン言語に対する批判として，一般の人に理解されにくいという点があげられることが多いが，写真のシステムでは，この点はほとんど問題にならない。年長になって地域での生活空間が広がるにつれて，一般の人に理解されやすいという写真システムの持つ強みはますます重要になってくる。

16歳のサンディは，話し言葉を持っていません。そのため，自分のほしい物や，してほしいことを，他人にうまく表現できませんでした。彼はサイン言語以外のコミュニケーション手段を持っていませんでしたが，家族と彼の先生以外のほとんどの人は，サイン言語を理解できませんでした。そこで，担任，母親，スピーチセラピスト，コンサルタントが集まって相談し，彼のための写真コミュニケーションシステムを考案しました。現在彼は，8枚のポラロイド写真をリングでベルトに留めて携帯しています。

その写真は，校内食堂で好きな食べ物を選ぶ際の食べ物の写真と，毎週ボーリングをしにいって靴を借りるときに使う，ボーリングシューズの写真です。彼がこのコミュニケーションシステムに慣れるに従って，写真の枚数を増やしていくことができます。

サイン言語が唯一のコミュニケーション手段であったため，サンディのコミュニケーション能力は限定されていた。そこで関係者が話し合い，彼にとっては，写真システムがより適しているだろうと判断した。写真システムは携帯に便利で相手に理解されやすいので，地域の人たちとのコミュニケーションを可能にした。担任教師が彼の好む活動の写真を選択したことは，新しいコミュニケーションシステムを利用する動機づけを高めるのに役立った。
　一方，コミュニケーションシステム自体の限界よりも，むしろ子ども自身の能力の限界によって，コミュニケーションシステムがうまく適用できない場合もある。その場合には，次の実例に示すように，そのシステムをより単純化してから適用することもできる。

　　13歳のテッドは，サイン言語でのみコミュニケーションが可能でした。「いや（no）」のサインとその意味を学習することが困難だったので，先生は代わりに「やめて（stop）」を指導することにしました。「やめて」のサインは片手をもう一方の手で打つもので，「いや」のサインよりも動きがはっきりしています。さらに，「いや」を表現する場面の多くは，誰かが邪魔をするのを「やめてほしい」と感じている場面なので，「やめて」のサインの方が，テッドにとっては意味があると思われました。

サイン言語を断念して他のシステムをみつける代わりに，教師はサインを表出する行為自体を，彼にとってより意味のあるものにしようとした。「やめて」のサインは「いや」のサインよりも動きとしては簡単だったので，テッドには，前者の方がより表出しやすく，「やめて」という意味の方が「いや」よりも直接的なので理解しやすかった。さらに，「やめて」のサインを

表出することで，他の生徒から自分の期待する反応が得やすくなったので，人とのやりとりに対する動機づけも高めることになった。

(2) コミュニケーションできないことによる欲求不満

　何のコミュニケーションシステムも持たない子どもは，欲求不満に陥りやすかったり，行動上の問題を引き起こしやすいことは，親も専門家も体験することである。これを裏づける研究結果も示されている。コミュニケーション能力が低く知的障害も持つ人は，何らかの有効なコミュニケーションシステムを持つ人と比べて，攻撃的行動を示しやすいことが観察されている。効果的にコミュニケーションができない子どもたちは，思い通りに注意を引くことができないので，否定的な注意獲得行動に頼らざるを得ないのかもしれない。カールとドゥランド（Carr & Durand, 1985）は，注意獲得行動に陥りがちな生徒たちに対して，教師の注意を引くために適切にコミュニケーションすることを指導した。その結果，問題行動は激減し，より長時間課題に向かうことができるようになった。子どもが効果的にコミュニケーションできるようになって，行動改善がみられたという結果は，親も報告している。

　娘のアンは話すことはできませんが，何かを伝えたいという欲求は強く持っていました。そのため，よく欲求不満に陥り，問題行動や攻撃的行動を起こすこともありました。アンが5歳のとき，先生を説得して，学校でサイン言語を指導してもらうようにしました。彼女は，6カ月間で300のサイン言語を獲得し，欲求不満と攻撃的行動は劇的に減ってコミュニケーションへの欲求が高まりました。

また別の母親も同様の結果を報告している。

　9歳のセインは，指さしと発声以外の方法では自分の要求を伝えることができませんでした。私たちが要求を理解できないときには，パニック状態になりました。そこで私は，彼が学校で習っているサイン言語を，自分

も習得するようにしました。その結果，サイン言語を使えば自分の要求が親に伝わるようになったので，彼のかんしゃくは減少しました。

この両方の事例では，子どもがコミュニケーションできないときには，欲求不満と怒りを蓄積しがちであったが，サイン言語を獲得して要求を人にはっきりわかる方法で伝えられるようになると，顕著に行動の改善がみられた。親がサイン言語を習得して家庭でも用いたことは，とりわけ重要である。それによって，子どもがコミュニケーションスキルを学校から家庭へと一般化させることができたからである。

⑶ さまざまな環境でコミュニケーションすることの困難さ

自閉症者の多くは，その場にないことについて伝えることが難しい。このことの一部には，彼らがその場で直接みえない物事について心象（イメージ）を持てない点がある。一般に自閉症者は，何かについて話すためには，その対象がみえていることが必要である。そのため，家庭のことを学校へというように，情報をある場所から別の場所に伝達するのは，彼らにとって難しいことなのである。

10歳の息子のロジャーは，帰宅後，学校での出来事について繰り返し尋ねてみても，伝えることができません。今まで学校でその日にしたことを先生が記録をして，彼に持って帰らせていましたが，ロジャーは自分で書くことができるので，先生は下校前に日記を書かせることにしました。そこで私たちも，朝登校する前に，前夜家でしたことを日記に書かせるようにしました。このようにして，彼の日記を通して，家庭と学校との間で情報交換をするようになりました。そのおかげで，学校にいないときに何をしていたかが，先生方にもわかるようになり，学校で彼から言葉を引き出すきっかけができました。

この日記がなければ，ロジャーはその日に起こった出来事すら，思い出し

たり，ありありと心に思い描いたりすることができなかっただろう。母親が指摘したように，日記が最も重要な2つの環境のつなぎ目の役割を果たし，周囲の人が彼からコミュニケーションを引き出すうえで役立ったのだ。さらにロジャーは，日記が自分自身で書けるという強みを持っていた。彼から会話を引き出す元となった情報（日記）を書き留めたのは彼本人だったので，引き出された会話も彼にとって意味のあるものになった。もしこの日記がなければ，彼は異なる2つの環境にまたがってコミュニケーションすることはできなかっただろう。また別の親も，子どもが2つの場所の間で情報を伝達するうえで役立ったことについて，同様の考え方を示している。

　ダビッドは10歳のころ，学校で起きたことについて，私たちに伝えるすべを全く持っていませんでした。彼は書き方を知りませんでしたが，目と手の協応と視覚的弁別のスキルは非常に優れていました。先生の1人が，アルファベットをすべて正しく書き写せることをみつけました。そこで，帰宅後両親に話したいことを，その場で彼に話させ，先生がそれを文章に書き表し，彼がそれを書き写しました。先生は彼が持っているスキルを最大限に利用することによって，私たちとコミュニケーションすることを援助してくれました。彼はこのようなやり方で手紙を書いていますが，今では自分自身でも文章を書けるようになりました。

　ダビッドは話すことができるが，学校での出来事を両親に話せるほど十分に，記憶しておけなかったのだ。教師は，彼の文字の模写スキルを両親とのコミュニケーションの手段に変換させた。彼の優秀な微細運動と知覚スキルを利用することによって，コミュニケーションの問題は解決した。

(4) 社会的なコミュニケーションの欠如

　あるコミュニケーションシステムを獲得し，他者にそれが理解されるようになった自閉症者でも，それ以外のコミュニケーションの問題を持っている場合が多い。親がよく話題にする2つの問題点は，感情を表現できないこと

と，会話能力の欠如である。これらの問題点は，自閉症の主要な特性である社会性とコミュニケーションスキルの障害に関連している。自閉症者は人と談笑することには関心を示さないし，人とやりとりすること自体が楽しみで話をするということはあまりない。彼らのコミュニケーションは，自己のニーズを満たすことや情報を得ることが中心である。このような社会性の欠如は，自閉症者と他の障害者とを際立たせる特性であり，両親が苦慮している点でもある。

　　カールは自分の要求を伝えることはできましたが，機械的で回りくどい話し方をしていました。私たちは，彼がもっと自然な形で話すことができればと，常々思っていました。カールは21歳になって初めて，自発的に意見をいい始めました。自分からコメントを述べるたびに，私たちはそれに対して肯定的に反応しました。私たちは彼のコメントに対して質問し，そのコメントを中心に会話を続けるようにしました。今では15分間は会話を維持できるようになり，毎日自発的に意見をいうようになりました。

　カールが人と談笑し始めるようになったのは，話せるようになってから何年も経ってからである。両親は息子が自分から話をすることに対して，自然で肯定的な強化子を用いた。彼らは息子のコメントに対して質問することによって，そのコメントがより社会的なものになるよう援助した。質問されることで，自分のコメントが関心を持たれていることに気づき，交替に話すという会話のやりとりの仕方について学ぶことができたのである。役割交替は会話がうまく運ぶための基礎となるスキルだが，多くの自閉症者にとって身につけるのが困難なスキルでもある。ベイスラーとツァイ（Beisler & Tsai, 1983）は，ほとんどの自閉症児は，会話の中で相手と共通の話題をみつけることや交替で話すということを身につけていないと報告している。その結果，彼らの話し方はほとんど一方通行的になる。発達障害の人に対して交替のルールを指導するために，健常児をモデルとして利用している専門家もいるが，その際も大人の助言のもとに行うのが効果的であろう（Mesibov, 1992）。

自閉症児の親の多くは，子どもが自分の感情を表現できないという悩みを訴えている。このことは親子の双方にとって欲求不満を高める原因となっている。親はしばしば，身体的苦痛があっても子どもがそれを表現できないのではないかと，心配している。感情表現の仕方を教えるためのアプローチの1つとして，さまざまな表情の写真を使い，感情を表す言葉を指導するという方法もある。しかし，この方法では，その場で実際に感じている感情と，写真で示されている感情とが直接結びつかない場合には，指導が困難な場合もある。最も効果的な指導方法は，子どもがある感情をはっきりと示しているまさにその時に，その感情の呼び方を教えるという方法である。

　6歳の息子のジムがかんしゃくを起こし始めたとき，自分の感情を表現するのに言葉を使うことを教えました。「おまえはとても腹を立てているんだね。あのおもちゃがほしかったから。腹が立つといってもいいんだよ」と，彼にいいました。このような私たちの助言に従って，「腹が立つ」といえるようになりました。その結果，かんしゃくの時間が短くなり，回数も減りました。

　この逸話はいくつかの重要な点を明らかにしている。まず第1に，彼の親は腹を立てている瞬間をうまくとらえることで，「腹が立つ」という表現を，彼にとって意味のあるものにすることができた点である。つまり，彼が実際にその感情を感じているときに，それを言葉で表現させることによって，その単語と特定の感情とを関連づけることができたのだ。2点目は，かんしゃくを起こすことよりも，自分の感情について話すことを，強化した点である。感情について話してもよいと，息子に教えたのだ。そのおかげで，彼は感情のはけ口を見出し，興奮を静め，かんしゃくの頻度が減るようになった。

(5) 社会的なルールの理解の欠如
　自閉症児は社会的なルールの理解を欠くため，公衆の場への参加の機会が損なわれることがある。例えば，彼らは，教会とショッピングセンターとで

は同じようにふるまうべきではないことに気づいていない場合がある。そのために，親たちを当惑させ，公衆の場に家族が出かけるのを妨げるほど行動上の問題が深刻になることもある。

　私たちは毎週教会の「友だちの集い」に参加するのを楽しみにしています。この礼拝は，基本的には静かな集まりです。私たちは息子のダビッドを連れていきませんでした。彼は，しゃべることを思い浮かべると，必ずそれを大声でいってしまうのです。やがて私たちは，ダビッドが小声で話すことを知らなかったことに気づきました。そこで，私たちは小声で話すことを教え，彼はそれが気に入ったようでした。今では，私たち全員で「友だちの集い」に出かけることができ，彼はもはや集いの妨げではなくなりました。

　自閉症児に特徴的なことだが，ダビッドは特定の社会的状況での行動上のルールを理解していなかったのだ。彼が礼拝に参加するのをやめさせる代わりに，両親は彼に小声で話すことを教えた。ダビッドは小声で話すことを身につけて以来，集まりの場所で他人の邪魔にならずに話せるようになった。そして両親も心おきなく礼拝に参加できるようになったのだ。
　このように，自閉症児は自分の行動が他者の妨げになっていることに気づいていない場合が多い。なぜなら，彼らは他人の視点に立って物事をとらえることが困難だからだ。声の大きさを調節することに関していえば，彼らは大声で話しすぎたり，小声で話しすぎたりして，声の大きさがなぜ他人にとって問題になるのかが理解できないのだ。適切な声の大きさで話すモデルとして，健常児たちが役立つことだろう。彼らは，自閉症児がやりとりを楽しみ，適当な大きさの声で話すことを身につけるための援助をし得るだろう。
　社会的な状況をうまく読みとる力の欠如は，他人を当惑させるようなさまざまな行動を引き起こしがちである。自閉症児の中には，親しい人と見知らぬ人を区別していなかったり，見知らぬ人に対して，親しい人とは異なった態度をとることすらない場合もある。

公衆の場に出かけたとき，8歳になる息子のジャックは，しばしば見知らぬ人に近寄って話しかけたものです。彼は，自分が関心を持っていることについて，相手が関心を持っていなくても，どんどん話し続けました。そこで私たちは，「おはよう」とか「こんにちは」とだけいうように教えました。彼は，他人と何らかのかかわりを持ちたかったので，挨拶の言葉をかけることで満足したようでした。

　相手にかまわず自分だけの関心事について話し続けることは，社会的に明らかに不適切である。また，見知らぬ人が，彼のように純粋な人を悪意に利用する危険性もある。ジャックは自分が他人を退屈させていることがわからなかったり，見知らぬ人の中には危険な人もいることを知らないのだと，両親は気づいた。両親が思いついた「挨拶をする」という行為は，うまい折衷案だった。挨拶をすることで彼が他人と関わりたいという欲求は満たされ，それと同時に，人を当惑させたり迷惑をかけるような行動を予防することができた。ジャックは見知らぬ人に一声挨拶することで満足し，それ以上話し続けなくなった。
　さらに自閉症者は，ある一定の単語や話題は人前で話すのは不適切だということに気づいていない。ある親は次のような実例をあげている。

　12歳の娘のジェーンは，腹が立つと人をののしる癖がありました。ところが私たちは，それが社会的に望ましくないということを彼女に理解させることができませんでした。考えた末に私たちは，社会的に許容される代用表現を教えることにしました。そのような代用表現は，ののしり言葉と音の響きがよく似た表現だったので（例えば，「畜生」（God damn）の代わりに「おやまあ」（Gollyday）など），代用表現を比較的すんなりと使うようになりました。今では彼女は，ののしり言葉の代わりに，代用表現を使うようになりました。

　ジェーンはののしることで自分の感情を表現していたのだが，それは社会

的に適切な表現の仕方ではなかった。しかし両親は，彼女が自分の行動が望ましくないということを理解していないだけだと気づいた。そこで，彼女に代用表現を教えることで，この問題に働きかけようとした。これらの代用表現は，彼女がすでに使っている表現と音の響きが似ていたし，彼女の怒りの感情のはけ口として同等の機能を果たしたので，彼女は代用表現をすぐに身につけた。

さて，話し言葉を持たず，コミュニケーション能力の乏しい子の親は，地域に出かけて道に迷ってしまったときのことを，しばしば不安に思っている。

　19歳になる息子のジェイソンは，話し言葉がありません。彼はサイン言語をわずかに知っていますが，道に迷ったときに，他人に氏名や住所を伝えることはできません。そこで私たちは，ＩＤカードを身につけさせることを思いつき，他人に名前を聞かれたらそれを提示するように教えました。州の陸運局は，少額の手数料で，写真つきの免許証のようなＩＤカードを発行してくれます。このＩＤカードは，みやすく誰にでも理解されやすく，とりわけ年長者にとっては年齢に見合ったものでした。ジェイソンがＩＤカードの使い方を身につけて以来，公共の場で１人で行動することに，私たちは以前ほど不安を抱かなくなりました。

発達障害の人にＩＤカードやブレスレットを身につけさせるというアイデアは，これまで多くの親や教師たちが考えてきた。彼らは，「名前は何といいますか？」とか「どこに住んでいますか？」という特定の質問に答えて，それを提示するように訓練を受けている。このようなＩＤカードは，誰にでも容易に理解でき，氏名・電話番号・住所・両親の氏名などの，有用な緊急時の情報を提示してくれる。

⑹　要　　約
　この章では，コミュニケーションの２つの広義のカテゴリー，つまり理解の問題と，表出言語の困難性に関するいくつかの逸話について論じた。理解

の問題は，言葉が多すぎることによる混乱，記憶の問題，視覚的手がかりがないと聴覚情報を処理できないこと，さらに言葉の意味を一般化できないことなどが含まれている。表出言語に関する問題については，代替システムの利用や，異なった環境下でうまくコミュニケーションできないことによる欲求不満について論じ，さらに，社会的なコミュニケーションの欠如や，社会的ルールの理解の障害に関する逸話についても述べた。

第4章

遊びと余暇

年齢相応のおもちゃに興味がない　79　　じっと座って
いられない　80　　友だちとの遊びを嫌う　81　　揺れるのを
恐がる　81　　モーターボートを怖がる　82　　水泳の練習を
拒む　83　　手をひらひらさせたり大声を出す　84　　仲間遊び
で泣き出す　85　　ゲームのルールがわからない　86　　本を
破って遊ぶ　87　　葉や草をふるって遊ぶ　87　　1人でいると
破壊的な行動をする　89　　危険な水遊びをする　90
多動である　91　　家具の上で跳びはねる　92　　体育的な
活動を調整しても抵抗する　93　　どんな運動をも嫌う　95
集団ゲームに参加できない　96　　退屈してやる気に欠ける　96
音楽をしつこく聞く　98　　仲間はずれになる　99
新しいスポーツをすることを怖がる　102

行動上（水面上）の問題

遊びを理解できない　79　　多動で長く座っていられない　80
人とのかかわりを楽しめない　81　　新しい運動の経験を
怖がる　81　　協調運動に問題がある　84　　感覚統合に問題が
ある　84　　認知と社会性に限界がある　86　　本を適切に
扱えない　87　　適切な遊びのスキルがない　88
溺れることの危険がわからない　90　　構造化されていないと
多動になる　91　　余暇の時間に過度に興奮する　91
動機づけが弱く多動である　91　　決まり事に強迫的に
こだわる　94　　1つの活動に過度に集中する　98
社会的活動を始めることが苦手である　99
コミュニケーションスキルに限界がある　99

背景（水面下）にある問題

幼い子どもにとっては，おもちゃで遊んだり仲間と一緒に遊ぶことは，普通は呼吸するのと同じくらい自然なことである。多くの子どもは，1人でいるよりも仲間といる方を好む。幼児でさえ，外界からの音よりも人間の声を好み，写真やパターン（形態や模様）よりも人間の顔写真の方を選ぶものである。ところが，自閉症児・者や類似の発達障害児・者にとっては，こうした自然な行為も，習得しなければならない厄介な課題になってしまう。社会性のやりとりや象徴遊びが困難であることは，自閉症の定義に用いられている特徴の1つである（アメリカ精神医学会，1994；全米自閉症児親の会，1977）。自閉症児は，おもちゃを口に入れたり，叩いたり，回したりして扱うことがあり，ごっこ遊びをする力や，模倣する力が欠如していることもある。また，勝ち負けがわからなかったり，さまざまなおもちゃで遊んだり子どもたちと一緒に遊ぶことに無関心であったり，嫌うことすらある。

　自閉症児にとって，遊びや余暇の時間を過ごすことがいかに大変であったか，親や教師が多くの事例をあげてくれた。例えば，大人が指導していないとき，自己刺激にふけっていたり，おもしろそうなおもちゃがたくさんあるのに繰り返し1つのおもちゃで遊んだり，奇妙な行動をしたり，社会性や協調遊びのスキルがないために仲間はずれにされたり，からかわれたりするなどである。多くの家族の話では，子どもが地域で過ごせる余暇スキルを身につけていないので，外出せずに家にいることが多いという。われわれの経験からもいえることだが，自閉症の人が職を失う可能性が大きいのは，仕事をこなす能力に欠けるからではなく，休憩や昼食時間の適切な過ごし方がわからないからなのである。

　一方で，自閉症児や類似した発達障害児は，自分自身で楽しみ学ぶことができる。多くの場合，遊びたいという意欲と，遊びに必要なスキルの双方を指導されなくてはならない。教師の中には，遊びや余暇について教えるなんて馬鹿げていると思う人がいるかもしれないが，個別教育計画を立案する際には，重要な焦点になるはずである。第1に，遊ぶこと，つまり楽しむことは，基本的な人権である。独りで遊べるようになることは，親や世話をする人のストレスを軽減することにもなる。また，余暇時間をうまく過ごせるよ

うになると，自閉症児・者が健常な仲間と，関心事や活動を共有できるようになる。このことは，兄弟や級友や近隣の子どもたちから受け入れられやすくし，一緒に活動する機会を増やすことになるだろう。

　公共の図書館や地域のスイミングプールを楽しんで利用できるようになると，地域の人々との楽しい出会いの機会が増え，それによってソーシャルスキルを向上させることができる。また，自閉症児が，地域で余暇スキルを身につけると，家族もまた，休暇や「普通の」休養を楽しめるようになる。これらのことは，人間は勤勉に働くべきだという倫理観から，働くことが大切だと思っている人が考えている以上に，とても重要なことである。

1　遊びと余暇を好きになる

　親は自閉症の子どもに遊びのスキルを教える前に，特定のおもちゃや活動や子どもたちと遊ぶことを，好きになってもらいたいと思う。ある母親は，3歳の息子にピカピカの新しいワゴンを買ってやった。ところが，彼はそれを見向きもせず，がっかりした母親は次のように報告している。

　　私たちは，3歳の息子ジャスティンに，クリスマスにきれいな赤いワゴンを買ってあげました。その翌日，息子はワゴンに興味をみせず，いつもどおり家中を走り回ったり，ふらふら歩いたりしていました。私はワゴンに乗せようとしましたが，外に飛び下りて逃げてしまいます。ジャスティンはくすぐられることが大好きだったことから，私は，あることを思いつきました。ワゴンにジャスティンを乗せ，外に飛び出ないうちに兄のマークが引っ張っている間に，私がすばやくジャスティンをくすぐるのです。兄は，私の周りに小さい円を描くように弟の乗ったワゴンを引っ張りました。私は，ワゴンが移動して前を通過するたびに，ジャスティンをくすぐりました。彼はそれがとても気に入り，やってほしいと，兄と私の所に誘いにくるようになりました。まもなく兄は，自分でワゴンを引っ張りながら弟をくすぐることができるようになりました。そのうちに，ジャスティ

ンはくすぐられなくてもワゴンに乗るのが好きになりました。現在，兄たちは近所でワゴン乗りをしようと弟を連れ出していますが，ジャスティンはワゴンに他人を乗せて引っ張ることに興味を持ちはじめています。

　この母親は，息子がワゴンで遊ぶことにまったく興味がないとわかると，遊び方を教えるために，彼の好むことを利用した。彼が好むくすぐりとワゴンに乗ることを，セットにしたのである。そして，しだいにくすぐりを減らしていった。これによって，ワゴンに乗ることはジャスティンにとって楽しみな遊びとなった。兄にとっては弟と一緒にできる遊びとなり，さらに，近所の子どもたちとも遊べる遊びに発展した。
　次の母親は，同様にロッキングチェアに座って揺れる楽しみを，わが子に教えている。

　　息子のトムは2歳で，絶えず動いているという問題がありました。私に抱かれることを嫌がり私の膝にも座れず，ロッキングチェアに1人で座ることもありませんでした。彼が絶えず動き続けたので，私はすばやく部屋中を踊ったり歌ったりしながら，彼を持ち上げ，大きく抱くことから始めました。最初は，わずかの時間部屋を回りながらほんの何回か抱き上げました。しだいに，踊ったり歌ったりする時間を増やしていき，踊っている間は彼が近づいてきて抱けるようになりました。そのうちに，私が「ダンスソング」を歌って，すばやくロッキングチェアを動かすと，いすに座れるようになりました。彼は大柄で，体重も非常に重くなっているので，このことは好都合でした。トムはいずれ，疲れたり不愉快なことがあったら，ロッキングチェアに座って，自分で揺り動かすようになるでしょう。

　この母親は，トムが経験するうちに，身体接触や揺れを楽しめるようになるのではないかと考えたので，抱き上げることと彼の好きな動作をセットにした。そして，不愉快なときにはロッキングチェアに座り，それを揺らして1人で落ち着くことを教えたのである。このような，セットにするテクニッ

クは，友人とかかわりを持たせようとするときにも，たびたび用いられている。

　3歳のレイモンドは，先生に抱き上げられるのは好きでしたが，他の子どもたちに何かを一緒にやろうと誘われるといやがりました。そこで，先生ははじめに空中でレイモンドを揺り動かし，子守り歌を口ずさみながら自分の膝の上で跳びはねさせて，触れ合う楽しさを教えました。彼が，膝の上で跳びはねるのが好きになり，そのゲームをたびたびやるようになると，次は他児と一緒にできるようなゲームに発展させました。もう1人子どもを膝の上にのせているときにだけ，レイモンドを跳びはねさせたのです。すると彼は，このゲームをしたいときには「跳びはね仲間」の所にいき，友だちを連れてくるようになりました。最初は，跳びはねるときに仲間の方を見向きもしませんでしたが，ついには，一緒に笑ったり，一緒に遊ぶときに，その子の姿を探すようになりました。

ここでは，友人の存在は，レイモンドが楽しい活動をするときの「入場券」の役割を果たし，しだいに彼は仲間との交わりを楽しむようになった。体力に自信のない先生なら，膝を使った跳びはねゲームの代わりに，ワゴン乗りや子どもが好む活動を一緒にやってもよいだろう。
　遊びに対する恐怖心を克服するために，1対1の個別の時間が必要な場合がある。

　私のクラスの5歳のロジャーは，ブランコに対して恐怖を抱いていました。そこで，少しずつブランコの揺れに慣れてもらおうと思いました。私は，自分の膝でロジャーを一度だけ揺らし，1日に5回，この動作を行いました。2カ月後には，実に楽しそうに揺れを喜ぶようになりました。今では，自分から私の所にやって来て，ブランコに乗せてくれとせがむようになっています。

この教師は，ブランコがきっとロジャーにとって楽しい遊びになるだろうと考えた。そこでこの活動を根気強く経験させたが，安心や励ましを与えることの必要性を考慮し，スモールステップを踏んで段階を追った指導をした。そしてこの指導は，信頼関係が持てる1対1の個別の時間に行われた。
　先に述べた例と似ているが，家族で熱中していたボート遊びに，全く興味を示さない息子にがっかりした家族から寄せられた事例がある。

　マークが2歳半のとき，私たち家族は1週間湖畔で休暇を過ごしました。みんな釣りやボート遊びが大好きなので，湖畔にボートを持っていきました。
　初日の夜に，みんなでボート遊びに出かけました。湖の向こう側に向けて出発したとたん，マークは金切り声を上げ始めました。私たちはなだめようとすべての手をつくしましたが，全く効果がありませんでした。そして，ついにあきらめて陸に戻りました。
　マークがモーターの騒音を怖がったのではない，とわかっていました。今までに，音に驚くようなことはなかったのです（「重度の聴力障害」と診断された直後に，それが誤診であったことがわかりました）。次の日の夜，私は膝の上にマークをしっかりと抱えて，歌を歌ったり抱きしめたりしました。私たちは，きっかり20分間だけボートに乗ろうと決めました。翌日の夜も同じように，しっかり抱きしめ，なだめながら20分だけボートに乗りました。
　マークはその週の終わりには，泣かなくなっていました。現在は13歳ですが，いつも真っ先にボートに乗るようになっています。

　この家族は，マークにボート遊びを楽しんでもらいたいと思い，その経験をできるだけ楽しいものにしようと試みた。歌ったり膝に乗せてつきっきりでなだめたり，はじめにボートに乗る時間を制限したことなどは，マークの恐怖心を鎮め興味を抱かせることにつながった。マークにとって多少は不安を感じる体験だったかもしれないが，結果的に休暇は，家族にとってストレ

スの少ないものとなり，家族中で楽しめる活動になった。
　ある父親が，家族でスイミングを楽しむために同様の方法を使っている。

　　私たちは，自宅に家族のためのプールを造りましたが，安全のために，家族全員が泳げるようになっておく必要がありました。私は，18歳の自閉症の息子ディーンのことが心配でした。それで，彼と一緒に水に入って，泳ぎを教えることにしました。私はまず，何をしたらよいのか，彼にお手本を示しました。何度も繰り返し身ぶりで教えました。はじめのうちは励ましの声をかけながらやっていましたが，そのうちに彼が独力でできるようになりました。ディーンは特に泳ぎがうまいわけではありませんが，今では水が大好きです。私は，水中でのディーンの安全を心配することがなくなりました。今では，友人たちがやってきても，楽しそうに一緒に泳いでいます。

　この父親は，泳ぎを修得させるために，辛抱強く介助をしながら指導をした。遊びや余暇を楽しむ環境や道具がそろっていても，多くの自閉症児は，その楽しみ方を自分で自然に身につけることができない。はじめは，直接的で系統だった指導が必要である。他の領域と同様に，遊びや余暇のスキルも，スモールステップに分解し，それぞれのステップを，順を追って教えることによって，最も効果的に結果を得ることができる。ディーンのケースでは，異なる身体部位の必要な動きが，スモールステップで教えられた。それらのステップを，身体的な介助をしながら指導したことは，おそらく，彼が何をするべきなのかを理解するためによく役立ったであろう。父親は自ら泳いでみせて，何をすべきかの手本を示し，彼が泳ぐ順番に分解された各ステップをマスターした後は，その順番を思い出させるために言葉かけをした。今ではディーンは，価値のある余暇を過ごせるようになったし，父親は彼がプールの近くにいても安心していられるようになっている。

2　ゲームのやり方を変えて楽しめるようにする

　発達障害児・者にすれば，上手に取り組めないために，そのゲームを楽しめないことがある。そこで，ゲームをする設備やルール，手順などを変えることによって，その楽しみを大きく増すことができる。

　　メリッサは自閉症に加えて，協調運動に若干の問題がありました。ある時，彼女が若い仲間と一緒にボウリング場にいくことになったので，私は喜びました。仲間との交流と同じように，運動は彼女にとってよいことだと思ったからです。しかし，ボウリングが大変複雑で難しいものだとわかると，彼女の状態は悪くなりました。手をひらひらさせたり大声で叫び始めたりと，その場にいた人たちがじろじろとみるほどだったのです。そこで，次にボーリング場にいったときに，長さ３フィートのアルミ製のボール用シュートを持っていき，レーンのライン上に置くことにしました。メリッサは，歩幅を考えたりボールを後ろに振り上げることが苦手でしたが，これでそんなことをしなくてもよくなりました。ボールをシュートの上にセットして，押し出すだけでよかったのです。ボールが転がってピンを押し倒すと，グループ内で声援や歓声が上がりました。メリッサは，その晩高得点を記録しました。現在彼女はボウリングを楽しみにしていて，ボールがピンを倒したときに仲間とする手合わせは，彼女の得意なポーズです。

　上手にやることができないと，誰でもそれを好きにはなれない。ボウリング仲間に理解のある人がいて，メリッサの限られた能力を考え，技術のレベルを合わせてくれた。おかげで，彼女はボウリングができる喜びと，励ましてくれる仲間との交流を気軽に楽しめるようになったのである。
　次に，設備を改造した別の成功例を紹介する。

　　息子のダニーは５歳です。普通のブランコは，乗っている間，地面に足

がつかないので，ブランコが好きではありませんでした。彼は，自分でブランコを動かせず，かといって誰かが押してくれると不快になり，おまけにブランコを止めることもできません。そこで私たちは，身体を横にして乗ることができて，地面に足をつけたままでこげるタイヤブランコをつるすことにしました。ダニーは今，そのブランコが大好きです！

　ダニーにとって，ブランコは恐ろしいものであった。動かしたり止めたり，コントロールができなかったからである。両親がブランコを変えると，ダニーは足が地面につくようになり，自由自在にコントロールできるようになったので，しだいにそれを楽しめるようになった。彼の場合も，以前よりずっと自立できるようになったのである。

　幼い子どものいる家庭では，親はいつも子どもに合わせて，多少なりともゲームのルールを修正しているものである。例えば，バスケットボールのリングや，お手玉投げやダーツ盤のような投げて当てる的に子ども自身を近づかせることは，よくみることである。個人に合わせてルールを変更することも，ゲームをうまくできるようにする有効な手段である。

　息子のドワイトは，兄のマイクと一緒にソフトボールをしたがっていました。しかし，上手にボールを投げたり捕ったり，バットで打つことができません。子どもたちが彼にプレイをさせないでおこうとすると，大騒ぎをして泣き出していました。ある日，マイクは，「もし走者に話しかけたりさわったりしなければ，ヒットが出たときにはいつも1塁のコーチボックスに走ってもいいよ」と，ダニーに話しました。その時から，彼は年長の子どもがヒットを打つと，コーチボックス目がけてベースラインの外側を突っ走っていきます。彼は少しずつ速く走れるようになり，泣き出さなくなったので，子どもたちもダニーがいても気にならなくなりました。それどころか，今では，子どもたちはダニーと一緒にキャッチボールの練習をするようになっています。やがて同年齢の子どもたちとプレイできる（あるいはランニングでチームに参加する）日も，そう遠くはないでしょ

う。

　この兄は，弟を忍耐強く野球のゲームに参加させて，双方にとって楽しくなるような方法をみつけ出した。親や教師が提案した別のルールの中には，スリーアウト後に攻守を交代するという通例のルールの代わりに，攻撃側の全員を一回りバッターボックスに立たせる，ということも含まれていた。
　卓上のゲームや活動性が少ないゲームであっても，参加しやすく，しかも参加するどの人にも楽しめるように，ルールを調整することが大切である。

　10歳のボブは，年齢の近い3人兄弟の末っ子です。2人の兄は，たびたび彼をゲームなどの仲間に入れてやり，ルールを変えたり，特に難しい所は省いたりしながらゲームをしています。例えば，「ソーリー」という市販のゲームでは，1つの数の札は2つの数の札に分けることができます（例えば，7の番号札の数は3の札と4の札を動かすことによって揃えるなど）。しかし，ボブが参加しているときは，皆が自分たちの手を1つの札のみでやるようにしています。こうすることによって，ボブの混乱はなくなり，ゲームの時間はとても楽しいものになっています。

　この家族は，ボブがゲームに参加できるように，彼の学習の仕方や理解のレベルに合わせて調整し，ゲームに参加した全員に同じルールを適用した。ルールがもっと具体的でわかりやすくなれば，自閉症の人もより上手にゲームに参加できることだろう。

3　構造化を利用する

　何をすればよいのか理解しやすいように，もっと親が構造化してやれば，自閉症の子どもも社会性や余暇のスキルを身につけることが可能である。
　自閉症児の多くは，構造化された状況の下で，最もよく学ぶことができる (Schopler, Brehm, Kinsbourne & Reichler, 1971)。したがって，遊びや余暇の

第4章　遊びと余暇

時間をどう過ごしたらよいのかを指導するにあたって，最初に考慮しなければならないことは，その目的のための明確な場所の設定である。広すぎず，しかも範囲を限定した境界のあるエリア（領域）は，子どもがそこで何をしたらよいのか，何をしてはいけないのかを思いつくことを助ける。次の例の母親と祖母は，余暇スキルを教えるために「エリア」を利用し，同時に破壊的な問題行動をも解決した。

　　3歳半になったジャックは，雑誌や本をめくることが好きでした。そのあげく，いつも本を破いてしまいました。そこで，私たちは大事なものはすべて片づけ，いすと古いカタログや雑誌を置いて，読書コーナーを作りました。彼が望んだときにいつでも遊べる専用の本を置いたので，その他の本には手を出さなくなりました。祖母も同じように，ジャックが遊びにきたときには，楽しく過ごせるように専用の読書コーナーを作りました。

　読書の「エリア」を設定した結果，ジャックが1カ所に落ち着いてくれるようになり，大人が彼の動きを絶えず見張っていなくてもよくなった。エリアを設定することで，ここは本や雑誌で遊べる場所である，と彼に知らせたのである。自分のカタログや雑誌を持てたことは，正しく取り扱うこと（注意してページをめくること）を彼に覚えさせ，興味本位で本を破かずに済むようになった。この親は，わが子が本に興味を持っていたことに焦点を合わせた。そして，破壊的な行動を取り上げるよりも，その興味に基づいて築こうとしたのである。
　自閉症の子どもは，よく同じことを繰り返す遊び，つまり，構造化されていない自由時間を自己刺激行動によって過ごすもので，それが問題行動につながることがある。次の母親は，多くの親たちがそうであるように，子どもが独りで時間を過ごさなければならないときに直面する難題に挑んでいる。

　　8歳の息子マリオは，公立学校のクラスに通っています。学校側は，障害児学級の子どもであっても「ノーマル」であるべきで，学校内の他児と

同じようにすべきだといわれます。これには，1日3回の，20分間の休憩も含まれます。その休憩は，子どもたち自身の創意工夫に任された完全に構造化されていない時間であり，息子にとっては非常にストレスの多いものでした。彼は，運動場のフェンスのそばをゆっくりいったり来たりし，時折，指で葉っぱや草をふるって遊んでいました。私は先生に，彼は独りで遊びのアイデアを考えつくことができないのだ，と説明しました。先生は今，彼に合った遊び道具（ボールやロープのような）を用意して，休憩前に，どれで遊びたいか選択させてくれています（家でボールやロープでどのように遊ぶかを教えました）。まだ，他児と一緒に遊んだりはしないのですが，休憩時間が前ほどストレスの多いものではなくなっています。

担任の教師が，休憩時間にやることを用意せず，その過ごし方について指導しなかったので，マリオはたびたび不安になっていた。どのように休憩時間を過ごしたらよいのかわからなかったからかもしれないし，他の子どもが遊んでいるゲームや活動に，どのように近づいて仲間に入ったらよいかわからなかったからかもしれない。しかし教師が遊具を用意し，何をしたらよいのかを伝えて時間を構造化したら，うまく遊ぶことができるようになったのである。このことは，子どもたちが彼と一緒に遊ぼうとしたり，彼が子どもたちと遊ぼうとする可能性を増やすことにもなった。一般的にいって，教師が仲間の子どもたちに特別な指導をする必要がある（Mesibov, 1992）。

遊び道具というのは，子どもに興味を持たせたり構造をつくるうえでとても重要である。新品で壊れていないおもちゃや年齢相応の遊び道具は，遊びへの興味を促し，子どもを遊びに誘い込む（Schlein, Wehman & Kiernan, 1981）。お気に入りのおもちゃを片づけて，別のおもちゃで遊ぶことを促したり，お気に入りのものと似たおもちゃを用意することは，いつも1つか2つの同じおもちゃで繰り返し遊ぶ子どもの，遊びのレパートリーを拡げることになるだろう。普通子どもは，ねじを巻いた後に跳び出すびっくり箱のような，反応を返してくるおもちゃに興味を持つものである。この場合は，おもちゃ自体に構造が備わっているので，子どもがその象徴的な意味を理解し

たり，あるいは緻密な遊び方を覚える必要がない。

　全米自閉症児親の会（1980）は「自閉症児を育てる（How They Grow）」というハンドブックの中で，親と教師が推薦する低年齢の自閉症児の遊び道具として，次のものを挙げている。
- 容器，シャベル，砂や水遊びのためのふるい
- レコードプレイヤー，オルゴール，おもちゃの楽器
- 揺り木馬やジャンプする木馬
- 本
- ジグソーパズル
- 形を弁別するおもちゃ
- ペグボード
- おもちゃの風車や回転するおもちゃ
- レゴのような組み立てるおもちゃ
- 音の出るおもちゃ
- ボール，特に大きいもの
- 中が柔らかい素材の冷蔵庫の箱のような大きなボール箱
- 黒板，トレーシング類，ひも通しのビーズ，縫い物カード，塗り絵帳，シール帳

奇妙な行動を誘発したり，行動上の問題を引き起こさずに，興味を引きつけるおもちゃを探すのは容易なことではないが，うまくいった例を次に紹介しよう。

　3歳半のジミーは，時々非常に多動で破壊的な行動をみせます。興味を持続させて適切に過ごせる活動やおもちゃは，そんなに多くはありません。しかし，私たちは，ジミーが裏庭の掘られた周りに柔らかい土盛のある穴や，おもちゃのトラックや車，使い古しのスプーンや容器などで，何時間も夢中になっていることを知りました。

　両親は，ジミーが興味を持って熱中できる遊び道具をみつけることができ

た。これらのものは，長時間興味を引きつけるものだったし，彼の年齢を考えても不相応なものではなかった。

　おもちゃ遊びを促し，強化子（賞め言葉，食べ物を与えるなど）を用いると，おもちゃ遊びへの興味を増す一方で常同行動を減少させる，と指摘している研究者もいる（Favell, 1973; Hopper & Wambold, 1978）。強化子は，物事をやり終えた後に引き続いて与えることで，動機づけを形成したり，課題遂行能力が向上したことを賞賛したりするために，学習のあらゆる分野でよく用いられている。しかし，動機づけや課題遂行能力は，この両親がみつけたように，活動そのものが持つ要素によって強化される場合が多い。

　次に紹介する家族にとっては，休暇は楽しいものではなかった。場面を構造化するまでは，いつも息子が安全かどうか心配だったからである。

　　私たち家族は，湖畔に別荘を持っています。自閉症の息子カールは10歳です。カールは泳げませんが，非常に活発で水で遊ぶことが好きでした。これまでは，いつも彼が安全かどうか心配で，絶えず見張っていなければならないと思っていました。しかしある時，私たちは単純な安全面での工夫をすることを思いつきました。まず，湖畔のいすから息子が安全に遊ぶことができる水辺の地点までの距離——つまり，水面が彼の首の上にいかないところまでの距離——を測りました。夫は2本の重りのついた柱を手に入れてきて，湖畔の私のいすから水辺の地点に置かれた1本の柱までカラフルな浮きをつけたロープを張りました。それから，最初の柱から反対側に置かれたもう1つの柱までロープを張り，私のいすの反対側にある夫のいすまでロープを張りました。今では，息子は「救助員」の役割を果たすロープの境界内で，私たちが湖畔からみている間，1人で水遊びをしています。

　カールの両親は，見張り続けなくても済むような方法を探していたのではない。絶えず追いかけたり，深みにはまった息子を救助したりするのではなく，少しの間でも一カ所に座っていたいと思っていたのである。彼らは，カ

ールの身の安全を守る方法を思いつき，カールの自立を促すことで，いくばくかの休息を得ることができた。このように，明確に境界線を引くことによって，本人自身の行動をコントロールをすることができるようになったのである。

　構造化は，決まった運動を計画的にしようと思うときに，利用できる。毎日行う運動は，多くの人々を気分よくさせるものである。休養や睡眠がスムーズになり，さらに安らぎあるものになる。多くの人は，短い散歩であっても，毎日何らかの運動を行おうと意識的に努力している。

　ある母親は，息子の自由時間の一部を構造化する方法として，運動を取り入れている。

　　16歳の息子ティムは，注意の集中時間が短く，構造化された活動をしないときには多動になり，家や学校でさまざまな問題が起きていました。そこで，息子と一緒に毎朝5マイルの距離をジョギングすることにしました。運動した日は，しない日よりも学校や家庭での過ごし方が安定しています。

　母親は，ティムが運動をすると学校生活の過ごし方がスムーズになり，構造化のされない状況で起きるさまざまな問題行動を防げることに気づいた。彼は以前よりも長い時間集中できるようになり，自由時間の活動を受け入れやすくしている。母親にとっても，息子と一緒に楽しめる余暇活動の発見になった。この余暇活動はこれから，地元のランニングクラブに入会したり，短距離レースに参加したりと拡げていけるであろう。おまけの話だが，テイムの母親は，今ではさぞかしスリムになっているに違いない！

　別の母親が，同じような経験をしている。

　　10歳のシンディーは，大変な多動児です。私たちは，娘が何もすることがないと過動になることに気づきました。そこで，トランポリンでジャンプしたり，小型のジョギング機を使ったり，エネルギーをいくらかでも発散させるようにしました。これによって，建設的に活動することが容易に

なります。走ることも好きで，1日二度私たちと一緒に走ったときには，落ち着けるようです。

シンディーの活動水準は，興奮するとすぐに混乱の状態にまで達してしまう。子どもに合った体育的な余暇活動を行ってエネルギーを消耗させることが，落ち着かせるのに役立った。両親が選択したいくつかの活動は，青年期を通じても有効で，それは，いくつになっても適切な活動だった。

次に紹介する親は，わが子のエネルギー対策として構造化が，家具を守る付加的な効果のあることを知った。

ジムは17歳で，いくぶん多動な面があります（年齢とともにおさまってきていると思いますが）。ソファーの上で飛び跳ねて，2つのソファーを壊してしまったので，私はジョギングトランポリンを買いました。ジムはそれが大好きでした。そのトランポリンは，約1年しかもたなかったのですが，家具を壊されずにすみ，体調もよく，余暇時間の活動と同じようにエネルギーのはけ口になりました。彼は，自分でエネルギーが溜まってくるときがわかり，そんな時には，トランポリンを使うようになっています。

青年期の若者には，エネルギーのはけ口が必要である。ジムには，トランポリンが必需品で実用的な用具であることがわかった（多くの親がいっていることであるが）。それによって彼が，自由時間を適切に過ごせるようになり，楽しみながら体調を維持するのにも効果があった。緊張や不安を感じたときには，特定の場所と活動を用意しておくことで，自分自身の行動をコントロールするのに役立っている。

これまでの研究からも，運動によって自己刺激が減少し，適切な遊びや学習態度が向上することがわかっている（Watters & Watters, 1980）。研究者たちは，運動の種類（穏やかさ対激しさ）が，手のひらひら行動や他の反復行動に影響を及ぼすことを明らかにした。ジョギングのような活動的で持続的な運動（15分間の）が，球技のような運動と比較して，常に常同行動を減少

させる効果のあることを見出している (Kern, Koegel & Dunlap, 1984)。

　年齢とともに，運動は多くの仕事をこなすためにも重要になってくる。たいていの仕事には，立ったり，腰を曲げたり，持ち上げたり，引っ張ったりすることがつきものである。もし，スタミナや強さを早くから身につけられれば，就職や，余暇活動を楽しむことも，容易に望めるかもしれない。ある教師は，生徒たちに1週間のうち2〜3日は学校のジムでウエイトトレーニングをするように指導している。これは，健康維持に役立ち，健常な仲間と楽しんだり，尊重される活動やスキルを獲得させることになる。

　全米自閉症協会（1980）が出版した親向けのハンドブックには，自閉症児の親たちの推薦した次のような屋外用の用具類が記載されている。

　　ブランコ（ロープ型，タイヤ型，従来型），すべり台，自動車のおもちゃ（ワゴン，三輪車），ジャングルジム，トランポリン，ジャンプ板，回転式ドラム。

　子どもたちの年齢が高くなり，技術的にもできることが増えてくると，自転車乗りや，スケート，フリスビー，ボウリングなどにもエネルギーを費やすようになるだろう。

4　得意なところを伸ばしていく

　親であればよく承知しているように，子どもに合った余暇活動や運動をみつけ出すことは，「やりなさい」と動機づけをするよりもたやすい場合がある。親たちがみつけた秘訣は，子どもが持っている興味や強みを基にして築くことである。

　時に運動は，薬物療法や不安，あるいは神経過敏などが原因で引き起こされた筋緊張を緩和させるために必要である。

　　15歳のディーンは，薬物療法によってかなりの筋緊張を起こしていました。これに対処するために，日常的な運動や体育的なゲームをさせることにしました。彼はそのような運動を楽しんでいる様子はなく，やりたがら

なかったので，筋緊張にはほとんど効果がありませんでした。やがて私たちは，何か新しいことを教えるよりも，すでにできることで，楽しんだ経験のある体育的な活動を選んだ方がよいのだ，と思いつきました。彼にとって，それは自転車に乗ることでした。彼は，リラックスしながら自転車乗りを楽しむことができたし，そのうえ筋緊張の緩和にも望ましい効果が表れたからです。

ディーンの両親は，運動が筋緊張を弱めることになるだろう，とわかっていた。そこで，運動する状況をいやにならないように，すでにいくらかできるようになっていた体育的な活動を取り入れ，筋緊張を和らげる効果のあるまで続けられた。
　現在，屋外の運動サーキットがいろいろな地域で建設されていて，日常的な運動と練習をするための場所とやる気を提供してくれる。

　12歳のカールは，非常に強迫的で決まり事が大好きです。私たちが連れていった地元のサーキットコースの構造に引きつけられてしまいました。この特殊なコースは，1.5マイルの沿道に10の異なった運動ステーションを備えています。運動としては，腕を振る，足の爪先に触れる，バーを跳び越える，腕歩行をする，などがあります。彼はそれぞれの運動ステーションの間をジョギングし，各ステーションでは写真（絵）で示された運動を行っています。それは非常に構造化されていて手順が決まっていますから，いったんやり始めると，それ以上の動機づけを必要とはしません。そのうえ彼は，レギュラーコースの参加者の何人かと友だちになりました。彼らは，カールとすれ違うときに，挨拶をしてくれます。

日課の運動を考える代わりに，この家族は，地域資源をうまく利用した。そこには，必要なことがすべて備わっていた。カールは，きちんと決められたコースが気に入り，運動を無理やり強いられなくてもよかったのである。そのうえ，他の人々とも楽しめる余暇スキルを身につけることになった。

サーキットのコースは，子どもによっては運動を動機づけるのによい方法のようである。しかし，コースに出てやり始める前に，自閉症の一人ひとりに応じて各運動を指導したり，再検討する必要があろう。親や教師は，運動に番号をつけたり，持ち運びが可能な番号のついた絵カードを作りたいと思うだろう。この教師が教室で行ったのも，同様なことであった。

　私は毎朝，中学生と決まった運動をしています。最初，どの生徒も運動の種類とやる順番がわからず混乱していました。今私は，それぞれの運動を始める位置を示す写真を持っています。写真カードは運動を行う順番になっていますが，これは毎日変更が可能です。生徒に次に何の運動をやったらよいのかを理解させるために，視覚的な方法を用いているのです。

この教師は，生徒が毎日決まった運動を続けていくために重要なことは，それを理解できるようにすることだと考えた。番号つきの写真や単純なイラストは，それぞれの運動をする際に，何をしたらよいのか，どんな順序でその運動をしたらよいのかという不安を取り除いた。今では，たとえその日によって運動の順序が変わっても，やるべきことが理解できるので，不安なくとても喜んでやっている。生徒はルーチン化されたことが大好きなので，一度何をやったらよいのかがわかると，トレーニングを楽しんでいる。
　ルーチン化されたこと，それだけでは子どもにやろうという興味を起こさせるのに十分ではないこともある。次の教師は，生徒のいくぶん固執的な興味を利用して，弱点を強みに変えようと考えた。

　私が受け持っているクラスの11歳のニコは肥満児で，幾何学的な形に夢中になっています。私がどんな運動をやらせようとしても困難でした。しかしついに，形に対する興味を利用して，学校の歩道に沿って作られた三角形や正方形の模様の道を，ジョギングさせることに成功しました。今では，毎日そこを走っています。

太り過ぎの子どもに，ランニングのような健康に役立つ活動を，意欲的にさせようとしても，難しいことが多い。この教師は，運動に興味を持ってもらおうと，形への興味を活用した。彼は，健康に役立つことをしながら，走ることを楽しんでいる。
　ゲームが簡単に楽しめるものであっても，すぐに退屈して，興味をなくす者もいる。次に紹介する母親は，さらに卓球に注意を集中して興味が持てる方法を見出した。

　　私は，12歳のニールにやりとりのあるゲームを教えたいと思っていました。卓球がいくらかできるようになっていましたが，彼は得点をつけることが理解できず退屈になるので，その場にふさわしくないプレイ（天井に向けてボールを打つなど）を始めるのでした。私は，適切なプレイを続けさせようとしました。得点をつけることは難しすぎたので，代わりに，正しく相手にボールを打ち返した回数を，ニールと一緒に数え始めました。できるだけ長く数え続けようと，彼は一生懸命になりました。

　ニールは，ボールを正確に打ち返して，できるだけカウント数が大きくなるまでプレイするという意味を理解し，それがとてもおもしろいと思った。父親は，ニールが普通に得点をつけることを理解できなかったので，彼のレベルに合わせてルールを変更した。この場合も，上手に，しかも長くボールを打とうとする意欲を持たせるために，数そのものや数えることが大好きであったことを活用した。繰り返すと，親がわが子の現在の理解レベルを把握するのと同様に，子どもが持っている興味や強みを基に作り上げたのである。
　アンディの母親は，太り過ぎで体育的な活動を嫌うという2重の課題を抱えていた。しかし，家から郵便受けまでの間を何往復か走ろうという気にさせる方法を思いついた。

　　15歳のアンディは，身体的に活発ではなく，そのために太り過ぎていました。私の悩みは，彼に運動をさせられないことでした。彼はテレビと雑

誌に非常に興味を持っていて，特にスポーツ番組で放送される得点数には興奮します。私は郵便受けと家の間の距離を測り，何往復すれば1マイルになるのか計算しました。また冷蔵庫には，低カロリーの食べ物を置くようにしました。息子は今，ランニングや1日に走ったマイル数を数えたり，カロリー計算したり，スポーツの記録について話すことを楽しんでいます。

　この母親は，子どもに「走りなさい」とか「これを食べなきゃだめよ」といっても反抗される，とわかっていた。その代わりに，本人の興味に合わせて，活動の中に強化的な要素——つまり，数字に夢中であること——を組み入れたのである。
　遊びと余暇活動を教えるもう1つの重要な理由は，大人が直接かかわれないときに，1人で過ごすことのできるスキルをつくることである。親は，その子ども以外の家族に対しても配慮しなくてはならないし，子どもから離れて自分自身の時間を持つことも必要なのである。
　ある母親は，次のように自由時間を子どもと一緒に楽しく過ごしているが，母親が休養したり，自分の仕事に取りかかっている間，娘が独りで過ごせるようになることも大切である。

　　11歳のキャシーは，学校では読み書きが好きですが，家では独りでできることがありません。それで私は，彼女が自由時間に読めるように基礎レベルの『ウィークリーリーダー』を注文しました。時々，私たちは一緒に読書に取り組んでいます。これには，読みやすい物語やパズルや，その他教科的な力を養うようなことが載っています。書かれている内容は，学校でやることとはまったく異なっているので，飽きたりしません。1冊の『ウィークリーリーダー』には色々なトピックが載っているので，毎回20分間程度で，2，3回は十分に子どもの興味を引きつけます。

　この過ごし方は，親の手助けを必要としないものだが，健常児が自由時間を過ごすために親が利用しているものと何ら変わりはない。キャシーの母親

は，構成がしっかりした手引きのついた読み物を用意して，子どもが余暇時間を上手に過ごせるようにした。彼女が一生懸命にやっている間に，母親も他の仕事を終わらせることができる。

次に，親からの助言によって，自由時間をさらに充実して過ごせるようになった例を紹介する。

　13歳のジェリーは，10代の若者にふさわしい興味をたくさん持っています。彼は座って，長い時間ロックミュージックを聞きます。私は，この余暇時間をさらに充実させるために，音楽を聞きながら，絵を描いてはどうかと勧めました。その後，驚いたことに，ジェリーが学校の才能コンテストで一等になったのです。彼は好きな歌を聞きながら，その音楽のイメージを抽象画にして，コダックのエクタグラフィック，ライトオンスライド（注：商品名。スライドマウントにフィルムの代わりに，絵や文字がかけるようになっている。現在，製造中止になっている）に完成させました。

ジェリーは，年齢相応にロックミュージックを聞きながら自由時間を過ごしていたが，両親はその時間を有意義に過ごさせようと，絵を描くことを勧めた。シンプルな美術工芸には，基礎をうまく指導すれば，自分でできるようになるものが数多くある。両親は，ジェリーが音楽に強い興味を持っていることに注目し，彼の意向に従いながら，ロック好きの若者のいる多くの家庭が羨むような，彼の真の才能をみつけることができたのである。

5　社会性を伸ばして，地域統合を図る

(1)　仲間とかかわり合う

障害児が遊びや余暇のスキルを身につけることができれば，兄弟や近隣の友だちがその子どもと一緒に遊ぼうとする意欲を育てることになるだろう。自閉症児には，これから先も援助や強化が必要だろうが，他児とうまく遊べるようになることは，さらなるかかわり合いや，よりよいスキルの獲得の動

機づけになるだろう。

　次の家族は，近所の子どもと一緒に遊べるように，わが子がすでに持っているスキルを活用した。

　　11歳のユージーンは，家具の上で跳びはねるのが好きです。私たちはこのスキルをうまく使って，トランポリンを跳ぶことに移行させました。ふだんそのトランポリンは，子どもが邪魔されずに跳びはねることができるように，地下室に置いています。けれども夏の間は，このトランポリンを，玄関先に出し，近所の子どもたちも交替で使えるようにしています。

　自閉症児が遊び仲間の中にいても，隅っこにいることが多いのは，一緒に遊べるスキルを持っていないからである。このケースの場合，この子はトランポリンで跳びはねるのが上手であり，他児たちも，一緒にそれをすることに興味を持っていた。はじめに，自閉症児が順番の回ってくることをわかるように，やる順番や順番の長さを調整して，何らかの構造化をする必要があろう。自閉症児のために順番を構造化しても，近所の子どもたちには全く問題ないはずである。

　別の家族は，遊びのスキルを拡げるために，その子が近所の友人たちと遊びたいと思っていた関心事を利用している。

　　娘のティーナは9歳です。近所の子をみると一緒に遊びたいとは思うのですが，グループにはついていけません。そこで，ティーナと一緒に遊ぶことに関心を持っている子を家に呼ぶことにしました。まだできるのは皆よりもずっと簡単なことに限られていますが，他の友だちが遊ぶのと同じゲームを習ったり遊んだりするようになりました。例えば，歩道でローラースケートをしている子どもたちのグループには入れなくても，他の友人とレコードをかけて音楽を聞きながら，車庫でローラースケートを楽しむことができるようになっています。

この2つの例では、子どもがもうすでに上手にできているか、興味関心を強く持っていること、つまり、トランポリンで跳べたり、近所の子どもと遊びたいという思いを活用したので、かかわり合える遊びをうまく作ることができた。さらに親は、自分の子どもと同じ興味を持つ友人をみつけた。同様に教師も、最初に遊びや余暇のスキルを個別に指導すれば、障害児も遊び友だちとして健常の仲間とかかわり合い、それによって共同遊びや社会化のスキルを学習させやすくなることがわかってきた。次の小学校の教師は、このことを上手に用いている。

　障害児たちに、通常の体育の授業を受けさせるのは大変なことでした。大勢の生徒やさまざまな活動に直面して怯えてしまい、激しく手をひらひらさせて騒ぎ立てました。私は、彼らが混乱の少ない環境で最初にルーチン化されたやり方を学べば、もっとよくできるだろうと思いました。そこで、体育の授業の時間に、4年生のクラスから6人の生徒に教室へ来てもらいました。このことは、好ましくつくられた雰囲気の中で、彼らによいお手本をみせることになりました。また、通常の教育を受けている子どもには、自閉症児をよく理解させることになり、自閉症児には、より大きなグループでいかに動いたらよいのかを学ばせることにもなりました。私たちは、グループで卓上ゲームや、ダンスをしました。今では彼らは「通常の」体育の授業にいって、「相棒」と組になり、他の子どもたちと同じことをするのを楽しみにしています。もし、混乱したり気が散る生徒がいても、どうやって元の状態に戻したらよいのかを知っている相棒がいてくれます。

　この教師は、子どもは遊びの名人だと考えた。そこで、大人が構造化をして指導する一方で、子どもを、遊びを教える先生（モデル）として活用したのである。別の教師は、自分の教室で、健常な生徒と一緒に遊びのグループをつくり、彼らに小冊子を渡して、自閉症児とかかわる準備をさせた。その小冊子には、自閉症児が健常児とどのような点で同じで、どのような点で異

なっているかが書かれていた。この教師も先の教師と同じように，「あなた方は，時には，先生の役割をしなくてはならない」というような，自閉症児との遊び方についての助言項目をあげていた。

⑵ 地域でレクリエーションや余暇施設を上手に利用する

健常の仲間と一緒に遊びや余暇活動を行う場合，地域の公園や地域にあるレクリエーションプログラムを利用する方法がある。

　私が健常な息子のジョーを水泳のクラスに連れていくたびに，妹のアイリーンは一緒にやりたいと泣き叫んでいました。私は，ジョーのクラスが終わるまで，アイリーンを抑えたり，レクリエーション施設をぐるぐると一緒に歩いて時間を過ごしました。ある日，彼女は私から逃れて，浅いプールに飛び込んでしまいました。残念なことに，私がプールに入って，彼女を引きずり上げねばならなかったのですが，その間中，彼女は蹴ったり金切り声を上げていました。再びそれが起こったとき，インストラクターは私の方を向いて，外に出すようにいいました。アイリーンが水の中で楽しそうにパチャパチャと遊ぶ様子をみて，私は「あの子を外に出したいと思うのなら，あなたがやってほしい」といいました。彼は，以前の出来事を覚えていて，子どもを自由にさせてくれました。このインストラクターは，ふだんは泣いている子どもが，幸せそうに水遊びをする様子を目の当たりにして，自分が「悪役」になることがわかると，施設の責任者に話をして説得してくれました。現在，アイリーンも水泳のクラスに参加しています。

　この母親は，障害児を締め出そうとするレクリエーション施設のあり方に我慢ができなくなった。幸いにもこの場合には，アイリーンがプールに飛び込んだために危険な目に合った子どもは，誰もいなかった。この母親が気づいたように，障害児の親たちも，地域のレクリエーションプログラムに対して参加する権利を持っているのである。現在では，多くの地域がこの点を理

解している。残念なことに，特別なニーズを持った子どもの親自身がこのことを知らずに，地域のプログラムを利用していないこともある。親は，レクリエーションの関係でわが子に適したプログラムがないとわかったら，支援を申し出て，その地域で受けられる何らかの方策を考えてもらったらよいだろう。

　地域には，自閉症の人たちが楽しい経験を持つことのできる余暇の機会もある。次の例からも明らかなように，余暇のスキルと行動はどちらも，自然な環境で指導されるのが最も望ましいことだといえよう。

　２，３週間前，妹が地元のリンクへローラースケートをしにいくときに，５歳の兄カルロスも連れていきました。私は自閉症の彼がスケートをしたりリンクで楽しめたりするとは，全く考えていなかったので，泣かれたり追いかけ回すのにつきあわされなくてはならないだろうと覚悟をしていました。しかし，実際行ってみると，すんなりスケート靴を履き，励ましたりほめたりすることで，手すりや私の手につかまりながらも，リンクを回れるようになりました。カルロスはとても楽しんで，自信を持ったようでした。私たちは今，彼に地域の図書館やスイミングプールを経験させてみようと思っています。

　この母親は，カルロスが果たしてローラースケートをやれるかどうか疑問に思っていたのだが，それは彼にとってとても楽しい経験になった。彼がローラースケートに興味を持ち続けてスケートリンクにいく機会を重ねれば，青年になるまでには，地域に根ざした余暇スキルを身につけることができるだろう。
　休暇は，家族にとってもう１つの重要な問題であろう。親の中には，まず家族が他人からプライバシーを保てるような休暇場所――キャビンやビーチハウス――を借りて，それからモーテル（訳注：日本で使われている意味と異なり，アメリカでは，旅行などで宿泊するホテルのこと）のような混雑した環境の利用を試したらよいと助言している人もいる。子どものお気に入り

の物をいくつか持っていくようにアドバイスする人もいる。また，休暇をどのように過ごすのか，滞在する場所の写真をみせたり，出来事の順番（車，山，小屋，車，家）を写真で示して，子どもに説明する人もいる。

　遊びや余暇の問題を解決する必要性については，攻撃や身辺自立のスキルの問題に比べると緊急性がないと思われがちである。だが，この分野でのスキルの欠如は，子どもたちを近隣や地域への参加から締め出すことになる。これまでに紹介してきたさまざまな実例は，問題解決のために親と教師の創意工夫が必要なこと，そして，遊びと余暇の分野で成長を促すためには，子どもの興味と能力をいかに効果的に活用していくかが重要であること，を教えてくれている。

第5章

攻撃的な行動

手で頭を叩く　*107*　　頭突き　*108*　　目を突く　*111*
自分自身を嚙む　*112*　　こぶしを嚙む　*113*　　手首を嚙む　*114*
腕を嚙む　*114*　　髪を引っ張る　*115*　　こぶしを
すりつぶす　*116*　　窓から飛び降りる　*117*　　窓を壊す　*117*
鼻の皮をむく　*118*　　叩く，蹴る　*120*　　怒って暴れる　*122*
他人を嚙む　*122*　　他人をつねる　*125*　　唾を吐く　*127*
家具をひっくり返す　*128*　　本を引き裂く　*129*
家具の上で跳びはねる　*131*　　フェンスを越える　*132*
服を嚙みちぎる　*132*

行動上（水面上）の問題

感覚統合の問題　*107*　　友人関係に限界がある　*108*
危険であると察知できない　*110*　　コミュニケーションの方法に
限界がある　*110*　　自由な時間をうまく過ごせない　*111*
痛みの感覚が弱い　*112*　　衝動をうまくコントロール
できない　*112*　　感情を表現する別の方法がない　*113*
欲求不満を生じやすい　*115*　　過剰な行動　*116*　　触覚を
過剰に刺激する　*118*　　破壊行動を調整できない　*128*

背景（水面下）にある問題

自閉症児の親にとって，子どもの攻撃的な行動ほど悩みの種になるものはない。攻撃行動が深刻な問題になっている自閉症児や自閉症の青年がごくわずかな割合だとしても，一度それが起これば，突き飛ばす，叩く，唾を吐く，物を投げる，物を壊すといった行動は，その子どもや家族を危険にさらすし，少なくとも通常の家庭生活を営めなくするからだ。通常，攻撃行動が生命そのものをおびやかすことはない。しかし，家族を押しつぶす「最後の一撃」になり得るし，自閉症の人自身が教室や作業所やグループホームにいられなくなる原因にもなる。それゆえ，親も専門家も攻撃行動の問題を正しく把握し解決することに精力的に取り組むのである。

　氷山の水面上の部分（第1章の氷山モデルを参照）の，叩く，壊す，嚙みつくといった攻撃行動は目にみえて明らかだ。しかし，そのような行動を引き起こす水面下に潜む自閉症特有の問題はわかりにくい。コミュニケーションの障害による欲求不満，社会的な判断力の弱さ，自己や他者への認識の欠如，感覚の異常など，どれもこの問題と関連している。その解決方法として，攻撃行動そのものと並行して，これら水面下の問題に取り組むべきことを親も専門家も強調している（Mulick & Durand, 1989）。

　本章で私たちは，攻撃行動の3つのタイプ，すなわち自分自身に向かう攻撃行動（自傷），他人に向かう攻撃行動（他傷），物に向かう攻撃行動（破壊）について，親と専門家が取り組んできた方法を共有したいと思う。ここで注意してほしいのは，私たちは，すべての問題行動やすべての子どもに効き目のある万能薬を提供するのではないことだ。ある状況である子どもには有効でも，別の状況で別の子どもには通用しないかもしれない。その子どもや家族がけがをしてしまうような攻撃行動があり，家庭ではお手上げの状態なら，専門家の支援を求めるべきである。

1　自分自身に向かう攻撃行動（自傷）

　誰かがあなたの子どもに偶然けがをさせてしまったら，親であるあなたは辛い気持ちになるだろう。しかし，あなたの子どもが自分自身を傷つけよう

とするなら、もっと耐えられない気持ちになるはずだ。自閉症の子どものほとんどは自分の身体を傷つけようとはしないが、もしそのようなことがあると、家族はストレスの強い深刻な状況に陥る。

(1) 頭突き

ここには、自分の頭で窓を割ったり物を壊したり、自分の手や物で手や顔の一部（例えば、目）を叩く子どもの事例について、親たちが取り組んだ解決方法が述べられている。

次の母親は、突然、手で自分の頭を叩き始めた娘について語っている。

> 両耳の感染症のあと、ジェーンは手で頭を叩くことがよくありました。私たちは、行動修正を行うための正の強化や負の強化、さらには身体的な拘束も試みてみました。それでも彼女の状態は変わらず、拘束されたひじを使って自分の足を叩こうとするのです。しかし私たちは、ぐるぐる回りの運動をさせることで、ついに彼女の頭突きをやめさせることができたのです。1日に4時間、身体を回したりメリーゴーラウンドに乗せたり、弧を描いて動くタイヤのブランコ遊びをしました。4週間もしないうちに、彼女は頭突きをしなくなりました。こうした遊びを少しずつ減らしながら、2時間半ぐらいは外で他の子どもと遊ぶようにしていきました。

さまざまな取り組みのあと、最後に、母親と教師は物を回したり自分がぐるぐる回るというジェーン自身が楽しみとしている活動を使って、頭突きをやめさせることができた。自傷をとめるのに同様の活動を用いた報告がいくつかある（MacLean & Baumeister, 1982）。しかし今回の場合、頭突きをとめるのにこのぐるぐる回りの運動が有効だったのかどうかはわからない。ぐるぐる回りの運動以外にも、彼女がお気に入りの活動がたくさん提供されていたのだから（頭突きをしながら、同時にブランコやメリーゴーラウンドをするのは難しいことでしょう！）。

両親はまた、ジェーンの頭突きと耳の感染症との関係にも注目している。

両者の間に関係があるという説は，ある障害のない子どもの研究によっても支持されている（Catarudo & Harris, 1982）。この研究では，耳の感染症とともに頭突きが始まったケースがいくつか報告されているが，一般の子どもの場合，その頭突きは特別な介入がなくともたいていはおさまったという。別の両親は耳の感染症と頭突きとの関係を知り，子どもに突然頭突きや変わった行動が出てきたとき，医療的な対応が必要となるような身体的な異常がないかどうかを調べてもらったと報告している（この章の後半にある，他人への攻撃行動での議論も参照してほしい）。言葉のない子どもが自分の苦痛を伝える適切な手段を持っていないことを周囲が理解することは，非常に重要である。

ある子どもには，頭突きの防止に別のやり方が有効だった。

　息子のミッシェルは7歳で，頭突きの常習者でした。公立小学校の障害児学級に通っていますが，学校は一般の学級と同じように「普通っぽく」することに熱心でした。20分間の休憩時間が1日に3回ありますが，それは全く構造化されていなくて，子どもたちは自由に過ごしていました。息子はその間，ただ手をひらひらさせたり頭突きをしているのです。休憩時間は彼を全然「普通っぽく」してくれないばかりか，彼をみる同級生たちに彼は奇妙だし放っておこうと思わせてしまいます。私たちは学校に対し，休憩時間，息子に構造化された遊びを提供するよう主張しました。すると手のひらひらや頭突きはおさまり，彼はずっと普通っぽくなったのです。

この両親は，息子の頭突きが退屈だったり何もすることのないときに現れやすく，学校では構造化のされていない「普通っぽい」遊びの場面にそのような行動をとって同級生を遠ざけてしまうことがよくわかっていた。そこで，教師との良好な協力関係をつくり，子どもをよく観察しニーズを整理することで，子どものプログラムを修正することができたのである。

専門家もまた，学校で，何か活動があり教師から十分に指示を受けている場面では，自傷がほとんど起こらないことを見出している（MacLean &

Baumeister, 1982)。特に低機能の自閉症児の場合，構造化された教育環境が最も有効である。別の研究（Berkson & Mason, 1964）では，同じ部屋でも，遊び道具のない空っぽの部屋のほうが，皮のボールやプラスチックの電車のおもちゃや犬のぬいぐるみで遊ぶことのできる部屋と比べて，知的障害者の頭突き，体のロッキング，意味のない手の動きが多く出現すると報告している。するべき活動があることが，頭突きや他の不適切な行動を減少させるのである。ミッシェルの事例では，両親が自分の子どもに適切で構造化された遊びのできるよう学校に働きかけた。親からのこうした働きかけがなかったら，ミッシェルはみせかけの「普通」を安易に押しつけられ，自傷が増えざるを得ない状況に放置され続けたのではないだろうか。

次の少年は，毎夜「それ（頭突き）をした」という。

　息子のマシューは絶えず頭突きをしていました。彼はベッドの中でシーツにくるまり体をぴったり締めつけられると安心するようで，毛布が肌にあたる感触も好んでいました。よくベッドの中でゴロゴロ転がるのですが，それが問題を引き起こしました。彼が転がるといつも毛布がずり落ちてしまい，くるむ物がなくなるため，怒り出してベッドのヘッドボードに頭を打ちつけるのです。私は，夏用と冬用の「寝袋」を彼に作ってこの問題を解決しました。毛布の生地に，底と両側を縫い合わせジッパーを取りつけ，入口をゴムで調節できる（ちょうど真ん中で開け閉めができる寝袋）ようにしました。冬用の寝袋にはシーツと毛布を一緒に縫いつけました。これでもう，夜は問題ありません。息子は特製の寝袋がとっても気に入りました！

母親はマシューが体をぴったりくるまれるのが好きなことをよく知っていた。そして，この彼の好みとベッドで転がってトラブルになることの両方にうまく対処したのである。寝袋に入り込んだり布地の感触を楽しめ，同時に一晩中暖かく過ごせることが，頭突きの解消につながった。縫い物ができなかったり時間がなかったりする親でも，市販の寝袋を買えば同じように解決

できるだろう。
　別の親は，頭突きした結果を子ども自身にわからせることで，それがやんだと考えている。

　　私たちが大変になったのは，息子のエディーが5歳になって公立の学校にいき始めたころからです。彼は自分の思うようにならないと，決まって頭突きをするのです。スクールバスや学校や家の中でも，これが問題の種でした。私は頭突きがどれほど自分自身を傷つけるかを説明しようとしましたが，彼は自分がすることの結果を全く理解できないようでした。ある日家で，テーブルに頭を打ちつけ始めたとき，私は皿の上に卵を置き，「あなたが頭を打ちつけるようにその卵を割ってみなさい」と彼にいいました。彼は皿の上に卵を打ちつけ，卵は粉々に割れてしまいました。すると彼は手をとめ，それをじっとみていました。それから私は，頭突きをすると頭がどうなるかを彼に説明したのです。その後二度と，彼が頭突きをすることはありませんでした。

　エディーの親は，頭突きが危険だとこれまで繰り返し注意してきたことを，今度は視覚的なやり方で伝えたのだ。卵の話と頭突きがおさまったことが単純に直結するとはいえないし，エディーが本当にそのことをよく理解したのかもわからない。他の子どもにもこれと同じやり方が効果的だともいえない。しかし，子どもの理解レベルに合わせてコミュニケーションをするための具体的な方法をみつけるという考え方は，困難な問題を解決する重要な要素である。年少の自閉症児の場合，彼らは自傷行為の危険性を少しも意識していないようだと，多くの親が観察している。障害のない子どもなら普通は頭突きできないくらいの痛みも，感覚的に平気でいられる自閉症の子どももいる。
　時に子どもたちは，次の母親が描写するように物に向かって頭突きをする。

　　娘のシャリーは自分の寝室の窓に頭突きをし，カーテンレールや壁の金具を引きちぎり，私たちが取りつけたカーテンも引きずり下ろしてしまい

ました。そこで私たちは，寝室の窓にブラインドをはめ込んだプラスチック製の2重ガラスを取りつけました。プラスチック製のガラスには小さな穴があって，換気や窓の開閉，ブラインドの上げ下げができるようになっています。プラスチック製ガラスは普通のガラスに比べてずっと危険ではないし，頭突きをしても大きな音がしません。シャリーが窓に頭突きをしても，私にとってそれは大した問題ではなくなり，そのうち彼女の頭突きはおさまりました。

子どものケガとカーテンや金具を取りかえる費用の両方が悩みだった母親は，環境を変えること，つまりプラスチック製ガラスを用いることで，この問題を解決することができた。母親も指摘するように，プラスチック製ガラスへの頭突きは一般のガラスより騒音にならず，頭突きをしても子どもが大丈夫ということでそれを無視することができ，この破壊的な行動を不用意に強化してしまうこともなくなったのである。

(2) 目を突く

自閉症の人の中には，実際に痛みや刺激を自分から求めているようにみえることがある。ある研究者はこの点をうまく活かして問題行動に対処したことを，以下のように述べている（Favell, McGimsey & Schnell, 1982）。

　ジェフは22歳で，最重度の知的障害と視覚障害を合併しています。彼は習慣的に自分の開いた目に指を押しつけることがあります。学校のスタッフは，ジェフのその行動を身体的に制止したりたくさんの活動を与えることでコントロールしようとしましたが，この行動はおさまりませんでした。よく観察すると，彼は光やプリズムのようなキラキラしたおもちゃや鏡が好きで，それがあると目を突く行動は減りました。それでも彼には，さらに特別な教育的介入が必要でした。つまりそれは，おもちゃをくるくる回したりキラキラさせる以外の遊び方を学ぶということです。

この事例では，目を突くというジェフの行動をやめさせるのに，おもちゃを使って視覚的な刺激を与えることでうまく対応できた。別の研究者 (Wells & Smith, 1983) も同様の方法を用いている。それは，子どもの手に振動器を与え，手の自傷を大幅に減らしたというものだ。刺激に対するその子なりの受けとめ方を知ることで，その行動との関係を把握し，より適切な方法で刺激を与えることが可能になるだろう。

(3) 自分の手を嚙む

子どもに何か要求すると，自分の手を嚙むなどの自傷をすることがある。

息子のベンは，服を着替えさせたりテレビを消して寝る用意をさせたりというように何かをさせようとすると，決まって自分の手を嚙みました。それから野牛のように私に突進し，たじろいで彼流のやり方に任せると，やっと自傷をやめるのです。しかし，この先自分の気に入らないことから逃げて人生を送ることはできないのだと，私も腹をくくりました。最初は力ずくでテレビを消させたり服を着替えさせたりしましたが，逆に手の嚙みつきが増えてしまい，このやり方はあきらめました。次に，期待されていることを明確にし，嚙みつきを紛らわせるために彼の好きな歌を歌いました。彼はかなり頑固でしたが，私も負けずに頑固にそれを続けました。ついに彼は私の意図を理解し，とにかく服を着なければ仕方がないと察したようで，手を嚙む自傷はおさまりました。今も時々，服を着替える間，私に歌を歌ってほしいようです。

自傷をすれば周囲の要求から逃げることができるなら，子どもはそうするものだということを，この母親はよく理解していた。そこで，嚙みつきという自傷は無視し，周囲からのもっともな要求から逃げてはならない，と本人に毅然と対応したのだ。母親はまた，ベンの好きな活動である歌を歌ってあげながら，（最初は力ずくだった）服の着替えやそれ以外の適切な活動をさせるようにした。つまり，自傷のできないような活動を強化しているのであ

る（あなたが袖に手を通しながら，同時に自分の手を嚙むことは難しいでしょう）。

ダンカンの嚙みつきの問題は，これとは別な方法で解決している。

　7歳になるダンカンは学校での態度もよく，簡単なサイン言語や身辺自立の技能についてもゆっくりだが着実に進歩していて，非常にうまく過ごせていました。担任の先生は，彼のことをとても期待できると私におっしゃっていました。しかしそれからしばらくして，学校で自分の手を血が出るくらい嚙むようになりました。家ではそんな自傷はないのです。私は学校にいき，教室にいる彼の様子を観察しました。彼はほんのいくつかの簡単なサインを知っているだけでしたが，このクラスを受け持つことになった助手の先生は，速く複雑なサインで彼とやりとりをしようとし，またやりとりするよう求めていました。最初のころの進歩に惑わされて，彼に難しすぎるサインプログラムを与え続けていたのです。私はこのことを担任と助手の先生に話をし，それを受けて先生たちはダンカンがうまく対応できるレベルにサインプログラムを戻しました。すると，彼の嚙みつきもなくなりました。改めて先生は，ダンカンにとって難し過ぎず，なおかつ意欲的に取り組もうとするレベルに配慮しながら，プログラムを少しずつ展開していきました。

ダンカンの母親は，嚙みつきの行動が，彼のレベルには不適切なプログラムに対する彼からの反応だととらえた。教室での要求がダンカンの対応できるレベルに戻ると彼の欲求不満は解消され，嚙みつきもとまったのである。先述のベンの場合，自傷は，本人の対応可能な要求からの逃避を意味していた。この場合の課題は，周囲からのもっともな要求を彼にきちんとやらせることに他ならない。しかし今回は，ダンカンの対応能力以上のことを強いるという，不当な（そして不可能な）要求であった。一見同じようにみえる嚙みつきの問題も，解決するためには，子どもの状態，現状の発達レベル，本人への要求の度合いをよく知っておく必要がある。

ある母親は，子どもの自傷に接した自分自身の反応によって，その自傷が減ったと考えている。

　3歳になるグレッグのさまざまな自傷行動の中には，自分の手首を血が出るまで嚙むというものもありました。私はこの行動を目のあたりにすることが大変苦痛でした。何とかこの私の動揺を隠そうとするのですが，彼はこうすることが私を困らせるのをよく知っていました。私は彼の自傷行動を無視することができず，とめることもできません。とうとうせっぱつまった私は，鞍に使うなめし皮を持ち出し，それに親指が入るように卵型にカットして皮のミトンをこしらえました。ミトンにはリブ編みの袖口をつけ，手首がはずれないようにしめる小さなバンドも縫いつけました。彼がこのミトンに思い切り嚙みついても，達成感，つまり痛みや刺激を得ることはできません。そうすることで彼がけがもせず傷も残らないことから，私はその行動を無視することができました。1カ月もたたないうちに自傷はほんのわずかに減りました。手首を保護するミトンをはずしても大丈夫な時間帯が徐々に長くなり，ついに必要としなくなりました。1年後，手首を嚙む行動はなくなったのです。

　グレッグの母親は，子どもの自傷が安全な状態にならないとその自傷を無視することができないと自覚していた。保護用ミトンを作ることで，手首の嚙みつきから得られる感覚的な刺激を遮断するとともに，自傷で動揺してしまう母親自身の注意や注目をも遮断したのだ。母親は，彼がおもちゃで遊ぶといった適切な行動をするときは，逆に彼に注意を向けるようにした。グレッグの嚙みつきは，少なくとも，母親の注意が彼に重要なものであるということを，伝えていたのである。
　要求やフラストレーションをうまく表現できないことが，その子ども自身や他人への嚙みつきにつながる場合もある。

　教室で他の子どもにからかわれたりすると，イアンはすぐに怒って自分

の腕を嚙み，皮膚が裂け出血することも時々ありました。先生は彼の自傷がこうした子ども同士のやりとりの後でよく起こると考え，彼に，自分のイライラをもっと適切な方法で伝えられるように教えました。自分をいじめる級友に対し「やめろ」と叫ぶことを学んでから，彼の自傷はほとんどなくなりました。

イアンの自傷は，うまくコミュニケーションできない欲求不満の反応だった。教師は，イライラを表現する適切な方法があることをイアンに伝えた。つまり，年齢相応で級友にもわかりやすい表現を彼に教えたのだ。この場合，自分の欲求不満を表現するための代替手段を1つ持つだけで自傷はなくなった。しかしほとんどの場合，ただ単にコミュニケーションスキルを教えるだけで自傷行動を減らすのは難しい。それでも今回の例は，表面にみえる「氷山の一角」の行動とともに，水面下に潜む原因となっている障害についてどのように対応するかの実例を提供している。シュローダー，シュローダー，ロージャン，ミュリック（Schroeder, Schroeder, Rojahn & Mulick, 1981）は，コミュニケーションスキルのない重度の知的障害者にとって，自傷は周囲が無視できない行動であり，なおかつ，周囲とのコミュニケーションを成り立たせ環境を何かコントロールする機能を果たしているのだと指摘している。

(4) 髪を抜く
髪を抜く行動に対し，ある親は次のように対処して成功した。

16歳のマークは，突然自分の髪を抜くという行動を始めました。私たちは彼の髪にワセリンをつけ，髪を抜こうとしても指がすべってからめないようにしました（髪がツンツンに突っ立ってちょっと「パンク」のようでしたが，はげ頭になるよりはおかしくない！　と私たちは考えたのです）。彼が髪を抜かなくなるまでの約1週間，ワセリンを毎日つけ続けました。この奇妙な癖が頑固な悪習になる前にその芽を摘み取ったのだ，と私たちは考えています。

今回の解決方法では，両親はマークの問題行動そのものは無視をし，髪を抜くという感覚的な刺激を減らしていったのだ。両親の迅速で効果的な対応により，息子の厄介で目立つ行動が習慣になることを回避できた。

⑸ こぶしをつぶす
時には，自傷行動がおさまらず，実際に医療的な問題に発展することがある。

　息子のマシューは左手の甲を押しつぶし，あんまりひどいので，医者は関節炎を心配したほどでした。私たちは無視したり叱ったり罰を与えたりしたのですが，どれもこの自傷をとめることはできませんでした。そこで安全のため，彼の左手に厚手のパッドの入った手袋をつけました。ただし，利き腕の右手はそのままにし，何か活動するときは自由に使えるようにしたのです。すると，マシューは手の甲を押しつぶすより，その手袋をはずすのに手間をかけるようになりました。長期にわたりましたが自傷は無事なくなり，手袋も取りはずすことができました。もう，手の甲を押しつぶすことはありません。時々忘れたようにそうする気配がありますが，その手袋を取り出すと彼はやめることができます。

マシューの両親は自傷するほうの手に手袋をつけ，刺激が強化されることを防いだ。空いている右手を忙しく使わせるため，両親はマシューに活動を与え，手をつぶすことに意識が向かないようにしたのだろう。手袋によって徐々に手を押しつぶす行動をとめ得たということは，この手袋が別の刺激なり合図なりになっていたのだといえる。

⑹ 窓を壊す
ある種の行動には無視もできず，なおかつ，それが起こらないようにしなければならないものがある。そのような場合，多くの親は問題行動そのものを修正するのではなく，その行動が起こらないように環境を修正することで

対応してきた。このことは，行動が非常に危険で一度起こると大きなケガにつながる場合，特に必要である。

　12歳になる娘のルーシーは，よく家の2階の窓から飛び降りました。私たちはあらゆる種類の鍵を試しましたが，彼女は鍵をいじるのも好きで，はずし方をすぐにみつけてしまいます。窓に鎖をつけてもみましたが，鎖を引きずり下ろし切ってしまうこともできたのです。窓に関する「特別な配慮」は，どれも彼女の気をひくだけでした。最後に私たちは，親指で操作してロックのできるクレセント錠のついた木枠で窓を覆い，さらにねじを取りつけました。こうすると，ねじをはずして窓を開けるためにはドライバーが必要になるのです。ルーシーにとって鍵のような光沢のないねじは魅力的ではなかったので，ねじをはずすこともなく，ついには窓からの飛び降りをやめたのです。

ルーシーは窓についている小道具に興味があった。両親が最初行った特別な鍵や鎖を使って窓を封じようとした試みは，むしろ逆効果だった。窓が閉められ，しかも目立たないねじが，安全に彼女の興味をそぐことができたのである。
　ルーシーには効果があったやり方も，次のオードリーには期待できないだろう。彼女も窓から抜け出すのだが，彼女の場合は窓を開けるのではなく，おもちゃや手で窓ガラスを割ってしまうからだ。

　オードリーを窓から遠ざけるために，私たちはさまざまな努力をしました。しかし靴や人形や自分のこぶしで，常に寝室の窓を叩き割ろうとしていました。そのため，彼女と窓の両方を保護する必要がありました。私たちは，普通は仕切りに使う金属製の格子を用意し，それを窓の内側に取りつけました。これだと換気をするために窓を開けることができ（格子の隙間から操作ノブを使う），オードリーのほうは，窓を壊したり窓から抜け出してケガをすることもなくなったのです。

オードリーほど固執的ではないが，次の例も同じような方法で窓を保護している。

　エリンはよく窓を壊したので，彼が割れたガラスでケガをしないかととても心配でした。そこで，私たちが安心でき彼の安全も確保するため，最初窓の下半分にシャッターを取りつけ，窓ガラスが割られないようにしました。しかし，そのうちエリンがシャッターの開け方を覚えてしまったので，次に，窓の内側に貼りつける金網を用意してみました。窓枠と同じサイズの金網を探し出し，手ごろな値段の木で主人が枠を作り網を張って，枠にあう色を塗りました。窓枠にこの手製の金網を小さなねじで取りつけたのです。近づいてみない限り，窓の内側に金網があるとはわかりません。これなら光は部屋の中に射し込みましたし，彼にも大丈夫でした。窓を壊そうにも，金網を叩くだけでガラスには届かないからです。エリンが窓壊しの時期を脱したあとで，金網をはずし，4カ所のねじ穴を埋めて塗り直すのは簡単なことでした。

　この両親は，子ども部屋をみた目は普通の状態のままで，問題行動に対応する方法をみつけたのだ。子どもに窓壊しの習慣がなくなってから，窓を元の状態に戻すのにほとんど手間はかからなかった。

(7) 　**鼻の皮をむく**
　次に紹介する親には，鼻の皮をむくことが深刻な問題になっている娘がいた。

　6歳のアリソンは鼻の皮をむいて，いつも血が出ている状態でした。私たちはそのことを叱ったり，手を使う活動をやらせたり，無視した態度をとったりしましたが，どれも効果は不十分で，状況は深刻になるばかりでした。とうとう最後に，腕が入るボール紙の筒を作り両肘を曲げられなくして，彼女の手が鼻に届かないようにしてみました。夜中に鼻をいじって

出血させることもよくあったので，眠っている間もこの拘束を使い，彼女が何か用事をするときだけ，両腕を自由にしました。6週間かけて徐々にボール紙の筒をつける時間を減らしていきました。いつの間にか，ボール紙の筒は鼻の皮をむいていた頃の1つのエピソードになっていました。彼女の鼻の皮むきはおさまり，ボール紙の拘束ももう必要としなくなったのです。

　両親にとって，手が鼻に届かないようにすることが，唯一アリソンの鼻の皮むきをやめさせる方法だった。手を自由にするときは，スケジュールにお気に入りの活動をたくさん用意し，手を使わざるを得ないよう配慮した。こうして鼻の皮をむくことではなく，適切な活動に手を使うように強化していったのだ。ボール紙の筒を使う時間を徐々に減らし，この悪癖と拘束の両方をなくすことができた。

　これまでも多くの専門家がある種の拘束を使った成功例を報告している（Saposnek & Watson, 1974）が，初期には，行動を修正するため計画的に短期間用いるのではなく，なかば慣例として拘束を乱用するケースも多数あった。拘束をする場合は十分検討されるべきだし，もし効果がないならすぐに中止すべきである。ある事例（Favell, McGimsey & Jonse, 1978）では，自傷をする知的障害者に拘束衣をつけてやめさせようとしたが，逆効果になってしまったという。ある子どもにはその行動をやめさせることができたが，別の子どもだと強化してしまったということも実際にある。したがって，行動修正の手続きには，予想される効果よりも，現実に対する注意深い観察こそが求められるのである。

　自傷に対する親や専門家の対応を概観すると，そこには無数の方法があることがわかる。専門家の記した文献に載っているほとんどが，施設で生活し何年間にもわたって固着してしまった自傷行動について述べたもので，これらの多くが環境や作業場の設定を調整することで行動修正に成功したという大人の事例である。一方，家庭で両親が問題行動を解決したケースのほとんどが子どもの事例で，その多くは悪癖が固着してしまう前の比較的初期の段

階でその行動をくいとめている。何年間も固執した深刻な自傷をとめることは非常に困難である。だからこそ，その初期の段階で行動修正を図ることがきわめて重要なのである。

　家族も専門家も，長期間固着してしまった自傷は，他の行動と比較しても効果的に対処することが非常に困難で，単一の修正手続きや解決方法では対応できないとみなしている。取り組みに成功して長期間追跡調査を行ったというレポートはほとんどないし，ある行動をとめることが結果的に別のタイプの自傷を引き起こしたというレポートもほとんどない。ここに紹介した親たちの努力からわかることは，その行動が習慣化してしまう前であればあるほど，対応がより効果的であるということだ。

2　他人に対する攻撃行動

(1)　他人を叩く，蹴る

　近隣や学校生活の中で，うまくコミュニケーションができずにイライラして，自閉症の子どもが兄弟や学級の友だちを押し倒したり，噛んだり，唾を吐くことがある。ある父親はこれについて次のように報告している。

　　5歳の娘キャロルは，すぐにイライラが高じて，先生や同級生の子どもたちを叩いたり蹴ったりしました。家では彼女のやりたいことを家族が察するのですが，外ではそうはいきません。私は学校に対し，キャロルがこれからどんどん悪くなるととらえるのでなく，サイン言語の習得のための援助に専念してほしい，そうすればもっと適切なやり方で自分のやりたいことやしてほしいことを周囲に伝えることができるのだから，と説明しました。その後，6カ月の間に300語のサイン言語を習得し，その時点で彼女のイライラと攻撃行動は劇的に減少したのです。

　父親は，キャロルの攻撃行動をコミュニケーションができないことからくる欲求不満の反応だととらえた。そこで，叱ってこの欲求不満をさらに悪化

させるのではなく，言葉に頼らなくても彼女が理解できる適切な手段を教えてほしいと学校に働きかけ，成功したのである。このような問題は特に言葉を持たない子どもに深刻で，自分のニーズや感情を伝える適切な手段を習得させる必要がある。自分が必要としていることや感じていることを周囲にうまく知らせる方法を子どもが持っていないなら，その攻撃行動に罰を与えても意味をなさないだろう。

　別の親たちも，叩いたり嚙んだりする行動がコミュニケーションの障害によって引き起こされていると気づいている。

　　娘のメアリーはほとんど言葉がないのですが，泣き叫んで私たちを嚙んだり叩こうとするときは，たいてい私たちに何かを伝えようとしているのでした。昔は，どうしたいのか，直接いろいろ彼女に尋ねていました。しかし彼女はうまく私たちに伝えられずイライラやかんしゃくもますますエスカレートしていくばかりで，私も妻も混乱するだけでした。最近は，メアリーが怒りだすと，私たちはまず彼女を座らせ「はい」「いいえ」で答えられる簡単な質問をします。例えば，「何かイライラしたの？」「ベルトがきついの？」「鉛筆をなくしたの？」という感じです。彼女が何か込みいった返事ができるわけではありません。ただ，首をふって「はい」「いいえ」を表現するだけです。今では，私たちが彼女のことをもっとよく知ろうとしていることが彼女にもわかるようです。そして徐々に，私たちは彼女の思いを理解できるようになりました。怒っても，すぐに落ち着きを取り戻します。子どものかんしゃくに，長々としたお説教は必要ありません。

　この父親は，娘の攻撃行動をコミュニケーションの素朴な表現の形態ととらえた。叱ったり罰を与えることで子どもも親も問題をエスカレートさせるという事態を避け，子どもが何をやりたいのかを理解することに専念した。長々しい会話ではなく，自分たちの言葉を簡単でわかりやすくし，子どもの要求に単純に答えられるように場面を構造化したのである。この方法によっ

て，彼女自身自分の要求を伝えることができるようになり，親子の不要な摩擦も避けることができるようになった。

別な対応だが，字を書くのが好きな高機能の自閉症青年について，教師の行った報告を紹介する。

　アランが怒りだすと，彼を座らせて，今どういう気持ちなのか書かせるようにしました。現在彼は，1人でそのようにしています。両親は，「ジミーのおなかにパンチをくらわせたい」という彼のメモ書きをみつけたりします。しかし，ノートに書くことで彼は落ち着き，実際にジミーにパンチをすることなどはありません。誰かに対して怒っているという発言が，実は自分が本当に混乱していて，「トイレにいってもいいか（家なら，自分の部屋にこもってもいいか）」ということをいいたかったのだと，彼自身わかってきました。彼は公共の場でそういうことはしませんし，今の彼のふるまいは，周囲の人たちに十分受け入れられています。

自閉症の人たちが自分の感情をうまく表現できないために，親や教師の中には，彼らには感情というものがないのではと考えてしまう者もいる。この事例では，アランに自分の感情を（書いたり，あるいは1人の場面で）表現させることで，攻撃的な行動をとらなくてすむ方法をみつけ出したのだ。教師もまた，攻撃的な文字遣いや行動をとれば，他人とのつき合いの中で青年を孤立させてしまうことがよくわかっていた。イライラした感情を字に書いて表現することで，実際に他人を叩いてしまう頻度は減ったし，言葉による他人への弾劾で自分を追い込むこともなくなった。

(2) 噛みつき

次の噛みつきの話は，攻撃行動を説明する代表的なものである。

　8歳のとき，マークは人を噛むようになり，そのため学校は彼を受け入れられないと考えるようになりました。私は，クラスの子どもたちが乳歯

が抜けて歯が生え代わっていたのに，彼はまだだということに気づきました。調べてみると5本の歯が抜けそうになっていて，それが痛かったようです。彼の兄はその年ごろのとき，抜けかけの歯を自分で引っこ抜いていました。しかしマークは自分でどうしていいかわからず，痛みをやわらげようとして噛みつきが始まったようです。歯医者が抜けかけの歯を2週間かけて取り，噛みつきの問題は終わりました。

コミュニケーションに障害がある自閉症児の場合，痛みをもたらす本当の原因がわかりにくいものになる。マークはそれを行動で表現した。母親は，この突然の噛みつきの行動と，新しい歯に生え代わるという子どもの成長の時期を結びつけて考えることができた。耳鳴りと頭突きの関連も同じような例である。突然始まったかんしゃく行動には，表面からはみえない身体的な原因をまず調べてみることだ。別の親は，噛みつきをする子どもの歯を検診したところ，じつは虫歯があって，それが痛みを引き起こしていることがわかったという。虫歯を治療し痛みがとれると，この噛みつきもおさまった。
　噛みつきがみられる別の子どもの親は，痛みを引き起こす原因として，次のような報告をしている。

　息子のクリスは言葉がありません。ある時から学校で，兄弟や友だちを噛むようになりました。噛みつきは，主治医が彼に発作の薬を服用させてしばらくして始まったのです。私たちは何か関連があるのではないかと主治医に尋ねてみました。医者はこの抗てんかん薬には歯ぐきが腫れ炎症を引き起こす副作用があると説明し，オラジェルという赤ちゃん向けの歯の痛み止め薬を歯ぐきに塗るよう指示してくれました。そうすると，クリスの噛みつきはあっという間になくなったのです。

いつも親が，新しい薬の副作用の情報を知り得る立場にいるとは限らない。クリスの母親は，抗てんかん薬を服用してすぐに始まった彼の噛みつき行動を医者に調べてもらった。歯の薬が痛みをやわらげ，噛みつきをとめたので

ある。このような関連がいつも明確になるわけではないが，服薬の後に子どもに何か異常がみられたときは，服薬内容を変更したり副作用に対する調整のために主治医に状況をきちんと伝える必要がある。

何人かの親は，軽い罰を一貫して与えることで効果があると述べている。

　私たちはペンが人を噛まないようにとあらゆることをしましたが，どれも効果はありませんでした。そこで最後の手段に，「あなたが人を噛むことを，みんなはいやがっています」と彼に説明し，人を噛んだらそのつど30秒間目隠しをさせました。自分に対していやなことをされた経験が，他人にいやがることをしたらその人はどう感じるかを，彼にわからせたようです。本当のところはわかりませんが，少なくとも噛みつきはなくなりました。

ペンの両親は，30秒間の目隠しという軽い罰を一貫して続け，噛みつきをとめることができたと考えている。行為と罰の関係を彼がどれだけ理解していたかはわからないが，このケースではこの方法が深刻で長期にわたる問題行動に効果があり，両親の悩みを解消したのである。

別の親は，子どもの噛みつきの明確な原因をみつけることはできなかったが，噛む対象を変えることでその問題をうまく解決している。

　息子のトニーはかんしゃくを起こすと，近くの子どもたちを噛みつこうとします。私たちは彼に皮製のおもちゃの動物を与え，怒ったらそれを噛み，人を噛んではいけないと教えました。トニーの噛みつきは新しい歯が生え始めるころが特にひどかったのですが，この小さな皮のおもちゃが役に立ってくれました。

母親は，トニーにおもちゃを噛むようにと，噛みつきの対象を変えさせた。皮のおもちゃを噛むことは6歳という年齢の子どもにふさわしいとはいえないが，人を噛むよりは十分ましな行動である。この親も噛みつきと歯の生え

代わりの関係に言及している。

⑶ 他人をつねる

同じように，人から物に対象を変えることで，他人をつねるという問題に対処することができる。

　14歳になるユニスは怒ると他人をつねろうとします。彼女の先生は，つねってもよいように豆の入った袋を彼女に与えました。今では，彼女は人の代わりにその袋をつねっています。

教師は子どもの攻撃行動の対象を人から物に振り向けた。つねるというタイプの行動は，つねられた人が反応して注目されたり騒がれたりするので，ますますその行動を強化することになる。豆袋なら誰も被害に遭わず，つねった子どもが注目の的になることもないだろう。

多くの親が，子どものエネルギーがうっ積してくると，叩いたり蹴ったり噛みついたりという攻撃的な行動に走りやすいことを指摘している。

　ロバートは17歳になる息子ですが，体力があり余っています。しかし，かんしゃくを起こしたからといって，他人を叩くことが許されるわけではありません。私たちは彼の部屋の片隅にサンドバッグを置き，かんしゃくを起こしそうになるとそのサンドバッグを叩くように教えました。時々，自分からサンドバッグがほしいといってくることもあります。自分の怒りの感情をより合法的に吐き出すために，このサンドバッグは役に立っています。

この両親は，子どもがイライラして何か行動を起こそうとするとき，すぐにそれを発散させるのが一番いい方法だと考えた。つまり，子どもにエネルギーの適切な発散の仕方を教えたのである。こうすることで，ロバートはエネルギーをうまく発散し，他人を叩かずに（サンドバッグを叩くという）別

な行動がとれるようになった。

　昔から親たちは，出費をかけない効果的な方法として，子どものエネルギーのはけ口に，市販のプラスチック製のボーゾー人形や硬めの枕を叩かせたり，バネ仕掛けで踊る人形を叩かせたり，腕立て伏せや腹筋運動をさせるなどの対処をしてきた。ある母親は，子どもの攻撃行動を台所仕事に振り向けることを提案している。

　　息子のアーサーが怒りだし妹に対してイライラしてくると，彼はどこか一点をみつめ手当たりしだいに暴れ回るのです。私は，妹を叩いてはいけない，その代わりにパン生地なら叩いてもいいと教えました。彼がパン生地を一所懸命に叩くほど，いいパンができあがりました。パンの効用を広げて，材料を秤で計ったりレシピを読むことも学びました。8歳になるころには，簡単な料理の本をみて料理を作ることができました。

　この母親は子どもの攻撃行動を解決しただけでなく，そのエネルギーを有用な技能に振り替えるように援助をした。先のロバートの話と同じく，この場合も，実際に誰かを叩いてしまう事態になるまで親はただ待っているのではない。一連の攻撃行動の最初の段階（ある方向をみつめ，それからぐるぐる動き回る）を，親は十分認識しているのである。したがって，アーサーが実際に何かトラブルを起こす前に，その方向を修正することが可能になる。つまり，問題行動が始まりそうなときにはすぐに，それが起きないように一連の行動のチェーンを断ち切ったのである。

(4)　唾を吐く

　自閉症児は，時に自分のとった行動に対し他人がどんな気持ちになるのか，どうとらえたのかということに思いがいかないようだ。他の子どもや大人に唾を吐き，それもその人の顔に吐こうとする自閉症児の場合は本当にそうなんだと，多くの親が報告している。マーチンの話はその典型例である。

他人の顔に唾を吐くマーチンの行動をやめさせるために，何かしなければならないと思っていました。そうしなければ作業所に通えないからです。私たちは先生と協力しいろいろな対応に努めましたが，どれも失敗に終わりました。しかし，彼が唾を吐けば，私たちも彼の顔に水を吹きつけるという取り組みを学校や家で同じように行い，唾吐きがどういう気持ちにさせるかを理解したとき，彼の唾吐きはとまりました。

　マナーを大切にする公共の場面では，唾吐きは最も失礼な行為の1つである。しかし，自閉症児は，自分の行動がどれくらい深刻な結果を引き起こすのかを理解する社会的判断能力に欠けていることが多い。この両親は，たとえ唾吐きの重要さがわからないとしても，それがどういう気持ちをもたらすのかを理解させようとした。唾吐きは生命を脅かすものではないがやはり攻撃的な行動であり，本人が教室や作業所やグループホームから排除される理由になる。両親は一貫して，マーチンが家や学校で唾を吐けば，即座にこのような罰を与えた。別の親の報告では水はあまり効果がなく，息子が唾吐きをするつど，口のあたりに直接お酢かレモンジュースを吹きかけることでその行動はおさまったという（レモンジュースの入った小型のケースはこういう時に便利だ。ポケットに入れて持ち運びができ，使いたいときにいつでも取り出せる）。

3　物を破壊する

　親や他の家族にとってもう1つの厄介な問題に，自閉症児による物への破壊行動がある。家にある家具や装飾品を壊すこともあれば，本を引き裂いたり大きな器具を取りはずしたり，時には衣類やカーテンの糸を抜いてバラバラにしてしまうことがある。親の観察によると，子どもが実際に悪意で意図的にやっているとは思えないという。ぶら下がっている糸やパタパタ揺れるカーテンや物に光が反射することに，単純に興味をそそられている様子なのだ。しかし，たとえ意図的ではなくても，こうした行動で家の中は大騒ぎに

なってしまう。

　効果的な解決方法としては，破壊行動が始まらないようにその物を片づけてしまうこと，子どものエネルギーや注意を別の所に振り向けること，それから，破壊行動によって得られる結果や機能を修正してその行動を強化しないことを，親たちは報告している。

(1) 家の小物を壊されないようにする

　多くの親が，家の中に子どもが立ち入れないスペースをつくり，壊れそうな物を視界に入らないようにしたり手の届かない所に片づけたりしている。

　　5歳のころのゴルドンは，竜巻のように家の中を走り回り，手当たりしだいに家具や小物を叩き壊したりテーブルやサイドテーブルの上にある小物をはじき飛ばしたりしていました。決して意図的に物を壊そうとはしていないのですが，確実に物は壊れていきます。最初，私たちは壊れそうな物を全部片づけていましたが，そうすると家の中が何か施設のように味気なくなってしまいました。そこで夫が，自分たちの写真やお気に入りの物を飾るスペースを確保し，しかも子どもに壊されないような工夫をしてくれました。ドアの敷居の高さに幅狭の棚を部屋の周囲に取りつけ，そこにお気に入りの物を飾っても壊される心配のないようにしたのです。ゴルドンが大きくなる（そして，もう少しおとなしくなる）につれ，この「飾り戸棚」から少しずつ物を外に出し，そしてテーブルの上の物にはさわらないようにと教えていきました。最初は壊れにくい物から始めました。この飾り戸棚のおかげで，わが家ではいつもお気に入りの小物を飾ることができたのです。

　この両親は，自分たちの家を「施設のような」殺風景にすることのない画期的な方法で破壊行動に対処した。自分たちの大事な物を飾りながら，ゴルドンにとっては視覚的に散乱していなくて物を壊してしまわないような環境設定をし，そこから再度少しずつ彼に物をみせて，部屋が目新しい物でいっ

ぱいになって刺激過剰の状況になることを避けたのである。

子どもを近づけない方法として，日曜大工店でよくみかける鍵つきのプラスチック製の子ども用間仕切りドア（その鍵をはずさないと，ドアは開かない）を買ってくるとか，ドアの一番上に滑り錠を取りつけるとか，「大人ゾーン」をつくってそこに鍵をかけて大事な物や壊れやすい物を片づける（第7章の鍵についての検討も参照）などがある。

それでも，物によっては簡単に安全を確保できないこともある。何人かの親はドライバーで開け閉めする特注の複雑な鍵を作り，子どもがそこに立ち入らないようにし，なおかつ鍵を分解しなくてもドライバーで開けられる工夫をしている。ある父親は，暖炉の扉を閉める子ども用の鍵を自分で設計したという。ただし，それぞれの場面に応じて特殊な鍵を使うのは，解決方法としては特別な場合だ。親たちが用いたより一般的な方策は，何かケガをしたりひどい破損が起きてしまった後でその行動に対し罰を与えるというのではなく，被害を最小限にくいとめる方法をみつけることであった。

(2) 本を破かれないようにする

多くの親は，自分の子どもに本を読んでほしいと強く願っているため，本を子どもから遠ざけるのがよい対応だとは思っていない。

> 4歳になるイーサンは本が大好きなのですが，本をビリビリに破いてしまいます。毎朝，私たちが起きるころには，本のあった所にはビリビリに破かれた紙の山がありました。彼には本を好きになってほしいと思っていたので，本を片づけてしまうのがいいとは思いませんでした。そこで普通の本の代わりに，児童向けの専門書店ならどこにでもあるプラスチックコーティングの本にしてみました。これで問題は解決です。ページが厚くて，彼の力では破けないのです！　彼がそういう本を使い慣れて本好きになってから，破くという問題がぶり返さないようにしながら，ペーパーバックや普通の本をもう一度彼に与えていきました。

イーサンの両親は，本を破れにくいものに替えて，彼が楽しみにしている破くときの音やその感触を得られないようにした。コーティングの本を彼がきちんと扱えるようになった後で，普通の本を少しずつ与えていったのである。
　別の母親も同じような問題を解決したが，言葉と文字の練習をそこにからめている。

　　息子のマルコムは本を読みませんでした。その代わり，彼の好きにさせると本を破いてしまいます。この問題を解決するため，絵本に使う厚紙でできている破りにくい特製の本に替えてみました。そして，それぞれのページに，彼のお気に入りの絵を描いてあげました。木の葉，リンゴ，みかん，バナナ，彼の三輪車やハンモック，アイスクリーム，クッキーなどです。私たち夫婦は，彼が何か物の名前や形を知りたいときには，その本を使って教えていきました。自分でページをめくり，声に出してその絵を指し示すようになりました。普通の本だとまだぎこちないのですが（一度に，ページをまとめてめくってしまいます），今では時々私たちの横に座って，普通の本も破かずにみることができるようになっています。自分でページをめくることができて，もっと物知りになれるような，彼にとって意味のある本を作ってあげたい。そうして，いずれ本をていねいに扱う理由が彼にもわかればと考えています。

　この母親は，本を，マルコムにとって意味のある物にした。最初，本というものは彼には意味のないものだった。母親は彼の発達レベルを見極め，本がどういうものでどう使うべきかを本人なりに理解できる方法を探し出した。このことはまた，彼のコミュニケーションシステムを開発する手助けにもなり，興味を強める役割を果たしている。つまり，彼はその本を使って，アイスクリームや三輪車など自分がほしい物を手に入れることができる。一般の本が母親にとって意味があるのと同じように，そのような本であればマルコムにとって意味があるのだ。大人は本を読み，そこから何かを知ることがで

き，そこに価値を見出している。しかしマルコムは読むことができず，その意味や価値がわからなかった。そこで母親は，本をマルコムの発達レベルに合わせることで，彼にとっても意味あるものに作り替えたのである。

その人に合った本を手に入れるべきだというアイデアを広げた，ジャックの母親の報告もある（第4章　P.87参照）。

⑶　家具を壊されないようにする

たくさんの親が，自分の子どもが家具の上で跳びはね家具を壊したと報告している。親たちは，第4章（P.92）に出ている親の話と同じように，自分なりの（あるいは他の親から学んで）解決方法をみつけてきた。例えば11歳になるユージーンと17歳のジムの場合，2人ともソファの上で何度も跳びはねて，結局ソファを壊してしまう。そこで2人にはトランポリンに集中してもらい，そのエネルギーを発散させることを学ばせた。ユージーンの母親は彼の破壊行動をとめながら，近隣の人に自分の子どもの立場を認めてもらう努力をしている。うまくできる活動を自閉症の子どもにみつけてあげることが，他の子どもたちとのよりよい関係づくりのきっかけになることがよくある。ジムの父親はその費用についても語っている。

　私は最後に，小さなトランポリン（22ドル～60ドル，サイズは店によってまちまちです）を購入しようと考えました。ジムはトランポリンが大好きですが，彼が使うと1年しかもちません。しかし家具は壊されずにすみます。また，トランポリンを使うことで体型も整いエネルギーのはけ口にもなるので，自由時間の活動として有効でした。彼も，何かエネルギーを発散させたいと思ったらトランポリンを使えばよいことを知っています。特に冬場，外でそんなに活動ができないとき，トランポリンが役立ってくれます。

遠い場所でトランポリン遊びをさせる代わりに，家具（例えばベッドやソファ）の近くでもできる「バウンサー」という遊具を置いて，家の中で子ど

もを跳びはねさせるようにした親もいる。これだと，子どもがどこかにいこうとしても，すぐにバウンサーに引き戻すことができる。

ある「オリンピック選手のような」ジャンプ好きの子を持つ家族は，子どものジャンプをもっと質の高いレジャー活動に変えようと試みた。

> 4歳になった娘のメイは，フェンスによじ登り，そこから夫の車のボンネットに飛び降りるのがとても楽しくて夢中になっていました。私はやめさせるために思いつくことをすべてやってみましたが，どれもうまくいきません。ほんの数十秒目を離しても，彼女はフェンスに登り車への急降下を繰り返すのです。最後の手段として，私は町中の運動クラブに電話をし，娘にトランポリンの個人レッスンをしてくれるインストラクターを探しました。すぐに彼女はトランポリンを覚え，そして車への飛び降りはなくなりました。もっと私を驚かせ喜ばせたのは，それが彼女の最初の言葉の出るきっかけになったことです。

適切な運動を定着させることは重要だが，それゆえに多くの親の悩みの種にもなっている。特別な器具を必要としないジョギングやジャンプ遊びなどの運動が攻撃行動をやわらげる効果を持つと，親たちは報告している（第4章の「遊びと余暇」における運動のアイデアも参照してほしい）。

(4) 服破りをさせない

自閉症児の親が抱える，よくある悩みの1つに，子どもが服を噛んだり引き裂いたりする問題がある。

> アンドリューはいつも着ているシャツの前を噛んでしまい，どの服にも穴があいていました。縫い繕っても間に合わないし，服を取り替える費用がかさむだけでした。そこで最後の手段に，彼がいつも服を噛みしごく部分にタバスコを塗りました。服を噛むとタバスコで口の中がヒリヒリ焼けるようになり，その経験から彼の服噛みはとまったのです。

この母親は，嚙むという感覚を強化するのではなく，服を嚙むと文字通り（口が）焼けるような感覚を与えたのだ。もう1人のアイデア上手の親は，タバスコの代わりに液体石けんを使ったそうだ。その子どもは液体石けんをいやがったし，シャツに染みをつけずにすんだ。別のある母親は，辛い味のする無色の液体を使い，ミトンの手袋をしても親指を出して指しゃぶりをする娘の行動をやめさせようとした。
　最後に，服を破かれないようにするための次のようなアイデアを紹介する。

　　息子のジェフは服をビリビリに裂いていました。どんな服を着せても，破り目をみつけ引き裂いてしまうのです。特に下着のパンツとシャツが問題でした。最後に，彼の力では破けないくらい固いデニム生地の服を着せてみました。しばらく彼はカウボーイの格好になってしまいましたが，同じ服を着続けることができたし，ボロボロの服を着たみすぼらしい格好にならずにすみました。

　この母親は，本にポスター地の厚紙を使った母親と同じように，子どもの力では扱えない素材を使って破壊行動を減らした。周囲の環境を変えることで，その行動が起こらないようにと対処している。服破りの癖をこうしてやめさせると，他の素材の服を着せることも可能になるだろう。
　これまでみてきたように，親たちは創造的なアイデアを駆使して，子どもの自傷や他害，破壊行動を減らしてきた。これらの方法のいくつかは，専門的な文献で取り上げられている対処方法とよく似ている。多くの専門家が，子どもの自傷行動の結果を修正することの重要性について，例えばその行動に周囲が積極的な注意やプラスの強化を与えないようにすることの難しさに直面している。親たちが考えついた対応策も，子どもの問題行動に対し積極的に反応しないようにしている場合が多い。ここに紹介したいくつかの成功例に限ってみても，ほとんどの親が攻撃行動をする子ども自身に対するよりも，その環境を変えることに専念している。親たちが提案する解決方法はどれも，普通の家庭と同じような状態を維持すること，家族の普通の暮らしが

阻害されないようにすることに的をしぼっている。それに対し，専門家の手による文献に書かれた対応手続きは，時間をふんだんに使い，物理的にも手間なことが多い。比較的初期の段階で子どもの攻撃行動に介入する余裕があるなら，このような解決方法をとることで，（これまでもしばしば言及してきたが）より深刻でより危険な習慣になるのを防ぐことができるだろう。

第6章

トイレの使用と衛生管理

間違った場所で排尿する　*137*　　便器が使えない　*138*
夜尿　*139*　　トレーニング用パンツやおしめを濡らす　*140*
小便を便器からこぼす　*141*　　ベルトをはずせない　*142*
便座に座ろうとしない　*143*　　水遊び　*143*　　バスルームを
占領する　*144*　　ズボンを濡らす　*145*　　便をこねる　*146*
タオルを使いたがらない　*149*　　自分で身体を洗おうと
しない　*150*　　頭を洗おうとすると怒る　*151*　　風呂を
怖がる　*151*　　水を怖がる　*152*　　歯磨きを怖がる　*153*
歯磨きが下手　*154*　　歯医者を怖がる　*155*　　髪を
切ろうとすると怒る　*156*　　爪を切ろうとすると怒る　*156*

**行動上（水面上）
の問題**

膀胱の感覚がない　*137*　　尿意がない，あるいはそれがトイレと
結びついていない　*138*　　微細な動きができない　*141*
さわる，嗅ぐ，水遊びに対する感覚の異常　*142*　　社会的な
ルールや他者の要求を意識しない　*143*　　触覚の異常　*143*
運動の調節ができない　*145*　　新しい場所を怖がる　*145*
「きれいにする」という概念がない　*151*　　新しい経験を
恐れる　*151*　　スケジュールの変更をいやがる　*154*

**背景（水面下）に
ある問題**

自閉症で発達に遅れのある子どもを持つ親が経験するストレスの大部分は，子どもが長期にわたって親に依存することからもたらされている。自分の子どもが，食事や着替え，洗面などを自立してできず，このことに親の時間とエネルギーがさかれ困り切ってしまうのだ。子どもが基本的なトイレや衛生管理の技能に乏しいと，健康上の問題が生じる原因にもなるだろう。

　トイレや衛生管理の技能を身につけるには，たくさんの複雑な認知と運動のつながりを学ぶ必要がある。自閉症の子どもは，運動の組み立てが苦手で，日常生活の中でうまく手がかりをみつけられず，このような技能を習得することが困難となる。さらに自閉症の子どもは，トイレや衛生管理にまつわる，におい・味・肌ざわりなどの感覚が非常に鋭いという問題がある。このような問題に対応するため，ほとんどの専門家が行動修正（Ando, 1977; Azrin & Foxx, 1971）や障害児教育で用いられる課題分析と系統的な教授方法によってアプローチしている。施設では環境条件の管理や日課の維持が容易なので，この種のプログラムがよく実施されている。知的障害者を対象にした多くの事例研究からは，社会的な報酬の効果によってプログラムの成否が大きく左右されることがわかる。しかし自閉症の人の場合，社会的な報酬が有効ではないことがよくある。またこのやり方が，自閉症特有の過敏さや行動上の特異性に，いつも適切であるとも限らない。これから私たちは，親が自分の子どもに身辺自立の技能を教えるときに直面したさまざまな問題と，それをどう解決してきたのかをみていくことにする。

1　トイレの使用

　自閉症児のいる家庭では，子どもが1人で用を足せないことが特別な緊張をもたらしている。排泄に失敗し汚したりお漏らしすることは地域社会では受け入れられないし，家族を困らせ，子どもの健康にもよくない。排泄の失敗を片づけたり排泄の仕方を注意し続けることに，多くの時間とエネルギーが費やされる。年少の時期を過ぎてもトイレに強固な問題が残っていると，両親のやる気やライフスタイルにかなりの悪影響を及ぼすことだろう。

第6章　トイレの使用と衛生管理

　幼時期の自閉症児の排泄が自立しない理由は数多く考えられる。この技能が発達しないのは，身体的・精神的な発達の遅れに原因があるだろう（Bettison, 1978）。排泄を自立するには身体的・生理的な機能をコントロールする必要があるし，どこで排泄すればよいのかをわかっていなければならない。衣服の着脱のような身辺自立の技能も必要で，精神的な発達と並行してある程度の身体的・生理的な発達が求められる。広範な発達障害のある子どもは，トイレットトレーニングに支障を及ぼすような行動を身につけていることも多い。以下に，自閉症児の排泄の問題について親が取り組んできたさまざまな対応策を紹介する。その中には，一般的なものもあればとても独創的なものもある。それぞれの解決方法は，どれもが子どもの個性と個々の家庭環境との相互関係の中から生み出されてきた。

(1)　生理的な要求や機能をコントロールする

　トイレットトレーニングの第1段階は，子どもに自分の身体のしくみを自覚させることだ。ベティソン（Bettison, 1978）は，トイレットトレーニングのできない障害児の多くが，膀胱が満ちたことを自覚できるようになる神経生理的な発達水準に達していないのだと指摘している。それで無意識のうちに服を着たまま排尿をしてしまう。年少の自閉症児にはこうしたケースが多くみられる。ある母親は次のように報告している。

　　ジムが3歳のとき，私はトイレットトレーニングを始めました。しかし彼は，排尿したくなる感覚がよくわからず，また実際そうしようとしないので，トレーニングはうまくいきませんでした。そのうち私は，彼が窓の近くに立って外の木立の葉をみると，それが刺激になって尿意を催すことに気づきました。そこで，じゅうたんを片づけ，窓の正面に子ども用のおマルを置き，彼がオシッコをしようとすると，毎回そのおマルに座るようにし向けたのです（オシッコをしているのをちゃんと本人にみせるため，トレーニングパンツは使わずにさせました）。最初の1週間が過ぎ，もう一度トレーニングパンツをはかせ，それから2週間もたたないうちに，彼

は完全にトイレットトレーニングに成功しました！

　この母親は，排尿の実際の動きと排尿を適切な場所ですることを関連づけるように教えている。このことを進めるため，子どもが木の葉にもともと興味があって，よく木の葉をみながら排尿することをうまく活用した。子どもが排尿を一番よくする場所，つまり正面の窓のそばに移動便器を移し，排泄の練習をする機会をたくさんつくったのだ。
　知的障害の子どもが身体の生理的な動きにうまく合わせられるようにと，研究者はいろいろな「おむつセンサー」を開発してきた。このセンサーをパンツの中に取りつけ，そこにオシッコがかかるとシグナル音が出るようになっている。子どもがシグナル音に反応してトイレにいくことを学習すると，トレーナーは徐々にその音を小さくしていくのだ。しかし，中にはこのやり方では不十分な子どもがいる。次に紹介するのは，トイレに連れていかれても，そこで何をしなければならないのかがわからない子どもの例である。

　ブライアンは3歳6カ月になりますがトイレの練習はまだで，話もできません。ある専門家のアドバイスに従って，私は彼のおしめをはずしトイレに後ろ向きに座らせました。彼がオシッコをしたらすぐにほめてあげられるように，自分のポケットの中にごほうびのお菓子を入れていました。この取り組みは夫が参加してくれてからうまくいくようになりました。夫が帰宅しバスルームに入ると，すぐにブライアンもバスルームに入れ，夫がトイレをするところを彼にみせました。夫が用を済ませると，私はごほうびのお菓子をあげ，「いい子ね」といって夫を抱きしめてみました。ブライアンはすぐにわかったようで，夫と同じようにしようとしました。その日からブライアンのトイレットトレーニングは始まったのです。

　この専門家は，ブライアンは不安を感じて排泄できないので，便器に後ろ向きに座らせることでもっと安心できると考えたのだ。また母親は，何をすべきかを言葉で伝えてもブライアンは理解できないこと，それゆえ父親のモ

デルが必要なことがよくわかっていた。自分がすべきことが理解できると，トイレで排尿するようになったのである。

　専門家が計画するトイレットトレーニングプログラムの多くが，これまで述べてきたような要素を含んでいる。つまり，定期的な間隔で子どもをトイレに連れていくこと，適切に排尿するために正の強化を使い，同時に言葉でもほめることだ。こうした手続きが意図するのは，排尿という行為とそれには適切な場所があることを，子ども自身でうまく結びつけられるようにすることだ。罰の使用はどんなときも避けるべきだが，子どもが排泄に失敗したら，自分で身体を洗わせたり汚れたものを処理させることでうまくいったという報告もある。たくさんの親がこの常識的なやり方を行うのは，汚したら自分できれいにしなければならないことを学べば，子どもはもっと注意深くふるまうようになると考えているためだろう。

　　自閉症の息子ビクターは10歳になりますが，今でも何回かに1度，おねしょをしています。お漏らしをしたらベッドにあるものを全部彼に片づけさせ，それを私が洗っています。学校から帰ると，今度はベッドを整えさせ，どうなったのかをみせます。そうすることが，彼のおねしょをやめさせるのに効果があると思うからです。

　母親はビクターに自分で汚したものをきれいにさせるよう働きかけているが，彼の発達レベルを考え，洗濯はさせてはいない。その代わり，汚れたシーツを取り外すことをさせている。また，このチャンスを利用してベッドメイクの仕方を教え，身辺自立の技能を練習する機会にしている。

(2) 正しい場所にいく

　排尿をしたいという身体のサインがわかるようになる時期に，排尿には適切な場所があることを教える必要もある。成功したトイレットトレーニングのほとんどが，膀胱が尿で満杯になる感覚に合わせてトイレにいくことを教えるという要素を含んでいる。このようなプログラムでは，さまざまなやり

方でこの手続きを教えることが企図されている。パンツを濡らすとすぐにベルやブザーが鳴り，トレーナーがすかさず子どもをトイレに連れていくというプログラムや，定期的なスケジュールでトイレにいって座らせることを勧めるプログラムもある。そこで正しく排尿ができれば，子どもはごほうびがもらえる。しかし，これらのやり方を家庭で実施するには親の負担が大きいだろう。ほとんどの親は，トイレとその場所にいくことを直接結びつけるように子どもに働きかけている。

　幼いころから，ジーナは床やカーペットの上でパンツをおろし，オシッコをしようとしました。その時，両親はすぐに彼女をトイレに連れていきました。このことは，オシッコとトイレの場所を結びつける手助けになりました。その後両親は，自分で汚したものは自分できれいにするようにさせました。トイレに連れていくことと自分自身できれいにすることを組み合わせることで，彼女は少しずつトイレが上手になりました。

子どもによっては，排泄にはふさわしい場所があるということ自体がわからない場合もある。

　リギーが5歳のとき，まだトイレの練習はできていませんでした。おしめや練習用パンツをつけると決まってそこにお漏らししてしまいますが，つけていないと全然オシッコができません。まるでオシッコをするのを恐れているようでした。そこである日，私はつけているおしめを取ってみたのです。彼がやけになってくるくる回り出すころ，無理やりトイレに座らせました。しばらく叫び続けましたが，最後にやっとトイレでオシッコをし，自分がパンツを汚さなかったことに気づいたようです。その時から彼のトイレの練習は始まりました。

もともとリギーには2つの問題があったといえる。1つは，トイレをするふさわしい場所がわからなかったこと。もう1つは，感覚統合がまだ十分発

達しておらず，尿を吸収するおしめをつけていたためその感覚が持てなかったことだ。母親の解決策は，おしめを取り外し排尿を否応なく意識させたことである。彼はトイレとは濡らさずに排尿できる場所だとわかり，怖がらなくなった。こうしてトイレに連れていくことで，母親は排泄の練習をうまく進めることができたし，排尿に対する彼の感覚も鋭くなったのである。

男の子の場合，トイレに連れていくだけでなく，排尿をうまく便器にできず床にこぼしてしまうのを修正する必要もある。ある専門家は，おもちゃの船や光るボールのような的を便器の中に入れ，そこに排尿をさせるようにした。その結果，男の子たちは的を狙うようになり，便器にきちんと排尿ができるようになったと報告している。これと同じような解決方法を，親たちも取ってきている。

　　4歳のジュアンは，オシッコをうまく便器にすることができません。私は釣りに使う浮きを便器に入れ，それに当てるように教えました。彼はその浮きに当てるのがおもしろいらしく，上手に命中させるようになりました。

この親は，息子が排尿に失敗するのは排尿に集中できないからだと考えた。釣りに使う浮きは彼の興味をそそり，排尿をしている間，便器に集中することができた。ジュアンにとって便器にちゃんと排尿をするには，それだけで十分だったのである。

③　関連する身辺自立の技能

子どもの中には，排泄に失敗する理由として，排泄行動に求められる身辺自立の技能が不十分な場合がある。最も包括的なトイレットトレーニングプログラムではこの点にも考慮し，衣服の着脱の技能を習得することを含めている。成功するプログラムは，普通，排泄の一連の行動をスモールステップに分けている。つまり，トイレまで歩いていく，服を脱ぐ，便器に座る，きちんと排泄する，服を着る，そしていつものお気に入りの活動に戻る，とい

う具合である。このように各ステップを一つずつ教えていき，すべてのステップを正しい順番でこなすようになるまでトレーニングは続けられる。最初は，各ステップごとに子どもにプロンプト（促し）を与える必要があるかもしれないが，それも子どもが必要としなくなれば徐々に減らしていく。このプログラムはほとんどの子どもに有効である。しかしそれでも，一部の子どもには問題は残るだろう。ある親は，次のような簡単な解決方法をみつけた。

　　ジェイソンは補助便器（おマル）でトイレの練習をしましたが，ベルトやジッパー，ボタンをはずすことができなかったので，1人でトイレで用が足せるよう，お腹まわりがゴムになっているジョギングパンツ（スウェットパンツ）を買ってあげました。これだとズボンを上げ下げするだけですみ，1人で着替えができました。

　排泄自体の練習はなされていても，着替えの技能がなくて，ジェイソンは1人で排泄ができなかった。母親はジョギングパンツという解決策をみつけ，彼に排泄の自立をもたらしたのだ。長い目でみると，ベルトやボタンを自分ではずすようになれば，もっと自立的になることだろう。それまではこのジョギングパンツを使って，ベルトやボタンのはずし方を学習する時間をかせいでくれるだろう。同じねらいで，マジックテープもよく使われる。

(4) トイレットトレーニングにおける行動上の問題
　自閉症の子どもをトレーニングする過程で，親は通常あり得ないような障壁に出くわすことがある。子どもが何か特定の物に注意を払い，その細かな部分に夢中になって，自分が何をすべきだったのかを忘れてしまうのだ。物の表面の感触やにおいにとらわれて，こちらの指示を拒む例もある。幼い子どもの場合，このような抵抗は，ある特定の物への極端な恐れや拒否によってもたらされることもある。このことを報告した専門書には「トイレ恐怖症」と呼ばれる事例がいくつか描かれており，その子どもたちはトイレを異常に怖がるのだ。この問題への対応として，事前に子どもをトイレの近くま

でいかせたり，何かトイレに関係する物を計画的に子どもに提示する方法がよくとられる。例えば音のきらいな子どもでも，お気に入りの本をみせながら便器に座らせると，徐々にトイレの水を流す音に慣れていくようになる。子どもの様子をきちんと観察できてくると，親はこうした問題について，専門誌に載っているのと同じようなユニークな行動修正の方法を独自に考え出すことがある。

　ポールが4歳のころは，まだ便器に座ろうとしませんでした。便器の高さを調節したのですが，それでもダメでした。そこで柔らかい便座カバーを買って便器につけてみると，ポールはいやがらずに座ることができました。

ポールは便器の肌ざわりがいやだったのだ。両親はいくつか試行錯誤を重ね息子の行動を注意深く観察して，この問題に対応することができた。なだめすかしてでも子どもを便器に座らせようとするのではなく，子どもが不快になっている理由を探すことで，問題を解決したのである。

　4歳のアンディーは，ちょうどおマルで用を足すようしつけられたところでした。普通の便器での練習を始めると，彼はトイレの水で遊ぶようになりました。私がそばについていないと水遊びをやめません。そこでおマルをトイレの中に持ち込んでみました。すると彼はトイレの意味がわかったようで，水遊びをやめることができました。

この母親は，アンディーの水遊びに対し，叱るのではなく環境を変えることでやめさせようとした。母親は，アンディーが1人で自立してトイレにいけることが最も大事なことと考え，それが可能となるような環境設定を試みたのである。

　マークは4歳半でトイレの練習を終えましたが，1人でバスルームにい

させられませんでした。なぜなら，トイレの水を流して遊んだり，化粧棚や薬品用キャビネットの中の小物に夢中になってしまったからです。便器のふたの上に立って，さわってはいけない物を取ることも覚えました。そこで便器の上に登らないように，便器のふたを取り外しました。それでやっと，私たちが監視しなくても，彼を1人でトイレにいかせることができたのです。

この話では，マークは排泄自体のしつけはできていたが，1人でトイレにいかせられない理由があった。マークがさわってはいけない物を取るための手段を片づけてしまうことで，母親はこの問題を解決した。
　同じようなことが大人のグループホームでも生じた。ロジャーという青年がトイレを独占し，他の人がトイレを使えなくなってしまったのだ。グループホームのマネージャーは，この問題を次のように解決した。

　20歳になるロジャーはグループホームに住んでいますが，朝トイレを占領してしまいます。そこでスタッフは，彼がトイレに入るとタイマーをセットするようにしました。ロジャーは朝食が大好きで，特にパンケーキとソーセージには目がありません。タイマーが鳴る前にトイレから出てくれば自分の食べたい物を選ぶことができ，タイマーが鳴っても出てこないとみんなと同じメニューにする，という約束にしました。

ほとんどの場合ロジャーは約束を守り，自分専用の朝食メニューから好きな物を選ぶことができた。グループホームのスタッフは，食べ物に対するロジャーの強い動機を活かしてこの問題に対応した。トイレを占領し他の人の迷惑になっていることを，ロジャーに理解させるのは難しい。スタッフはタイマーが鳴るという具体的な方法を使って，トイレに長く居座っていることを本人に伝えたのである。

⑤ 困った事態に対応する

　子どもがある年齢になってもトイレがうまくできないと，親や兄弟はとても恥ずかしい思いをすることになる。ほとんどの自閉症の子どもは社会的な関係を認識するのが苦手なので，自分自身では困ったこととは思わないかもしれない。しかし，親の中には公共の場所で子どもがお漏らしするのを心配して，家にこもってしまったり，親戚や友人から非難されているように感じ，親戚の集まりに参加しなかったり，また自分の家に人を招待しなくなったりするケースもある。このような問題について，ある親は簡単な解決方法をみつけ，子どもを公共の場所に連れていけるようになったという。

　　8歳になる息子パブロへのトイレットトレーニングは，ここ何年間かうまくいっていません。そこで私たちは，特に外出するときは，彼に黒か紺のズボンをはかせるようにしました。もしお漏らしをしても，そんなに目立たないからです。

　この親は，パブロがズボンを濡らしても周囲が過剰に反応しないようにすることで，この困った事態にうまく対応した。色の濃いズボンだと，子どものそういうトラブルにも，親はそれほど恥ずかしく思わないですむ。これで親のフラストレーションは減り，好きな場所に外出できるようになった。

　　ビッキーにトイレットトレーニングを行っていたとき，トレーニングパンツを履かせるという「伝統的な」やり方では成果が得られませんでした。私たちは，カーペットや家具を掃除することに，いい加減うんざりしていました。外出したとき，いつもビッキーがお漏らししてしまうのもいやでした。彼女が5歳になる前でトレーニングプログラムをもうやめようかと考えていたころ，トレーニングパンツの替わりに紙おむつを勧められました。それで掃除の手間もなくなり外出先での困りごとも解消すると，トレーニングもうまく進むようになりました。

親は，ビッキーがトイレを1人でできないことにいらだちと恥ずかしさを感じていた。このいらだちは非常に大きく，娘のトイレットトレーニングをなかばあきらめかけてもいた。しかし，トレーニングパンツを紙おむつに切り替えたことで，娘のトラブルで引き起こされる最悪の結果，例えば家の中が汚れたり外で恥ずかしい思いをするという事態を避けることができた。こうしていらだち感がなくなると，娘のトイレットトレーニングにも余裕ができ，よりよい関係でプログラムを続けていくことができたのだ。

⑹ 便をこねる

　トイレットトレーニングのもう1つの問題は，便をこねたり食べたりしてしまうことだ。この問題はトイレのしつけがうまくいった子どもにも，そうでない子どもにも，両方に起こり得る。便こねは，きれいなものではないし対応も難しい。親や援助スタッフは，子どものこうした行動を恥ずかしく思い，嫌悪感を抱くものである。便こねに対する大人たちの反応は往々にして処罰的になるが，それほど効果はない。中には，より効果的な対応方法をみつけた親もいる。

　　アニータが4歳のころ，彼女は服を脱いで，よく大便をこねていました。私たちはいろいろ取り組みましたが，それをやめさせることはできませんでした。最後に私たちは長袖のつなぎを買い，チャックが背中にくるようにして彼女に着せました。それで，この問題は解消しました。その後で，だんだん普通の服を着せるようにもなりました。

　娘の便こねの原因を心理面や情緒面からみるのではなく，この親は実際的な方法で対応した。つなぎの服を反対に着せ，もし彼女がズボンの中に大便をしても，それをいじれないようにしたのである。時間が経つにつれて，アニータへのトイレットトレーニングが積み重ねられるとこの問題もなくなり，普通の服も着ることができた。

> 幼いころ，アンはよくトイレで大便をこねていました。そこで私たちは，彼女がトイレの中にいる時間を限定しました。彼女がトイレにいくときは，いつも誰かが見張りをして，用を足せばすぐにトイレから出すようにすることで，この行動はなくなりました。

アンの両親は娘を叱ったり拘束したりせず，そばで本人の様子を見守るところから対応を始めた。彼女と一緒にトイレに入り，彼女の一連の行動を構造化することで，便こねを起こさせないようにしたのだ。

大便をこねたり食べたりする行動について，専門家はこれまでさまざまな対応方法を提案してきた。最も伝統的な方法は，拘束を伴うものだ。また，過剰矯正を行うやり方もある。例えばある女の子の場合，便を食べているのがみつかると，そのつど歯を磨かせ，手を洗わせ，それから10分間床の掃除を行わせるという対応であった。このやり方で彼女の不適応行動は劇的に減り，同時に歯磨きの技能を向上させる効果もあったという。別の専門家は，より肯定的な方法をとった。便こねをする7歳の子どもは，自分の行動をスタッフから叱られ注目されることを楽しんでいるようだった。スタッフが彼の行動を記録すると，便こねはシャワーを浴びる2時間前に起こることがわかった。そこでスケジュールを変更してシャワーの時間をもっと早くし，十分にシャワーで遊ばせることで，この問題は解決した。

時には，便こね行動に隠された水面下の問題が明らかになることもある。例えば健康診断で，その子が便秘だったり便通が極度に悪いことが判明したりする。その場合，便通をよくするとか便秘の治療を行うことで，便こねの問題は解決するかも知れない。

> チャックは7歳まで便を壁にこすりつけていました。チャックは慢性的な便秘傾向で，担当の医者は3日に1度浣腸をしていましたが，この医者は，便こねに関係する身体的な問題は特にないと考えていました。そのため，私たちは別の意見を求めて，他の医者の所へいきました。その医者はチャックを診察し，いくつかの薬が処方されました。彼の便秘はなくなり，

それに伴って便こねも解消しました。

おそらく、チャックの便こねは便秘と関係していたのだ。便秘による不快な感覚で、自分の直腸部分に指を突っ込むようになり、それが徐々に便こねへと移っていったのだろう。浣腸は痛みを伴うし、親も面倒なものである。便秘には、便秘薬の方がより不快のない対応である。便秘が解消すると便こねの原因はなくなり、彼はそれをしなくなったのである。

多くの場合、幼い子どもの便こねの行動は、1人でいることの退屈感と構造化されていない自由時間の過ごし方に関連がある。その原因を解決することで、このような行動はすぐにやめさせることができるだろう。

2 衛生管理

発達障害児の身だしなみや衛生管理の自立の問題は、親にとって大変なストレスになる。職業や学業面での技能とは異なり、身だしなみや衛生管理の技能は1日に何度も要求されるからだ。歯磨きや体を洗うことが十分できないと健康を害することにもなるし、地域活動への参加を拒まれるかも知れない。不潔で身なりのだらしない子どもは、地域のグループから疎外されることにつながる。身辺自立は確立しなければならないという強固な社会通念によって、衛生管理を心がけなかったり、実際できない子どもを持つ親の欲求不満やイライラは相当なものとなる。

衛生管理の技能を細かなステップに分けて教える専門的なプログラムがいくつか開発されている。子どもたちは各ステップを一つずつ習得し、一連の活動を自立していく（Wehman, 1979）。本来的にはほめる必要のない行動でも、学習の動機づけを図るためにごほうびがよく使われる。構造化された指導方法は効果的である。しかし、個々の子どもの適応状況を把握していないと、時には、子どもが持つ独特の個性がこうしたプログラムの実施を妨げることにもなる。自閉症児の多くが感覚器官の異常で、温度・味覚・触覚が普通とは違う反応を示すことがあるので、個別化して対応すべきだということ

は，一人ひとりの水面下にある問題を理解することから解決策を見出してきた親たちの逸話からもいえるところである。

(1) 入　　浴

　多くの自閉症の子どもが入浴を好まない。清潔の意味がよくわかっていない場合もあるし，汚いと健康面や社会的にどういう影響があるのかを意識できない場合もある。自立して風呂に入るという技能を習得するのは，さらに困難である。入浴には，お湯の温度を調節する，清潔になるまで体を洗う，体を拭き乾かすという技能が要求される。ほとんどの専門家が，風呂に入る一連の活動を細かく課題分析したり，体の部分を絵や写真で示したり，個々の動きをデモンストレーションするなどを，組み合わせて教えている。熱い・冷たいという概念の理解も難しいので，蛇口に色をつけ，さまざまな温度の水に触れる練習を実際に湯船に入る前に行うこともある。

　たいてい水の温度調節はできるようになるが，体を洗うことには抵抗したり全くできない場合がある。その原因として，体をゴシゴシ洗うことや石けんの肌ざわりが嫌いだったり，シャワーへの恐怖心，いくつかの動きを自分なりに組み立てることの難しさなどが，折り混ざっていると考えられる。それに関してある母親は，次のように報告している。

　　　6歳になるコートニーに，自分で風呂に入ることを教えるのに大変苦労をしました。彼女は水遊びが大好きでしたが，タオルを使って体を洗おうとはしないのです。専門家のアドバイスを受け，私はお風呂で使うタオル生地のミトンを作ってあげました。それから，コートニーは写真が好きなので，体のいろいろな部分を写真に撮り，それをラミネート加工にした写真カードを作りました。そのカードで次に洗う体の部分を指し示し，「洗いなさい」というサインを伝えると，何をすればよいのかがわかり，彼女はそれに応えるようになりました。

　この母親は，2つのアイデアを使って娘に体を洗うことを教えた。つまり，

ミトンを使って，物理的に洗いやすくしたこと。写真カードで入浴の手続きを構造化し，体のどの部分をまず洗うのかを，その場その場ではっきり伝えるのに役立てたことである。石けんを洗い流すには，シャワーホースを工夫して，もっと使いやすくすると対応できるだろう。手に持って自由に動かせるシャワーホースは，子どもでも水を調節するのに便利だし，顔に水がかからないようにもできる。別の親は，感触の過敏さの問題に対応するためにとった簡単な方法を報告している。

　ジャックは，体を洗うのが好きではありません。タオルや固形石けんを使いたがらないのです。この問題は液体石けんに取り替えたことで解決しました。少しずつ液体石けんを彼の手のひらに流し，一緒に泡立ててあげました。それから，石けんの泡を体にこすりつけ，自分で体を洗うように教えました。そして，彼の腕をとって具体的な手の動きを示したのです。ジャックが体に全部石けんをつけ終わったら，自分で洗い流すようにさせました。こうして，彼は体を洗えるようになりました。

　ジャックは，何かを手で持つ感覚がいやだったのだ。母親は彼がタオルや固形石けんを使う様子をみて，その問題に気づいた。液体石けんを使い，それを体にこすりつけることを教えて，この感触の問題をうまく乗り越えたのである。つまり，ジャックの感触の特徴を考えて手で握らないと使えない固形石けんよりも，手ですぐに泡立てられる液体石けんで体の洗い方を教える方法を選んだのだ。

　自閉症の子どもに，きれいにすることの意味を伝えるのは難しい。子どもたちは何の目的も意識せず，ただ体を洗う動きだけをしていることもある。この点について，ある親は言葉を使わないすばらしい解決方法をみつけた。

　7歳のときマリアは風呂に入っても，自分の体を洗おうとしませんでした。母親はポンプ式の色つきボディソープを使い，マリアの腕や足や腰などに「色をつけた」のです。マリアはミニタオルでその石けんを洗い流そ

うとしました。これで彼女は体を洗うようになりました。

マリアは，きれいという意味がよくわからなかった。色のついた液体石けんは，自分の体のいろいろな部分に注意を集中させ，どの部分を洗うべきかを示した。この色つき石けんで彼女は体を洗うことに興味を覚え，何をすべきかもよくわかり，自分で洗うことができるようになったのだ。

子どもが一番いやがるのは，髪を洗うことだ。親はもっと楽にシャンプーができるよう，子どもをリラックスさせることに苦労している。ある専門家(Robinault, 1973)は，ゴム製洗濯カゴを切り抜いた風呂用のいすを提案している。そのいすを浴槽に入れ，中で座れるようになっている。子どもは身体をしっかり固定され，より安全に髪を洗うことができる。同じような解決方法を，ある親も報告している。

5歳になるダビッドは，髪を洗うのが大嫌いでした。身体を後ろに反らすのを，いつも怖がっていました。他人に首をさわられるのも感覚的に嫌いで，それで大騒ぎになるのです。私たちは古い赤ちゃん用のいすからクッションを取り外し，浴槽に置きました。その上に座るとダビッドは下からしっかり支えられ，水や石けんが目に入らないちょうどよい位置に頭を固定することができました。何よりも，頭を洗うとき彼の首にさわる必要がなくなったのがよかったと思います。

ダビッドが洗髪をいやがる理由は2つある，と両親は考えた。1つは首をさわられるのが感覚的に嫌いなこと，もう1つは浴槽の中で頭を後ろにそらすのが怖いことだ。子ども用のいすを置くことで，ダビッドは安心することができた。こうすると親が首を抱える必要もなくなり，彼はリラックスして頭を洗ってもらうことができた。

入浴についての最も基本的な問題は，浴槽に入るのを怖がることだろう。

息子のカーバーは，浴槽を怖がっていました。4歳のころ，浴槽に入れ

ようとすると泣き叫んだものでした。私たちは近所の男の子に頼んで、その子が風呂に入るところを彼にみせました。すぐに、カーバーは浴槽に興味をもち、その男の子となら一緒にお風呂に入るようになりました。そして、1人でも入れるようになったのです。

　これは、モデリングが望ましい行動を教えるのに効果的な方法であることを示したよい例である。他の男の子の様子をみせることで彼は風呂を怖がらなくなり、また、そこで何をするのかも目でみてわかるようになった。さらに、他の子どもと一緒に風呂に入る経験は、社会的な関係を練習するのにも役立った。
　ある子どもには、徐々に水に触れるようにして、風呂に慣れさせることができた。

　エーベルは5歳になりましたが、お風呂に入るのを怖がっていました。そこでまず、彼が気に入っているおもちゃを水の入ったバケツに入れ、そこから取り出すことを教えました。これは、水に触れさせる練習になります。それから次に、浴槽に少しお湯をためておもちゃを入れ、そこからおもちゃを取り出すようにさせました。間もなく、彼はおもちゃを持って浴槽に入ることができました。

　エーベルは水を怖がっていた。彼の好きなおもちゃを水の入ったバケツに入れることで、感覚的に不快な（水という）刺激でも触れてみようとする動機づけにしたのだ。そして、徐々に浴槽の水にも慣らしていった。時間をかけて浴槽のお湯を増やし、彼の身体がつかるぐらいにする。このようにゆっくりと水に慣れさせる方法で不安を取り除き、この子は風呂に入ることができたのである。

⑵　歯磨き
　ハンディキャップのある子もそうでない子も、たいてい最初は歯磨きをい

やがるものである。自閉症の子どもは歯磨きを怖がることがよくあり，特に歯ぐきを磨かれることに過敏に反応する場合が多い。発達に遅れのある子どもは，なぜ歯を磨くのかが理解できないことがあるので，子どものこうした不安を認識し，それをどのように取り除くかの工夫が重要である。柔らかい歯ブラシを使ってみることはよいアイデアの1つだし，大人が歯を磨いているところをみせ，それから鏡の前で自分の歯を磨かせるのもよいだろう。

　入浴と同様に歯磨きのプログラムも，その手続きをスモールステップで教える（Horner & Keilitz, 1975）。はじめは直接介助を含む多くの手助けが必要だが，時間をかけてすべてのステップを自立してできるように，徐々に介助を減らしていく。しかし，微細運動の調整に障害のある子どもの場合には，このようなスモールステップの教え方も難しいだろう。歯ブラシをしっかり手に持てないなら，ゴムひもで手にくくりつけるなどを考える必要がある。あるいは，歯ブラシは持てても，磨くときに手に力が入らず歯ブラシがぐらぐらしてしまう子もいる。この場合は，自転車のハンドルグリップやアルミホイル，発泡スチロールを握り部分に巻きつけ，握りやすくするというアイデアもある（Saunders, 1976; Schopler, Reichler & Lansing, 1980）。しかし，専門家が考案したこうした最善の方法でも，歯磨きに抵抗を示す子どもたちはいるだろう。ある親は，次のような話をしてくれた。

　　6歳になる自閉症の息子ロンの歯磨きが，わが家では長い間大変な問題でした。最初から最後まで戦場のようで，毎回，この「試練」が終わってしばらくして，ようやく落ち着くといった具合でした。ある日，私は果実の香りのする歯磨き粉をみつけました。ロンはそれが気に入って，今では「歯磨きをしよう」と自分から促すのですよ。

　長い間，歯磨きは両親にとって戦いであり，親は強制的に子どもに歯を磨かせていた。結局，この子は歯磨き粉の味が嫌いなのだと考え，果実の香りのする歯磨き粉に替えてみた。すると，歯磨きは彼にとって楽しめるごほうびの経験になったのである。

自分から進んで歯磨きをしてもらうために，やる気を起こさせる特別な方法を必要とする子どももいる。

　　6歳のサラは，歯ブラシを口の中に入れるのが嫌いでした。そこで，私たちは歯磨きをゲームにしてみました。サラが歯を磨く間，母親が歌を歌います。歌のある特定のフレーズを，口の中で歯ブラシを動かし別の所を磨くという合図にしたのです。

　　エイサンはもう中学生ですが，歯磨きが大嫌いでした。彼の好きなゲームといえば，誰かに「3，2，1……発射」といってもらうことです。先生は，彼が歯を磨いている間，数字を「10，9，8……」と読み上げるゲームにしました。彼は喜んで歯磨きをするようになりました。

　この2つのアイデアはよく似ている。どちらの親も先生も，子どもにとって嫌いな活動を楽しい活動と結びつけて行った。そうすることで，嫌いな活動だった歯磨きが，もっと楽しめるものに変わったのである。
　ある母親は，息子の特別な興味を利用して，上手に歯のケアを行えるようにした。

　　息子の歯の手入れには，大変苦労をしました。ダンは9歳ですが，1，2分歯ブラシを無造作に動かしたり，ただ嚙んだりするだけでした。彼は糸に興味を持っていたので，糸ようじ（フロス）を使わせることができました。また，口内洗浄器を買ってみました。そうすると，ふだんは使いたがらないフッ素の口内洗浄液を自分から使って，歯の手入れをするようになりました。

　この母親は息子の興味を活かして，歯の手入れをうまく行うことができた。ダンは歯磨きには全く興味を持っていなかったし，実際うまく磨くこともできなかった。そこで母親は歯磨きを強いる代わりに，想像力を駆使して，息

子が糸に興味があることを活かして糸ようじの使い方を教えたのだ。ふだんなら歯ぐきをゆすぐために洗浄液を口の中に含まなければならないが，口内洗浄器を使うとそういう手間はなくなる。ダンは，ホースから洗浄液が噴き出すことや，洗浄器が作動する音をおもしろがったのだった。

歯医者に連れていくことも困難な問題だ。自閉症の子どもの多くは，歯医者に恐怖を感じているからだ。

　7歳の息子ジェリーは，歯科医院にいくのを怖がっています。一度虫歯になっていったのですが，不快な経験だったのでしょう。そこで，かかりつけの歯医者さんと相談し，何回か遊びにいかせることにしました。歯医者はジェリーにいろいろな機械や器具をみせ，それで遊ばせてくれました。3，4回それを続けてから，ジェリーの治療をしてくれました。この方法で，歯医者にいくのが楽しみの1つになったのです。

このすばらしいアイデアで，それまでの恐ろしい経験を楽しみに変えることができた。ジェリーは機械や器具を自分なりにいろいろ調べることができ，楽しかったのだろう。歯医者が実際治療のためにその器具を使うときには，もう怖くはなくなっていた。ほとんどの自閉症児は，言葉でいろいろ説明されても理解することが難しい。機械や器具をさわり遊んでみる体験が，歯科医院は何ら怖い場所ではないことを本人に伝えるよい手段になる。

(3)　身だしなみ

身体を洗うことや歯磨きを教えるのと同じように，身だしなみについて最も広く用いられている専門的な指導法は，デモンストレーションと課題分析である。このような教え方でたいていは効果が期待できるが，自閉症の人の多くは，身だしなみの技能の方は身辺自立の技能ほど上達しない。その理由として考えられるのは，体を洗うことや歯磨きのような基本的に要求される技能に比べ，身だしなみの技能がそれほど重要視されて教えられていないのである。また，発達障害のある人のほとんどが，髪や爪の手入れなど外見の

細かい所に気を配るという社会性に障害がある点だ。
　自閉症の人が持つ不安や感受性の強さが，身だしなみを教える弊害になる場合もある。時には，誰かに身だしなみを手伝ってもらうことを拒絶するくらい，その不安や恐怖は強い。

　アンディーは散髪が好きではありません。そこで理髪店にお願いして，彼が散髪するときは，その隣で父親が散髪できるよう順番を調整してもらいました。そのことで，彼は落ち着いて散髪ができています。隣に座るのは，親の代わりに兄弟でも大丈夫でした。

　アンディーは，自分のよく知っている父親が同じようにしていることで安心できた。父親が髪を切ってもらっているのをみて，アンディーもリラックスして髪を切ってもらうことができた。

　息子のヘンリーは9歳になりますが，爪を切られるのが大嫌いでした。私は，最初に風呂に入って爪を柔らかくし，それから爪を切り，ローションをつけてあげるというやり方をしています。そうすると，彼は穏やかになります。

　自閉症児にとって，爪を切られるのが恐怖になることがある。この母親は爪を柔らかくして切りやすくし，ヘンリーの恐怖と痛みを和らげた。彼は指にローションをぬってもらうのが好きで，爪を切ったあとのローションを楽しみにしていて，それはごほうびととらえることができるだろう。
　これまでみてきたように，身だしなみの技能を高めていく教え方というのは，発達に遅れのない子どもに対するのと同じようなものであることは注目すべきだろう。そのうえで，子どもたち一人ひとりの特性に合わせて個別の対応が求められるのは，実は当たり前のことなのである。

第7章

食事と睡眠

食べられないものを床から拾って食べる　160　　植物を食べる　160　　ひもや石を食べる　161　　衣服や室内装飾品を噛む　162　　花や草を食べる　162　　手袋の親指を噛む　163　　固形の食品を拒否する　163　　白い食品しか食べない　164　　極端な偏食　165　　ゆっくり食べたり，えり好みをする　166　　菓子類しか食べない　166　　食卓での多動性　167　　過食　168　　両手を使って食べる　170　　早食い　170　　座って食べない　171　　錠剤が飲み込めない　171　　自分で食べない　172　　ベッドで眠ろうとしない　174　　なかなか寝つかない　175　　ふとんをかけたがらない　175　　寝室から出ようとする　176　　夜中にウロウロする　177　　夢遊病　178　　強迫的に時計をみる　179　　間に合うように起きられない　180

行動上（水面上）の問題

食べ物の概念が欠けている　160　　感覚刺激を求める　161　　衝動を抑制できない　162　　コミュニケーション能力の乏しさ　162　　ルールをすぐ忘れてしまう　162　　自分の習慣に気づいていない　163　　触覚の過敏性　164　　変化に対する強い抵抗　164　　新しい食べ物に対する不安　165　　食べる楽しみが限られている　166　　砂糖への過剰反応やアレルギー　168　　常に空腹感がある　168　　「終わり」の概念の欠如　169　　運動のコントロールの未熟さ　170　　「テーブルマナー」の概念の欠如　171　　多動性　171　　自分で食べようとしない　172　　新しいものに対する不安　175　　音に対する過敏性　175　　新しいルーティンへの抵抗　178　　睡眠パターンの短さ　180　　以前からの習慣を繰り返す　180　　時刻へのこだわり　180　　異常に深い睡眠パターン　180

背景（水面下）にある問題

家族にとってストレスになるような食事や睡眠の問題は，なにも自閉症児に限ったことではない。生まれてから2歳半までの間は，育児書にも説明され（Brazelton, 1974; Spock & Rothenberg, 1985），両親も理解できる期待どおりの発達段階を通って成長する。しかし，子ども自身は育児書を読むわけではないので，発達段階に沿いながらも，さまざまなその子なりのやり方で成長していく。それは，少しずつ自分で食べるようになったり，新しい食べ物を口にしたり，食べられないものを口に入れなくなったり，食事マナーのきまりをまねたり受け入れたりするような，さまざまなやり方となって現れる。同じように，両親と離れて1人で寝るのをいやがったり，夜中に起きてうろうろしたり，家族がまだ寝ているのに朝早く起きたり，といったことも珍しいことではない。

　育児書にもあるように，このような行動はよく目にすることで，十分理解できるし，親も子どもが成長すればいずれはこのような行動をしなくなると思えば，受け入れられるはずである。また，親は日常生活のうえでのきまりや道理を，そのうち子どもに教えることができると信じている。子どもが自分をコントロールできるようになり，指示されたことを覚えられるようになると，親は子どもが喜ぶほうびを使うようになる。それは，子どもは幼いながらも親に気に入られ，愛情をこめて誉められるのを喜ぶものだと知っているためである。さらに，親は幼い子どもを医者に連れていく機会が多いが，そこでも，食事や睡眠についての気になる行動は自然によくなるもので，行動変容のような特別な技法は必要でなく，心配はいらないと太鼓判を押されることになる。

　ところが残念なことに，発達障害児は，このようないわゆる正常な発達と比べて，発達がアンバランスだったり，ゆっくりだったりする。序章で概説した自閉症の特性もこのことに関係している。子どものコミュニケーションスキルの問題や，親がいったことを理解しにくいという障害のために，正常な子育て法は通用しなくなる。社会性の障害のために，他人に誉められることを意識したり喜んだりすることが妨げられ，たとえ他者の要求を理解してもそれに応じようとする動機づけが低くなってしまう。身体発達や運動能力

が認知能力よりも早く発達するような，アンバランスな発達とは，自分をコントロールする力，ルールを記憶する力や結果を予測する力の発達よりずっと早くに，ベビーベッドから這い出して冷蔵庫をあけて食べ物をつかみ，食べられないものをつまむことができてしまうことを意味するのだ。味覚，嗅覚，触覚の異常な反応は，非常に強いことが多い。さらに，儀式的行動と結びついた変化に対する抵抗のために，親にとっては子どもをしつけることが非常に難しく，不愉快な経験になってしまいがちである。その結果，子どもに正常な発達的変化が現れるのを待ちくたびれてしまい，子どもが早く成長するようにプレッシャーをかけてしまうので，子どもはかんしゃくや拒絶反応などの否定的な行動を引き起こしてしまう。

　食事や睡眠の時間に緊張やストレスが高まると，問題を引き起こしがちである。寝るときには，子どもが安心してリラックスしてほしいと親は願っている。また，食事のときは，おいしく喜んで食べられるように，子どもが楽しくリラックスできることを親は望んでいる。行動変容の技法を用いると，はじめのうちは子どもが抵抗し緊張が高まるので，食事や睡眠の問題に関して，親は行動変容の技法をすぐには用いようとはしない。一方，衣服の着脱や排泄，攻撃行動などについては，親は比較的抵抗なく行動変容の技法を使うようだ。次に示す親の報告は，自閉症児の食事や睡眠の問題に親がどう対処してきたかを説明している。

1　食　事

　この節では，異食，偏食，過食，早食い，自分で食べるスキルの未熟さ，食物アレルギーなどの食事に関する問題に親がどう対処してきたかという例を再吟味する。さらに反芻（嘔吐，咀嚼，反芻の習慣）の問題についてもあげることにする。これは家庭よりも施設の環境でよく起こる問題かも知れず，親はあまり話題にしないが，文献的にはよく言及されている（Schroeder, 1989）。

(1) 異　　食

　次の5人の親による逸話は，食べ物以外のものを口に入れたり，摂食する習癖があるために健康や安全面に危険性のある子どもについて述べている。親たちはこの問題に関してさまざまな常識的あるいは天才的な解決方法を見出してきた。

　　ジムはまだよちよち歩きのころから目まぐるしく動き回り，言葉には全く注意を向けず，床に落ちているあらゆるものを拾って口に入れました。そこで私たちはおしゃぶりを与えて，いつでも目につくように彼の首にかけました。彼は床のものを口に入れる代わりに，おしゃぶりを口に入れるようになりました。

　この子どもは判断力や言語理解やルールを記憶するよりも先に，運動スキルが発達してしまったのだ。子どもが動き回るあとを常に追いかけて回ったり，家や庭中のあらゆる食べられないものを子どもの手の届かない所に片づけておくなどは，考えただけでも参ってしまうことだろう。おそらくジムは，自分の衝動的行動に対してなぜ母親が怒っているのか理解できなかっただろう。そのため，罰を与えることは逆効果かも知れない。母親のとった解決策は，彼がまだ物を口に入れる発達段階にあるという事実を受け入れたうえで，代わりのものを与えるという方法であった。次の事例でも，口に入れる代わりのもの，この場合は食べる代わりのものを与えて解決している。

　　4歳半になるリチャードは植物が大好きで，執着のあまり食べてしまうほどでした。それも葉っぱを1，2枚食べるというような食べ方ではなく，茎を残して全部食べてしまうのです。私たちは彼が危険な植物を食べないかと心配でしたが，植物を家庭内から全く排除してしまうことはしたくなかったのです。しかし，植物を食べてはいけないと，何度口でいって聞かせてもむだでした。そこで，植物台の下の方にレタスや薬草を植えて，心ゆくまでそれを食べられるようにしました。植物を食べることが許される

ようになると，やたらに食べることがなくなりました。おそらくはじめのころの物珍しさがなくなってきたからでしょう。

　この巧みな介入方法には興味深い点が2つある。リチャードの母親は，物珍しさがなくなったので植物を食べるのをやめたと考えたが，行動学的な観点からみれば，それまで母親は，植物を食べるたびに頻繁に彼に注意を向け叱っていた。ところが，植物を食べても母親が注意を向けなくなると，彼の行動の重要な動機づけがなくなったのである。その結果，彼は植物を食べることで母親の注意を引こうとするよりも，おやつ代わりにレタスを食べるのを楽しみにするようになったのかもしれない。
　2つ目の点は，植物を育てるという趣味を母親があきらめなかったことである。障害を持つ子どものこととは別に，レクリエーションとしての興味や趣味を持ち続けられることは，ブリストル（Bristol, 1984）によれば，家族の精神衛生と障害児を持つことへの適応に，大きく貢献している。ブリストルは，自分自身のニーズも大切にしている親は，抑鬱や燃えつき状態に陥ることがより少ない，と指摘している。
　次の逸話は，異食のもう1つの事例について説明している。

　　リックは，彼の異食に私が反応するのをやめるまでは，あらゆる種類の食べられないもの（砂利，靴下など）を食べていました。私がそのことに全く反応しなくなると，わざわざそばにやって来て「ぼくはひもを食べたんだよ！」といいました。私は，それが少量だと知っていたので，その言葉にも反応しませんでした。今では，彼の異食の習癖はなくなりました。

　この少年が「ぼくはひもを食べた」といいに来たことから，彼が母親の注意を引きたくて，おそらく母親にかまったり叱ったりしてほしかったのではないかということがわかった。このような場合，言葉を持たない子どもは，同じ行動を繰り返したり，母親のそばにいったりするのだが，その行動の意味を理解するのは難しい。リックの異食行動に注意を向けないことは，その

行動を減少させるのに一番効果があった。しかし，健康上害があるものを食べたり，器具を壊してしまうような場合には，また別の対応をする必要がある。次の逸話はこの点を説明している。

　チタは8歳のとき，テレビをみながら，家具の布張りや自分の衣服を嚙むことに没頭していましたが，文字を読むことができたので，テレビのすぐ下に「口に入れるな」というルールを書いて張ることで，それをやめさせることができました。そして，彼女がルールを忘れたときには，テレビを1分間だけ消し，文字サインを指さしました。

　この逸話では，ものを嚙むことに対して嫌悪刺激，つまり罰（テレビを消すこと）が即時に与えられた。母親はチタが意図的に悪い行動をしようとしたり，大人を操作しようとしているのではなく，ただ単に衝動を抑制することを忘れてしまうだけだということを理解していた。そこで，娘にガミガミ小言をいって，問題の行動に注意を払うのではなく，娘がみる場所に張られた文字サインを利用したのだ。もし，文字を読むことができなければ，母親は文字の代わりに絵のサインを用いただろう。ところが，チタの母親がこれで終わらなかったのは印象的である。

　しかし，チタは草花や戸外の植物も食べたのでした。近所の農家で農薬が使われていたので，このことは危険でした。そこで私は，娘が食べることを考えているときに，その衝動を自分で抑制する力を身につけさせようと決めました。
　彼女は氷の塊を嚙むことがとても好きでしたから，彼女の皿のすぐそばに氷の入った受皿を置き，食事が終わるまで氷を食べるのを待たなければならないというルールを課しました。彼女は「待つ」という言葉を復唱し始め，それは衝動を抑制するのに役立ちました。問題の行動はなくなったわけではありませんが，改善しつつあるようでした。そして，食事が完全に終わるまで，氷を食べることを我慢できるようになったとき，戸外での

行動の制限を減らし，より自由に行動できるようにしました。

　母親は，娘が衝動を抑制する力が弱いことを知っていた。そして，「口に入れるな」というルールをテレビから離れても一般化できるためには，娘の自己統制力を強くする必要があることに気づいた。そこで，彼女に新しいルールである「待つ」という言葉を復唱することを教え，彼女の手の届く所に特に好きな食べ物を置いて，それを食べるのを我慢する練習をさせた。娘が「口に入れるな」ということを認識し，「待つ」という自己統制力が育ってきたときに，戸外でより自由に過ごさせることができるようになった。
　次の逸話は，親が子どもの問題行動に対して全く注目しなくてもよいような直接的な嫌悪刺激の用い方について説明している。

　　エルウッド（8歳）は，手袋の親指の部分をかじって食べてしまう癖があり，私はかなり悩まされていました。ついに耐えられなくなって，夫は手袋の彼が嚙む部分に，市販の爪嚙み防止剤を塗ることを提案しました。その爪嚙み防止剤は，透明で手袋の繊維は痛めないが，ひどい味がしました。そのおかげで，彼は手袋を嚙むことをしなくなり，手袋は破れることなく雪や寒さから彼の手を守ることができるようになりました。

⑵　**極端な偏食**

　食べ物の好みの極端なかたよりや，バラエティーの少なさ，不適切な栄養摂取といった問題は，自閉症児にはよくみられる。このことは，親にとってやっかいでイライラする問題であるだけでなく，子どもにとってもアンバランスな食習慣をもたらすことになり，やがては健康を脅かすことにもなりかねない。この問題については，次の例に示されている。

　　2歳のレイミーは，長い間あらゆる固形の食べ物を拒否していました。そこで，まず口に入れるとすぐに溶けるバタークッキーを与え，固形物を食べさせることに成功しました。やがて固形物にそれほど不安を示さなく

なり，自分から嚙んでみるようになりました。それから2週間後には，別の食べ物も進んで食べられるようになりました。

レイミーの母親は，新しい食感の食べ物には不安を抱くであろうと，息子のお気に入りの甘い味のする溶けるクッキーを選んだ。自然にすぐ溶けてなくなるような新しい食感の食べ物を選んだので，そうでなければ予想されたような，食べ物を「吐き出す」行動を避けることができた。シュローダー (Schroeder, 1984) とレス (Ress, 1985) は，新しい食べ物をうまく導入するためには，色，食感，味，匂い，についての好みを認識しておく必要がある，と指摘している。例えば同じ色で同じ食感だが匂いだけ新しいというように，一度に1つの側面のみ変化させるようなことを，彼らは提案している。

次の逸話では，食べ物の色に極端な好みを持つ子どもについて説明している。

ジェイソンは長い間，ミルク，パン，ジャガイモ，小麦クリーム，ヨーグルトなどの白い食べ物しか食べませんでした。食べることを不愉快にしたくなかったし，やがてはそれを克服するだろうと思っていました。しかし，彼は5歳になっても，食べ物の色へのこだわりを持ち続けていました。そこで，次のようなテクニックを用いました。白い食べ物に，わずかに色のついたものを何日もかけて少しずつ色が変わるように加えていったのでした。彼はきっと，このわずかな変化に気がつかなかったのでしょう。この方法は，多くの新しい食品を受け入れさせるのに効果がありました。

このテクニックでは，少しずつ少しずつ変化させていくのが重要である。ジョーンズ (Jones, 1989) とコズロフ (Kozloff, 1973) は，同様の漸進的変化の方法について述べている。この事例では，ごく少量の新しい食品をその子どもが好きなマッシュポテトに混ぜて与えた。このようにして新しい食品が受け入れられるようになると，マッシュポテトを混ぜなくても一口食べられるようになった。そこで，新しい食品を一口食べた後に，ごほうびとして何

も混ぜないマッシュポテトを与えるようにした。年少児の食事の幅を広げるために，新しい食べ物を口にしたごほうびとして，すぐに好きな食べ物を少量あげるという方法を試みた人もいる。

> 6歳のジョセフは，新しいことに対してはいつでも非常に抵抗を示します。彼は，パンとポテト（とりわけフライドポテト）が好きでした。とうとう私は，この好みにうんざりして，次のような試みをすることにしました。彼の好きな食べ物を別の皿に取り置き，彼の皿には別の食べ物（私たちが食べているその日のメニューの中から適当に選んだ）を少量入れました。彼が自分の好きな食べ物を一口食べたら，それを彼から遠ざけて，もう一方の食べ物を指さし，彼の反応を待ちました。そして，新しい食べ物を自分から少なくとも口の中に入れることができたら，好きな食べ物をもう一口食べることを許すのです。彼はこのルールをすぐに理解しました。

この取り組みには，3つの興味深い側面がある。1点目は，この親は新しい食べ物をただ単に指さして子どもの反応を「待ち」，子どもを叱ったりしなかった。したがって，食べ物に対する拒絶反応に対してほとんど注目せずにすませることができた点である。2点目は，母親が2枚の皿を使い分けたことで，自分の好きな食べ物をいつ食べられるかが，視覚的に明確になっていた点である。3点目は，「少なくとも口の中に」とあるように，はじめの段階では，新しい食べ物を完全に嚙んだり飲み込んだりすることが要求されなかった点である。子どもの新しい食べ物を食べようとするどんな試みに対しても，好きな食べ物が報酬として与えられた。新しい食べ物を口にする恐怖や，特定の食べ物しか食べないという強固な習慣を打ち破るために，まず，新しい食べ物を口の中に入れるだけというステップを踏んだのである。この取り組みの成功のカギが，「一度にワンステップだけ」という一般的原則に従った点にあったことは，間違いがない。

次の逸話は，偏食があるうえに非常にゆっくり食べる子について説明している。

ダビッドは8歳のころ，食べるのが非常にゆっくりで，きつい偏食もありました。私たちは，彼が一口食べるごとに促さねばなりませんでした。ところで彼はテレビをみるのが好きだったので，食事中みえる場所に（ただし音量を低くして）テレビを置きました。彼が食べるのをやめるたびに（つまり，口の中が空になって10秒経っても次の一口を食べない場合），テレビのスイッチを切りました。彼はすぐにこの関連性を理解したので，今では食事のたびに叱ったり促したりする必要がなくなりました。

　この事例では，子どもは食べ続けている限り連続的に報酬が与えられた。その報酬は家族の食事の妨げにはならなかった。コズロフ（1973）は，同様の連続強化法の事例を報告している。ただし，その事例では，子どもが食べ続けている間は，親が楽しい雰囲気で話しかけ，中断すると背を向けるという方法を用いていた。スタイバーとドビンズ（Stiver & Dobbins, 1980）は，拒食の兆候を示す11歳になる自閉症の女児に，連続強化テクニックを用いた。食べたときだけ校内のお気に入りの広い食堂で過ごすことを認められ，母親は彼女の前では食べることについて一切話さないように助言を受けた。ホームズ（Holmes, 1982）は，食事の問題についてとやかく言って注目しない方がよいと述べている。彼の報告によると，ある5歳の少年の食事の問題は，両親がベースラインの測定をしている間，つまり何らの介入もせず食べたものを記録するだけの3週の間に改善がみられたという。記録をとることで息子の食事パターンをよく理解したので，食事の問題への見方や態度を変えたのだと報告している。
　間食，とりわけスナック菓子を控え目にするというのは常識的な対応策だが，戸棚によじ登り冷蔵庫を開けてしまうような自閉症児には，必ずしもたやすい方策とはいえない。

　5歳になる娘のサラは，栄養バランスのとれた食事は決して食べようとしませんでした。ポテトチップスやクッキーやキャンディーやサイダーのようなお菓子類しか食べようとしなかったのです。ある日家中のお菓子類

を隠して，バランスのとれた食事を作りました。午後の4時ごろになり，彼女はとてもお腹が空いて食べ物を要求してきました。そこで，用意しておいた食事をさせました。それ以来，彼女はバランスのとれた食事をするようになりました。

ここで用いられた方法の重要な点は，家中の菓子類を全部隠しておいたことである。サラは始終食べようとしていたわけではないし，食べ物は母親に依存していたので，母親が食事時間を計画的にコントロールしたことが大いに役立った。サラは空腹になることで，普通の食事が受け入れやすくなったのだ。その結果，栄養摂取の点からも改善がみられ，それが健康状態や行動の改善につながった。ホワイト（White, 1982）は13歳の少年に対して，食前の3時間，間食を控えたことを報告している。さらにその少年は，離れたテーブルで自分の食事を一通り終えてから家族のテーブルでデザートを食べることが許された。食事を控えさせることは，障害児の親にとって気持ちのよいものではない。しかし，その食べ物が子どもの健康に実害を与える場合は，親は葛藤を感じない。

　12歳の息子ブルースは，多動でよくかんしゃくを起こしていました。彼はメラリルを服用していましたが，私は薬の服用を減らしたいと考えていました。あらゆる自然食品を使い始め，歯磨き粉の代わりにリステリンを代用しました。さらに，ボトルの水を使ってほとんどの飲み物を水で割って飲ませました。また，豚肉だけでなく，グレープ味とチェリー味のクールエイドも与えないようにしました。クールエイドは，彼をさらに多動にすることに気づいたからです。食事に気をつけることで，彼の行動には大きな変化がみられました。

砂糖や食品用着色料に対する特異的アレルギーや過敏性は，多くの親が報告している。ブルースの母親は，自分の仮説を検証するために息子の食事内容を変化させて観察した。その結果，特定の食べ物を制限することで，息子

の行動の改善を発見できた。

(3) 過　食

偏食の強い子どもと対照的にいつも空腹で，いくら食べても満足しないような子どももいる。次の2つの逸話は，この問題に対するユニークな解決方法である。

　娘のジャニスは年齢（10歳）のわりに非常に大柄で，大量の食べ物を食べたがりました。家にいるときには，何かに妨げられない限り，冷蔵庫荒らしに専念していました。その結果，過食はいうまでもなく，常にそこら中何かがこぼれたり散らかったままでした。冷蔵庫に近づかないように教えようとしましたが，私たちの姿がみえないと，それは効果がありませんでした。わが家の冷蔵庫は幸い，冷凍庫と冷蔵庫とが横並びになっている2ドアだったので，錠を買ってきてこの2つのドアを固定しました。娘は南京錠の開け方がわからないので，冷蔵庫の食べ物を勝手に取ることができなくなりました。

　この自閉症の女児は10歳になっていたが，先の記録からしても，言語を理解できないし，誰もそばにいないときに食べたい衝動を抑えることは難しい子だといえる。母親は賢明にも，娘の障害に合わせて環境の方を再調整する必要性があることに気づいた。つまりそれは，過食を物理的にとめることであった。また，子ども自身の健康の重要性はもちろんのこと，家族全体の精神衛生の問題も認識する必要がある。次の逸話は，同じく過食の問題に関するものだが，ルールや因果関係をより理解している男児の事例である。

　息子のトッド（12歳）は，四六時中空腹でいるかのように，いくらたくさん食べても満腹になりませんでした。彼の体重が問題になってきたので，3杯目のお代わりを要求しても，拒否しなければなりませんでした。彼は言葉が理解できないので，鍋にちょうど1杯分だけ料理を残しておき，目

の前でそれをすべてかき集めて彼の皿に入れました。その結果，もうそれ以上はないことを理解できたのでした。なぜ私がそれ以上お代わりをあげないのかが納得できると，彼は怒らなくなりました。

　この逸話の中の印象的な教訓は，トッドが食べ物を拒否される理由がわからないために怒っていることを，母親が理解していた点である。トッドの並はずれた食欲そのものをコントロールすることはできないが，食べる量をコントロールできることに母親は気づいた。食べる量をコントロールするルールを説明するために，母親は言語の障害を補うものとして視覚的な方法をみつけたのである。

(4)　食事中の行動

　普通子どもは，食事中の適切な行動を少しずつ身につけるものである。また，一般に親は，子どもに言葉で説明したり，やってみせたりして教えることができると経験的に知っている。ところが，このことは必ずしも自閉症児にはあてはまらない。早食い，ひどい食べ散らかしや食べ物で遊ぶこと，さらに他人の皿からの盗み食いは，施設入所中の成人や年長の知的障害者にもみられる問題である。適切な食事行動に対してほうびを与え，不適切な行動を妨げることによって，連続的に食事中の問題を減少させたことを報告した研究者もいる（Azrin & Armstrong, 1973；Hendriksen & Doughty, 1967）。ある研究者は，盗食行動はやる前に防止する必要があることを指摘している。なぜなら，食べ物はそれ自体が非常に強い強化子になるからである。この研究事例では，子どもが盗食をしてしまう前に，その腕を「さえぎって」より適切な食事行動に方向づけた。また別の研究者たちは（Groves & Carroscio, 1971；Kozloff, 1974），食事中の不適切な行動を子どもに理解させるために，食べ物を短時間引っ込める方法を用いている。例えば，子どもが不適切な行動をとるたびに10秒間食べ物を取り上げるといった方法である。同時にこの研究者たちは，適切な行動を促すために，あらゆる適切な行動に対して誉めたり，身体的なプロンプト（促進）を加えたりした。次の逸話の中でも，同

様のテクニックが用いられている。

> 6歳半のシェッドは，急いで食べる癖があります。彼は左手で食べ物をすくって口に運ぶので，絶えず注意をせねばなりませんでした。そこで，彼の左手にナプキンを持たせておくことで，左手で食べ物をすくう問題をなくすことができました。この方法で問題はすぐに解決しました。おかげで，私の食事の間のストレスがずっと減りました。

母親は息子に口頭で注意するだけでは効果がなかったので，問題は自分の両手の動きをまとめたりコントロールできない，つまり，左手は衝動的に動いているためだと気づいた。そこで，息子の左手に何かを持たせることで，衝動的な左手の動きを別の行為に置き換えたのだった。次の事例の親も，口で叱るだけでは効果がなかったことを報告している。

> 7歳のジャックは食べ物が非常に好きで，噛んだり飲み込んだりするよりも早く，食べ物を口の中に入れてしまいます。私たちは叱りましたが，彼は何がいけないのか理解できず，ただかんしゃくを起こすだけでした。そこで，厚紙で大きな赤いストップサインを作り（彼はストップサインの意味を理解していました），彼が一口食べるや否や，皿をそれで覆いました。彼が口の中の食べ物を飲み込んでしまってから，そのサインを取りのけました。彼はすぐにこのルールを理解しました。今では，口の中の物を噛んだり飲み込んだりするのを忘れたときにしか，サインを使う必要がなくなりました。

ジャックはストップサインの意味を理解していたので，食べ物をほおばる行動を，厚紙に書いたサインで予防することができた。それは，ストップサインが，不適切な行動を抑制し咀嚼や嚥下を自然に行うことを促す視覚的な手がかりとなったからである。ある母親は，娘が食事中に離席したら子どもの食べ物を引っ込めることで，着席するようにしつけた経過を，次のように

記録している。

　5歳のサリーは，少しの間もじっと座っていることがなく，常に動き回っていました。食事中一口食べたかと思うと席を立ち，戻ってきてはまた一口食べるといった有様でした。食事中に叱ってばかりいるのは家族にとっても不愉快だし，食事の時間を台なしにしました。そこで私は，自分の食事が終わると，わざと大袈裟にふるまいながら，「ごちそうさま」といって自分の食器を流しに運ぶことにしました。家族の誰かが席を立つや否や「あら，あなたもごちそうさまなのね」といって，その人の食器を片づけました。次に私は，サリーが席を立つや否や，彼女の皿についても同じようにしました。彼女は非常に驚いて，悲壮な顔つきになりました。しかし，この方法は効果てきめんでした。

言葉で忠告するだけでは，テーブルを離れるとどうなるかをサリーに理解させられないことを，母親はよく知っていた。そこで母親は，「食事が終われば，自分の皿が片づけられる」というルールを家族の他のメンバーを使って実際に示すことで，サリーに予告したのである。もちろん，実際に自分の皿が片づけられたときには，サリーはショックを受けたが，そのルーティン自体は見慣れないものではなかったので，彼女にとって理解しやすかった。サリーは，食事の時間には家族とともに席についていなければならないことを，すぐに学んだのである。

　錠剤を飲むのに抵抗を示す子どもの場合，処方する側の医者にとっても，飲ませなくてはならない親にとっても，厄介なことである。次の逸話は，この問題について，双子の自閉症男児で成功したある家族の記述である。

　まずはじめに，次の方法でジョンに錠剤を飲むことを教えました。ジョンの片手をとって錠剤を持たせ，それを口に入れるように示しました。彼が錠剤を口に入れるとすぐに，もう一方の手にコップ1杯の水を持たせ，その水を飲むようにいいました。口に入ったものを吐き出すことをまだ身

につけていなかったので，この方法はとてもうまくいきました。次に，ジョンとダビッドの両方に錠剤を飲ませるために，おもしろい方法を思いつきました。母親，父親，娘，それにジョンとダビッドが，それぞれ錠剤と1杯の水を持って輪になって座り，1人ずつ順番に錠剤を飲んでいって（あるいは飲むふりをして），最後に息子たちに順番が回るようにしました。たいていの場合，息子たちは，私たちに続いて薬を飲むのをまねるようになりました。

　この事例の場合も，自閉症児が自分に要求されていることを理解しやすいように，家族全体があるルーティンをつくっている。これは，家族の巧みな協力と配慮がされた例である。家族全体で取り組む前に，まず個別の練習をしたことが成功の鍵だったといえる。手を取って援助したり，身ぶりのプロンプトを加えたり，言葉は「飲みなさい」という聞き慣れた一言に限ったことで，ジョンは錠剤自体に驚きショックを受けないうちに飲み込むすべての行為を終えることができたのだ。
　この節の最後の逸話は，自分で食べようとしない行動についてである。自閉症児の中には，運動能力的には自分で食べられる力を持ちながら，食べることに関して受け身で他人に依存的な子どもがいる。そのような子どもの親の多くは，子どもの受動的態度と子どもが空腹なのではないかという不安から，ついスプーンで食べさせてしまうことになる。しかし次の事例の親は，そのような対応をしなかった。

　　生後28カ月のサリンは，全く自分から食べようとはしませんでした。そこで私は，彼女の幼児用いすの後ろに立って，彼女の腕を操り人形のように動かしました。彼女が自分で食べ物を口に運ぶようになるまで，少しずつ繰るのをやめていきました（手をちょっとさわる，次は腕に少し触れる，というように）。このやり方は，非常にうまくいきました。

　リーボウッツとホラー（Leibowitz & Holler, 1974）は，自分でスプーンを

使おうとせず，しかも偏食の強い5歳の女児に，同様のテクニックを用いた。彼らは，好物のアイスクリームを食べるのにスプーンを使わせることから始めたので，彼女は食べ物を自分で口に運ぶことに強く動機づけられるようになった。徐々に，別の食べ物をアイスクリームに混ぜるようにした。1カ月もたたないうちに，自分でスプーンを使うようになり，新しい食べ物も受け入れるようになった。

⑤ 反芻と嘔吐

食事にからんだこのような厄介な行動は，この章に寄稿した親の中からは報告されていない。しかし，このような行動は実際に存在し，介入がうまくいったという報告もいくつかある。これらの報告は，嫌悪刺激の使用，刺激統制，報酬，行動を置き換える訓練，あるいはその組み合わせなど，手続きはさまざまであった（Ball, Hendrickson & Clarton, 1974；Borreson & Anderson, 1982；Daniel, 1982；Schroeder, 1989；Singh, Manning & Angell, 1982）。

10歳の発達遅滞児の反芻行動をとめたある研究では（Daniel, 1982），彼がよく反芻するような場面になったら，歩き回るように促した。これは反芻と拮抗する行動だったからである。つまり，この男の子は活動的に歩き回っているときには，反芻行動をしなかった。このようにして，彼の反芻行動は徐々にみられなくなった。またある研究（Mulick, Schroeder & Rojahn, 1980）では，いくつかの行動変容技法を試みた後に，反芻性の嘔吐を減らすのに最も効果的な方法は食事の後で拮抗行動を強化することだ，と結論づけている。さらに別の研究（Murray, Keele & McCarver, 1977）では，嘔吐による栄養障害で入院していた5歳の男の子の嘔吐を，次のようにしてとめるのに成功した，と報告している。その子に与える食べ物の濃度を濃くし，胃からの逆流が起こりにくいようにした。食事中と食後の20分間，子どもを抱きかかえるようにし，もし子どもが反芻行動を始めると下に降ろして，舌の上に辛いソースを一滴のせた。反芻行動のはじめの兆候（舌を巻く）がとまるや否や，再び子どもを抱き上げて優しく揺すった。嘔吐は2週間以内に完全に消失した。また，6歳のときから反芻行動の続いている17歳の双子の事例を報告し

た研究もある（Singhら，1982）。彼らが反芻行動を始めると「だめ」と注意し，うがい薬の沁みた歯ブラシで2分間歯を磨かせ，さらにうがい薬のついた布で唇を拭かせた。その結果，反芻行動はとまり，食道や口の内側がそれ以上損傷するのを予防できた。

2　睡　　眠

　睡眠の問題に関して集められた逸話の中に，子どもが眠り過ぎるという問題がなかったのは，驚くことではないだろう。発達障害児の中には，同年齢の子どもに比べて睡眠時間が少なくても支障がなく，健康を維持できる子どももいるようだ。心配されるのは，むしろ親の身体的・精神的な健康の問題である。睡眠を奪われることは，体力を非常に消耗して家族の人間関係にも大きなストレスを与えることになる。睡眠不足になると，そうしたくはないのに，子どもに対して懲罰的な対応をしてしまいがちになると自認する親もいる。また，子どもに薬を与えて休息を求める親もいる。次に示す逸話は，自分自身の睡眠不足と子どもの健康を危惧している親に，希望を与えてくれる創造的な事例だろう。睡眠障害の起きる時間帯による分類，つまり入眠時の問題を持つ子ども，夜中に起きて徘徊する子ども，睡眠パターンの関係で朝に問題のある子どもの順に紹介する。

(1)　入眠障害

　　ローリーは幼いとき，ベッドの中で眠ろうとしませんでした。揺れることと音楽が好きだったので，私は子ども部屋にロッキングチェアーと音楽を用意しました。そして，眠くなるまでロッキングチェアーに座って音楽を聴くことを許しました。彼は，うとうとし始めると自分でベッドに移ることを，徐々に身につけていきました。

　この母親は，息子にとって楽しくリラックスできると思われる環境を用意した。彼女は息子に眠るようプレッシャーを与える代わりに，自分のペース

で体が自然に眠くなるようにした。このようにリラックスした状態の中で，彼はベッドに移されることを受け入れ，やがては母親の手助けなしに自分からベッドに移れるようになった。

　9歳になる娘のバーバラは，以前は重い睡眠障害を持っていました。私たちは，人工音（水の音）を出す装置を買って，彼女の部屋のクロゼットに取りつけました。この音は家庭内の他の騒音を覆い隠したので，彼女はたいていの物音には邪魔されずに寝入ることができるようになりました。さらに，部屋の床や壁にさえもじゅうたんを敷きつめてからは，ずっとよく眠るようになりました。

音，とりわけ室外の物音に対する過敏性は，自閉症児がよく示す特性である。彼らは近くの音，特に言葉に対しては聞こえないかのようにふるまうことがよくあるが，遠くの物音に対しては過敏であったりする。バーバラの母親は彼女のこの特性をはっきりと認識しており，自然な睡眠パターンを妨げていることに気づいていた。睡眠を妨げる家庭内の物音をさえぎるために，レコードやカセットテープやラジオの音楽などの利用を報告している親もいる。次の逸話では，ベッドの中で眠れるが，ふとんを全くかけようとしない子どもについて説明している。

　5歳になる娘のパットは，毛布をかけることを受けつけませんでした。そのため，私たちは彼女が寝つくまで，毛布をかけるのを待たねばなりませんでした。彼女は目覚めると，毛布を床にほうり出したのでした。毛布を受け入れさせるために，私たちは人形に毛布をかけて「お人形さんは今から寝るところです」といいました。数日後の夜，彼女は自分から人形に毛布をかけて，自分自身も毛布をかけることを受け入れました。

就寝時に争い事を起こすのは，眠りにつく妨げになる場合が多いので，両親は就寝時の適切な行動を教えるために人形遊びのテクニックを用いた。こ

の人形遊びを幾晩か続けることで，寝るときには毛布をかけるという習慣を，罰を与えないで穏やかな方法で教えることができた。

　次の逸話は，ベッドに入ることを拒否しているメアリーという自閉症児について述べている。この事例から，子どもがルールや禁止事項を理解できない場合でも，物理的に制限する方法が，一定期間を経て徐々に効果を表す様子がみて取れる。

　　娘の体格がベビーベッドより大きくなってからというもの，就寝時間は私たちにとって悪夢と化しました。メアリーは新しいベッドで寝ようとしないばかりか，子ども部屋にいることすら拒否しました。主治医の小児科医からは，子ども部屋の明かりを暗くし，ドアを閉めて1人にしておくようにいわれました。私たちは，できる限り子ども部屋を安全にしておきましたが，メアリー自身は危険に対する認識が全くありませんでした。私たちは，子ども部屋で寝ているメアリーの安全が気がかりで，ドアを閉めて彼女を1人にしておくことが不安でした。それから数年間，私たちがこの問題に対して用いた解決策は，ドアの所に木製の乳児用の柵を張り巡らすというものでした。子ども部屋全体をベッドのようにしたわけです。メアリーはよじ登る癖はなかったので，柵を乗り越えようとは決してしませんでした。彼女は，柵の後ろから家の中の様子を見聞きすることができました。彼女は眠くなると，たいていベッドまでいき着かずに途中で眠ってしまっていました。時折，床のじゅうたんの敷いてある上で眠っていることもありました。パジャマの代わりに毛布の「スリーパー」を着せていたので，布団をかけてやることをいちいち気にする必要がなかったのです。その後もメアリーは，まだ就寝することに抵抗があるようでした。それまで使っていた乳児用の木製の柵が役に立たないくらい力も強くなると，夫のすばらしい思いつきで柵の代わりにダッチドア（Dutch door）を取りつけました。夫は，古い木のドアを半分に切り，上半分についていたガラス板を割れにくいプレキシガラスに取り替えました。彼女がうるさくないようにドアを閉めているときでも，ガラス越しに室内にいる彼女の様子を窺

うことができました。しかし，いつもはドアの下半分だけを閉めておくだけで，彼女を寝室にとどめておくことができました。成長に伴い，今では多動性が軽減されたので，ドアを完全に開け放したままでも，ベッドにいることができるようになりました。しかし，ダッチドアは必要なときのために，そのままにしてあります。それは，わが家にとっては長年使い得る解決策の1つであることが証明されたのです。

幼少時のメアリーの多動性を考えると，就寝時が悪夢であったということも容易に理解できる。娘の安全を守るために環境の側を調整するうまい方法を思いついたことで，両親の心配と悩みは消失した。この家族は，娘の重度の睡眠障害にもかかわらず，巧妙な工夫を続けることでそれをなんとか切り抜け，加齢に伴って多動性が軽くなり睡眠障害が消失するまで，家庭で養育することができたのだ。

⑵ 就寝中の徘徊
次は，夜中に目覚めて家の中を歩き回る問題に関しての逸話である。

　4歳のジョシュは，夜中に起きて徘徊する癖がありました。彼が自分の部屋の中にいる限り安全だったのですが，家のそのほかの場所では安全とはいえませんでした。そこで夫は，ジョシュの部屋の鍵を取り外して，部屋の外からかけられるが中からはかけられないように鍵をつけ替えました。

この逸話を読むと「転ばぬ先の杖」ということわざが思い浮かぶ。この解決策の成功の秘訣は，ジョシュが「自分の部屋の中では安全だった」という事実である。しかしこのことは，次の逸話にみられるように，いつも当てはまるわけではない。

　5歳の娘サンディーは，夜になっても眠ろうとせず家の中をうろうろしました。そこで私は，しばらくの間彼女の部屋のすぐ外の廊下で寝ること

にしました。このことは，彼女が部屋から出るのを防ぐと同時に彼女に安心感を与えました。その後私は自分のベッドで寝られるように少しずつ彼女の部屋から離れていき，彼女もまた自分のベッドで眠れるようになっていきました。

　サンディーの母親は娘の身体的な安全性よりも，精神面での安心感の方をより気にかけていた。母親はサンディーの徘徊が，不安感や孤独感によって母親を探しているために生じているのだと考え，それは正当なことだと感じていた。母親はドアの外に寝ることで徘徊を防ぎ，娘が1人で寝ることに何とか慣れて自信が持てるに従って，徐々に娘の部屋から離れて寝るようにした。この方法のおかげで，サンディーが両親のベッドに来るというルーティンができてしまうのを予防できた。いったん形成されてしまうと変更が難しいという，儀式的行動に発展してしまう可能性もあったからである。小さい子どもは皆，夜眠れない時期を経験し，悪夢をみた後で慰められることを必要とするが，自閉症児はその必要性がなくなっても，一度身についた習慣にはまり込んでしまうことがよくある。

　子どもが自分の部屋から出られないようにすることに，抵抗を感じる親も多い。なぜなら，火事などの災害時の危険性が心配だからである。しかし，子どもは自分がしていることにはっきり意識がないまま徘徊している場合もある。目を見開いて家の中を安全に動き回っていても，自分のしたことの記憶が全くなかったり，ほとんど判断しないまま行動していたりすることもありうる。

　　6歳の息子のレイモンは，夢遊病，あるいは夜間に徘徊する時期がありました。彼は目覚めているようにみえましたが，朝になると全く何も覚えていませんでした。私たちは，夜間だけレイモンの部屋の入り口に大きな肘かけいすを置きました。彼は，いすと入り口の間に身を滑り込ませて部屋の外に出ることができました。しかし，そうしている間にたいていは目が覚めるようだったので，目覚めて再びベッドに戻っていました。

この解決方法は一種の部分的な拘束だといえる。バリケードは完全なものではなく、室外に出る必要がある場合には出ることができた。しかし、バリケードは彼を目覚めさせるのに役立った。同様の方法として、例えば、子どもの腰に重いロープを巻いたり、必要なときに乗り越えたり下をくぐれるような小さな柵を用いた親もいる。次の話は、夜間自室や家の中にいる限りは安全だが、玄関を開けることを覚えてしまった男の子についての例である。

　ダリルはいつも眠りが浅く、夜になるとうろうろ歩き回る癖がありましたが、家から外に出ていくことはなかったので、特別に問題にはなりませんでした。しかしその後、夜中に「新聞紙を取りにいく」ために家を出ようとするようになって、何か対策を講じる必要が生じました。ダリルはすぐに鍵を開けてチェーンを外すことを学習してしまいました。そこで私たちは、チェーンが外せないように南京錠をつけ、これでドアを開けられなくなって問題は解決しました。

(3) 朝の睡眠の問題

次の話では、2つの異なったタイプの朝の睡眠の問題が述べられている。つまり、朝早く起き過ぎる子どもと、早く起きられず学校に間に合わない子どもの例である。

　ブライアンは8歳になるまでには、毎朝7時に起きねばならないことがわかっていました。彼はしばしば早朝の5時半からずっと起きていて、まだ7時にならないか時計を調べるために家の中を走り回っていました。そのために、家族も起こされてしまいました。そこで、ブライアンのベッドの頭板にデジタル時計を取りつけました。それからというもの、ブライアンは家中を走り回って家族を起こさなくても、時刻を調べることができるようになったのでした。

　ブライアンは、その時すでに次の2つの重要なスキルを身につけていた。

1つはデジタル時計が読めたこと，もう1つはルールを尊重するという社会的な意識やルールを守るための自己統制力が育っていたことである。欠けていたのは，時刻の情報を得ることだけだったのだ（時計がそばになかった）。その情報を彼の部屋に与える方法をみつけて，問題は解決した。最後の逸話は，これと反対の問題，つまり早く起きない子どもについてである。

　ジョンは，学校に間に合うように起きることができませんでした。もし誰かに起こされようものなら，とても機嫌が悪くなりました。そこで，私は彼が機嫌よく目覚めるよい方法を発見しました。彼のペットの猫を家の中に呼び込めば，猫はベッドに飛び乗って彼の顔に鼻を擦り寄せ，うるさくじゃれついて彼を目覚めさせたのでした。

　この上手な解決策がみつかったのは，ジョンがペットの猫を好きだったからだけではなく，両親が彼の興味や好みをよく観察してとらえていたからだ。
　なかなか起きられず寝起きが悪いという問題には，さまざまな原因が関与している。入眠に問題のある子は夜中にいつまでも起きていることが多く，その結果，朝学校に出かける時間になっても，睡眠不足で起きられないのである。中には，寝た時間にかかわらず，早朝に異常に深い眠りの状態にある子もいる。もう1つの原因として，薬物の副作用も考えられる。この章では薬物の使用について論じていないが，投薬が一定期間効果をもたらす子どももいる。投薬については，自閉症児のことをよく知っていて特定の薬物に対する反応性をよく理解している医者に相談するべきである。ダルドルフ (Dalldorf, 1985) やパルズニー (Paluszny, 1979) やリヴォー (Ritvo, 1976) は，注意深く反応をみながら鎮静剤を一定期間使用することは，睡眠のパターンを変えるのに効果があったと報告している。しかし，ある子どもに効果があっても別の子には効果がない場合もあるので，薬物を使用する前に，別の方法をまず試みるべきである。ダルドルフは，かかりつけの医者と投薬について話し合う前に，次の点を調べるように勧めている。子どもは適切で予測可能な就寝時間を与えられているか？　運動量は十分か？　夜にカフェイン入

りの飲料や砂糖やチョコレートのような刺激性のある食べ物をとっていないか？　もし，頻繁に睡眠が妨げられているとしたら，例えば慢性鼻炎などにかかっていないか？　寝る部屋の環境が子どもにとってうるさすぎないか？

　これらの一般的な原因が除外されても睡眠障害が続くような場合，薬物は一時的に役立つであろう。しかしまず，子どもがベッドに入った時刻，眠りについた時刻，目覚めた時刻についてのデータを取るべきである。薬を処方する医者は，どのような行動変容技法が試みられ，その効果はどうかについても知っておく必要がある。習慣化した睡眠障害が薬物で緩和されると，この章の逸話で説明したような予防的な方法がより効果を上げるであろう。

第8章

行動への対処

バスの中で好ましくない行動をする *186*　ドアをバタンと閉める *187*　スイッチを点滅させる *188*　人をひっかく *189*　身体を前後に揺する *190*　不適切な行動をする *191*　破壊的な行動をする *191*　他人の袖を引っ張る *192*　年齢に合わない行動をする *192*　いなくなってしまう *193*　家具をひっくり返す *194*　家中を歩き回る *195*　作業所へいかない *196*　学校で問題行動を起こす *197*　手をつなぐのをいやがる *198*　奇声を発する *199*　混乱し，耳を傾けない *200*　朝にパニックを起こす *201*　学校でパニックを起こす *201*　待つことができない *202*　とまれのサインがわからない *203*

行動上（水面上）の問題

社会的報酬が理解できない *186*　怒られても反応できない *187*　物を不適切に使用する *188*　思うようにならないとかんしゃくを起こす *189*　社会的な行動が理解できない *190*　自分を抑えることができない *191*　社会的に許されないことが理解できない *192*　空間的な境界がわからない *193*　余暇をうまく使えない *195*　1人の時間をもてあます *197*　報酬が理解できない *199*　自分を抑制するスキルを十分に獲得していない *200*　注意を集中することができない *201*　時間概念がわからない *202*　交通ルールがわからない *203*

背景（水面下）にある問題

わが子が自閉症であってもなくても，療育の問題の中でほとんどの親が，一度や二度は行動への対処に関心を抱くものである。コミュニケーション障害や不適切な対人関係，また興味の狭さなどの自閉症児特有の問題は，行動上の問題として関心をあつめている。親や教師は，ほとんど介助のいらなかった兄弟や他の子どもの育児経験に基づいて自閉症児を育てている。子どもとの生活の経験から，親はいろいろなことを学ぶが，時には多くの子どもたちに詳しく行動研究に精通している専門家からの援助を得ることもある。そうした経験の中から，親たちは問題行動に対処するための効果的な方法を学び，子どもの特別なニーズや，何がそんな行動を始めさせるのかといったことについて理解していく。親や教師は，そのような情報に基づいて子どもに代替スキルを教えたり，障害を軽減するために環境の修正を図るのである。

　個々の子どものスキルを改善することと，ブロッキングに対して環境を変えていくことは，過去30年間にわたるＴＥＡＣＣＨ部の実践の中で，親と専門家が協力して成し遂げてきた2つの重要な教育的基盤である（Mesibov, in press）。構造化された教育を行うことによって問題行動を予防し，すでに議論されたような氷山モデルによる対応の仕方を通して不適切行動を改善することは，われわれの経験からも特に強調したい点である。

　前章では氷山モデルによって示される手続きを述べ，その効果がどのようなものであるかを示した。加えてこの章では，行動への対処の原理を，新しいスキルの発達や環境の修正と関連させて論じ，行動についての先行研究の概念や原理とも結びつけて述べる（Schreibman, 1994）。親たちが，行動研究によって見出されている原理を，どのようにして自然に適用するようになったか，を示す数多くの事例がある。これらの事例に登場する親は，多くの場合に，教えられたわけではなく，子どもを観察することから学習している。われわれは，代替スキルを教えたり環境を修正することによって，莫大な数の問題行動が予防され解決されるのをみてきた。一部の問題行動は，基本的な刺激－反応のメカニズムを理解することだけでは解決し得ない場合もある。そのような場合，古典的なオペラント条件づけの原理が望まれるかもしれない。このテクニックは，特殊な反応における条件づけを含んでいる――すな

わち，報酬により反応を増加させたり，罰により反応を減少させたりするが，その個人の全体像をみているわけではない。

1　行動への対処の一般原理

　一般に，教育の現場でよく使われる行動への対処の原理は，その行動を変えるために結果事象を操作することである（Ruggles & LeBlanc, 1985）。このことは，子どもがある特別な結果事象に到達するために，ある行動に没頭しているという仮説に基づいている。望ましい行動に子どもが到達するには，その行動の頻度が減少したり増加したりすることによってコントロールし得るとされるのである。

　「強化」というのはある行動が生じる機会を増加させ，「罰」というのはある行動が生じる機会を減らす手続きをさす専門用語である。次のセクションでは，いろんな正の強化手続きについて述べる。というのは，効果的に行動変容が生じたほとんどのケースで，正の強化子が優先的に使われているからである。

　「正の強化子」は，ある行動に従って現れる行動を強める対象や出来事を示す一般的な用語である（Kanoly & Rosental, 1977）。与えられた行動の頻度や時間を増加させることが正の強化子の目的である。正の強化子にはさまざまなものがある。例えば，微笑みや，身体的な愛情接触や，食べ物や，ほめ言葉などである。われわれは，正の強化のことを知っていても知らなくても，常に正の強化子を使っている。たとえ強化が与えられた行動に対し，定期的に強化を与えたり，また強化が予想される場合であっても，強化は最も成功している。多くの親が，自閉症児に正の強化を使うのが難しいということを知っている。なぜなら多くの場合に，何に興味があるかという正の強化子をみつけ出すこと自体が難しいからである。言い換えれば，成功したら報酬がもらえるということのためには，その報酬を得るためには何が望まれているかを十分に理解しなければならないからである。

　例えば，「いい子ね，ダニィ君」ということは，多くの5歳の子どもには

効果があるかも知れないが，自閉症児には効果が薄いかも知れない。望む報酬を得るために，ある特別な行動をし遂げねばならないのだ，と明確に理解することも大切なのである。

(1) トークンシステム

　トークンシステムでは，子どもが適切な行動をした後にトークン（お金や小切手や星印のような物）が与えられる（Fjellstedt & Sulzer-Azaroff, 1973）。これらのトークンは，後で子どもの好きなものに変えることができる。それは例えば，食べ物であったり，おもちゃであったり，子どもの好きな活動であったりする。トークンを集めた後に，ほしいものがもらえるということを理解できる子どもの場合に限って，トークンは成功する。この遅延を理解できない子どもには，与えられた行動を成し遂げた後，すぐに強化子を与えなければならない。トークンの1つの特徴として，よい行動をした場合に与えられ，望まれない行動の場合には取られてしまうということがある。ある親が娘の行動を改善するために，どのようにこのシステムを使用したかという例を示す。

　　娘のマーシーは17歳ですが，スクールバスの中で好ましくない行動をします。バスの運転手さんや先生と相談した結果，彼女の行動がよかったか，普通であったか，よくなかったかを記録してもらい，その結果によって1枚の紙片を渡すことに決めました。よい行動をした場合にはカード（訳注：例えば10円と書いてある紙）がもらえ，普通の行動の場合は何ももらえず，よくない行動をした場合にはそのカードを取り上げられます。彼女は，学校でも家庭でも，好きなものを買うために，その紙片を現金に換えることができます。このシステムを始めてから，行動は劇的に改善され，今は普通にお金を稼ぐことができています。

　スクールバスの中でのマーシーの望ましくない行動は，放っておくと危険なものであったが，運転手が運転中に正の強化子を彼女に与えることは困難

であった。そこで，母親と教師は，バス内での行動に従って，彼女がお金をもらったり，取られたりするためのトークンシステムを設けたのである。このシステムによって，彼女の誤った行動が減り，お金を儲けることができるようになった。ここで重要なのは，彼女が後にもらえる報酬と（例えば10円と書いてある）紙片のマークの関係を理解できていたことである。このことを理解していなかったなら，トークンシステムの使用は不可能であっただろう。

(2) 分化強化

「他行動分化強化（DRO）」というのは，不適切な行動が生じない場合に，正の強化子を与えるという意味の専門用語である。例えば，唾を吐くのが好きな子どもの例をあげると，教師がタイマーをセットし，その子が一定時間唾を吐かなかったら，ほうびを与えるのである。研究者たちは，この治療方法が不適切な行動を取り除くために使われる軽い罰と同じくらい効果のあることを証明した（Haring & Kennedy, 1990; Sulzer-Azaroff & Pollack, 1985）。この方法のもう1つの長所は，仕事のような望ましい行動を強めていることである。次に示すのは，息子の問題行動を除去するために，この方法をどのように使ったかを述べた母親の事例である。

　3歳のボブは，庭で遊ぶのが好きでしたが，頻繁に家に出入りをしていました。彼は出入りするたびに，ドアをバタンと閉めるのです。たとえ私が，何度もバタンと閉めないようにいっても，全く無視をしていました。ある日，理由が何であったかは忘れましたが，ボブが入ってきた後で，ドアの音がバタンとしないときがありました。私は彼をほめ，クッキーを与え，そして抱きしめました。それ以来，私は「よくない」行動は無視し，「よい」行動にはほめるということ（たとえどんなに長くその行動を待たねばならなかったとしても）が，とてもすばやい効果を示し，また長く続く解決法であるということを学びました。

ボブの母親は，問題行動を除去する効果的な方法を，偶然にみつけた。ドアをバタンと閉めてはダメだ，という母親の言葉による叱責は効果がなかった。一度ドアをバタンと閉めなかったときに母親がほめると，彼はドアをバタンと閉めないのが価値があるということをすぐに学習した。なぜなら，ほうびを得ることができたからである。問題行動は，よくない行動に対し罰を与えるよりも，望まれる行動に対しほうびを与えることによって取り除かれたのである。

(3) 消　　去

　「消去」というのは，強化されて獲得した行動に，強化刺激を与えないでその行動の生起回数を減らす手続きのことである (Ruggles & LeBlanc, 1985)。例えば，やや疲れ気味の妻が寝転んで新聞を読む癖がついていたら，それをいやがる夫に小言をいわれるかもしれない。その際に彼女が「はい，わかりました」という代わりに，夫を無視したとする。そうすることによって，やがて夫は小言をいうのをあきらめてしまうかもしれない。これは，夫の「小言をいう」という行動に対し，以前は妻の「はい，わかりました」が強化子になっていたのだが，無視されることによって小言をいってもしようがないとあきらめてしまったわけである。同様に，もしある生徒が教師の注意を引くために不適切な行動をしたのなら，注意をせず無視することで，その行動が消滅してしまうことがある。このような手続きによって，一度獲得した子どもの行動を減少させ得ることの理解が大切である。親たちは，自閉症児が示す特異な行動に対して，彼らが興味を示す独特の強化子を与えている場合があるのかもしれない。

　ジョンは6歳のころ，スイッチを点滅させるのが好きでした。彼は冷蔵庫のドアを開け，何度も何度もスイッチのボタンを押しました。単純なことでしたが，私たちは電気の球を取り除きました。彼はまた，テレビをつけたり消したりもしました。ある時，明るさを調整するノブを回して，テレビの画面をすっかり暗くしてしまいました。このことで，テレビを点滅

していたジョンはがっかりしてしまいました。

ジョンの場合，両親は彼が冷蔵庫やテレビの明かりで遊ぶのが好きだということを見抜くことができた。その問題を解決するのは簡単である。機械のスイッチを押すことで得られるおもしろい結果を取り除けばよかった。すなわち，環境を変えてあげればよかったのである。このことは，機械を使ってジョンが遊ぶ習慣を除去することとなり，家で破壊的なことをしないように，彼をより自立させたのである。

(4) レスポンスコスト

特別な行動を減らすもう1つの手続きに「レスポンスコスト」といわれるものがある。このテクニックは，子どもがこうした行動を示すとき，強化子として得ていたものを取り去る方法である（Weiner, 1962）。なぜなら，何かを取り去られると，それは軽い罰と同じような状態となるからであり，子どもにとっては非常に直接的であり明快なのである。そして，一般に強化子が強いほど効果的である。息子のひっつかみ行動に対して，どのようにレスポンスコストを使って対応したかという，ある母親の事例を述べる。

息子は15歳で，ケビンといいます。彼は自分の思うままにならないとき，いつも他人をひっつかもうとします。彼はテレビとラジオが大好きなので，ひっつかみ行動を始めたときは，私たちはすぐにテレビを消し，ラジオで遊んでもいけないといいます。その後何回かこれを実行し，ひっつかみを始めたらテレビが消されるのだ，とわからせることができました。すると彼は急に静かになり，ひっつかみ行動はいつしか影をひそめました。

ケビンの両親は，ひっつかむという行動に対して，好きなものを取り上げるという軽い罰を使った。この直接の原因−結果の手続き，すなわち「ひっつかみなさい。そうするとテレビがみられなくなりますよ」という手続きをケビンに理解させることで，ひっつかむという行動を抑制し得たのである。

⑸　対立行動分化強化

不適切な行動に対処するためには，トラブルを避けることが大切である。トラブルを避ける方法の1つは，別の行動，とりわけ不適切な行動と対立するような行動を提案することである。例えば，手を叩くのが好きな子どもに対しては，ポケットに手を入れることを指導すればよい。次に，ある父親が息子のよく起こすそのような問題に対処した事例を示そう。

　　トムは10代で，身体を前後に揺することが好きです。彼はいすに座っているときでも身体を揺すり，他人に迷惑がかかっていたとしても気づかないようでした。そこで私は，彼に罰を与える代わりに，足をしっかりと揃えておくように指導をしました。こうすると，身体を前後に揺するのが困難になるからです。足を揃えてきちんと座っているときはいつでも，トムをほめることにしています。

この父親は，息子の行動を変えるために2つのことを行っている。まずは，トムが身体を前後に揺することができないように，別の行動を教えたことである。次に，より適切な行動を行った場合に，ほうびを与えたことである。この2つが重なって，不適切な行動を除去するのにより強力なものとなり，新しい行動を教られるようになった。

⑹　タイムアウト

タイムアウトは，望ましくない行動が現れた場合，今行っている活動から子どもを一時的に引き離すことを意味する（Ruggles & LeBlanc, 1985 ; Schreibman, 1994）。タイムアウトにはいろんな方法がある。例えば，その部屋から子どもを引き離したり，部屋の中にいる場合でも子どもを隅の方に座らせて孤立させるのも，タイムアウトの一方法である。タイムアウトが効果的であるためには，引き離される場所に何か強化子が存在しなければならない。一般的に，いくらか非難があっても，部屋の中で望ましくない行動に注意が注がれ，それによってその行動が維持されている場合に使用される。タ

イムアウトは，ほんの数分という短い時間であることが重要である。次にタイムアウトを使った親の事例をいくつか示そう。

　ジョージが10歳のころ，彼の不適切な行動を治すために，先生方はタイムアウトブースを使いました。当初私は，寝室の押入れにタイムアウトブースを作り，そのブースでは息子が自分で明かりをつけられないようにしました。私はこれでは不十分だと思い，徐々に，好ましいタイムアウトスペースとして寝室を使い始めました。ジョージの寝室のドアの鍵を逆にし，ドアの外側にタイマーをセットしました。その後ストーブの上にタイマーをセットしてみました。そうすることによって，彼はタイマーが鳴り終わるまでは部屋から出てはいけないことを学び，興奮するとタイムアウトを行うことによって，静かにさせることができるようになりました。

　8歳のマイクは，姉やその友だちと遊ぶのが大好きでした。姉たちはマイクが静かに遊んでいるときはよかったのですが，かんしゃくを起こしたときにはどう対処したらよいのかわからず，混乱していました。そこで，マイクに対し，かんしゃくを起こすと姉たちから引き離すというタイムアウトの方法を使ってみました。これを繰り返すことによって，かんしゃくを起こさなくなり，姉たちと音楽を楽しむことができるようになりました。

　ジョージとマイクに使われたタイムアウトの内容は異なっていたが，いずれも彼らの行動を操作する方法として効果があった。ジョージの場合，母親は一定時間家での彼の安息を取り上げた。このことによって，母親が力づくでねじ伏せようとしなくても静かになり，指導しやすくなった。マイクの場合は，参加したいと思う場面から隔離されるという，より社会的なタイムアウトの手続きであった。姉やその友だちと一緒にいたいという彼の望みは，1人でいなければならないさびしさから解放されるための十分な動機づけとなった。

(7) 社会的不同意

 社会的不同意というのは，どんな子どもの親でも共通に使用するテクニックである (Doleys, Wells, Hobbs, Roberts & Cartelli, 1976)。不同意は，言葉で示したり（誰かに何かをしてはいけないということによって），顔の表情で示したりする。社会的不同意は，コミュニケーションの理解が可能な高機能の自閉症児に対して最も効果的である。社会的不同意は，不適切な行動を取り除くことはできるが，それ自体でよりよい代替行動を教えることにはならない。しかし，建設的な代替行動にただちに置き換えられなくても，望ましくない行動をやめさせる際に効果的である。

　ジャックは12歳です。他人の袖を引っ張るという悪い癖があります。彼が他人の袖を引っ張ると，「そんなことをするなら，ここにいさせないよ」と叱りながら別の部屋へ連れていきます。学校で同じことをするときも，先生方は「ダメ！」といいながら，彼を先生方の後ろへ連れていきます。以前に比べて，今は他人を引っ張る行動がかなり減っています。

 この場合の親や教師は，ジャックの行動に対し，言葉による叱責によってその行動がよくないものだということを表現した。この叱責は家でも学校でも常に実行され，そのことによって「引っ張る」という行動が減少した。子どものよくない行動をきちんとみて，子どもに対して何が動機づけとなっているかを探し求めることが大切である。ジャックの場合，親とコミュニケーションをしようとしていたのかも知れないが，そのために必要なコミュニケーションスキルを持っていなかったのである。最初に袖を引っ張り始めたとき，大人の注意を得るための別のサインが教えられていたなら，このオペラント条件づけのテクニックは必要がなかったかもしれない。
　次は，社会的不同意が孫に効果のあった，祖父母の例である。

　孫のトムは，17歳の自閉症児です。彼は大人になりたがって，高校に入学した時は，一歩大人に近づいたためかとても喜んでいました。そこで，

子どもっぽい行動をしたときには，次のようにいいました。「トム，高校生はね，小さい子どものようなことはしないものよ」と。食事のときも，偏食をするようなら「これを食べると，大人になるのよ」というと，食べるようになりました。

　トムの祖父母は，「君は大人になる」ということによって，よりよい行動のための動機づけとなる軽い社会的不同意の方法を使った。この方法は，2つの理由で成功した。1つは，彼が大人のような行動というのはどんなものであるか十分に理解できたこと。もう1つは，高校に入ってもっと大人になりたがっているという欲求を利用したことである。

⑻　新しい行動の教示

　この本の別の章で，新しいコミュニケーションスキルを教えることによって，問題行動を減少させた例を記している。問題行動に有効な方法として，新しい行動を教えたいくつかの例がある。これはとても効果的であり，問題行動を改善する永続的な手段となりうる。
　次に，危険な行動をする息子に，この方法を使って改善させた親の報告を記す。

　　ジョンは10歳のころ，さまよう癖があったので，いつもそのことに悩んでいました。しかし，私たちは農場で生活をしていたので，彼をずっと監視し続けることはできません。彼は私たちが呼んでも，返事のないときがたびたびありました。そのうち，私たちは彼が買ってあげた自転車の警笛に興味を持っていることに，気づきました。彼は警笛が好きで，夏の間ずっと自転車に乗って，至る所にいっていたのです。私たちは警笛の音にうんざりしてきていましたが，警笛のおかげで，彼がどこにいるのか，いつもわかっていました。そこで，ジョンが長い間外にいるときには，私たちは「ジョン，警笛！」と大声で叫びました。彼は喜んで警笛を鳴らして反応するようになりました。

これは，前向きの方法で問題行動を解決した賞賛すべき例である。ジョンの両親は，彼のさまよい癖がトラブルを生じさせないかと心配していた。そこで両親は，ジョンに罰を与えたり，戸外での特権を取り上げる代わりに，警笛を鳴らすことを教えた。ジョンが農場をうろつき回ることを許すと同時に，言葉がなくとも自分の居場所を証明する方法を教えたのである。また，別の問題に，公の場で異常行動を示して親を困惑させる子どもに，どのように対処するかがある。
　次に，興味深い解決を試みた母親の事例を述べる。

　サミーは，17歳で高機能児です。買い物にいくときには，彼と2人の弟を連れていかねばなりませんが，買い物をしている間，子どもたちは皆退屈になってきます。そこで，私は集めていたたくさんの広告の切れ端を，子どもたち一人ひとりに与えました。店中をみてまわり，広告に合った商品をみつけることをサミーの仕事にしたのです。彼は喜んでこれに夢中になり，買い物によって教育的な経験を積んでいます。

　サミーの母親は，買い物をしている間に生じる問題行動の解決方法を提供した。新しいスキルを息子に教えたのである。そして，広告を読んで正しい商品をみつけることによって，退屈な際に生じる問題行動を抑えた。このような積極的な方法は，問題行動を制御するのに有効であると同時に，新しいスキルを教え，買い物をする際の手助けにもなっている。

(9) 環境の修正

　望ましくない行動をとめたり建設的な行動に置き換えたりすることが，きわめて困難なときがある。このような状態のときには，問題行動を避けるために家庭の環境を変えると，子どもの状態がよくなり破壊的行動が少なくなる場合がある。次に，そうした2つの事例を示そう。

　娘のタミーは11歳で，家具をひっくり返す癖があり，彼女が部屋に1人

でいたときは，いつでも家具がごちゃごちゃの状態になっていました。私たちは彼女にそうさせないために，壁に釘で家具を打ちつけ，容易にひっくり返せないように，また，そしてひっくり返しても壊れないように，真ちゅうや木製の家具に買い換えました。

　タミーの家具をひっくり返すという癖は，家族の生活を混乱させ，秩序を壊し，両親を悩ませていた。しかし，重い家具を購入したり，家具を壁に打ちつけたりすることによって，娘の破壊的行動をやめさせることができたわけである。
　異なった問題行動に，同じような解決法を考え出した，もう1人の親の事例を述べる。

　　ジョンは10歳のころ，家の中を歩き回っていました。私はいくつかの障害児の親の会に入っていて，時々わが家でその会合が開かれたのですが，そんな時たとえ会合中でも，どこにいくのかわからないジョンを見張っている必要がありました。そこで，彼の目の高さの位置にドアの鍵をセットし，部屋のドアを閉めたいときには鍵をかけることにしました。彼は相変わらず部屋の中を歩き回りましたが，鍵をすることによって，彼がどこにいるかわかり，安全を確保することができました。

　父親は，息子の安全確保のためにドアに鍵をかけることで，問題を解決したのである。

2　一般的問題行動

　自閉症児は広い範囲で問題行動をみせるが，それらは容易に2つのカテゴリーに大別できる。1つは不服従であり，もう1つは破壊的行動である。不服従とは，反抗するという意味，あるいは親の要求や指導に従わないという意味の専門用語である。反抗的な子どもに対して意図的な授業をすることは，

明らかに困難である。破壊的行動（例えばかんしゃくのような）は，不服従に比べより多くの人に影響を与える。例えば，家族，級友，公の場にいる人などである。かんしゃく行動があると，やっている行動をやめるようにいうとき，家族は自閉症児がそれを起こすのではないかと恐怖を感じる。それらの行動は外出先の公の場でもみられるかもしれない。攻撃的なその行動がコントロールされないと，正常な家族生活を送ることができないという恐れが生じる。

次のセクションからは，親や専門家がこの2つのタイプの問題行動にどのように対応したかという例を紹介する。それらは，完璧なお手本というわけではないが，それぞれの状況で生じる問題行動を管理するのによいアイデアを提供するものと思う。

(1) 不服従

新しいスキルや社会的行動を教えるためには，子どもが意欲的に指示に従う場合が最も有効である。行動主義者たちは，子どもの不服従を改善させるためにたくさんのテクニックを発展させた。これら多くのテクニックには，先のセクションで示した基本的な行動への対処を含んでいる。強化，トークンシステム，タイムアウト，大人の注目，環境の修正，そしてレスポンスコストなどである。子どもの反抗に対して罰を与えるよりも，積極的に実行することを重んじるテクニックの方が重要である。自閉症者には動機づけが欠如している，とよくいわれるが，強化を棄て去るよりも正しい強化子をみつけることが望まれるのかもしれない。ある作業所のスタッフが，こだわりに対しどのように効果的に対処したか，1つの事例を述べている。

　　マークは，何週間も作業所にいくことをいやがっている26歳の青年です。作業所のスタッフや職員，専門家たちは皆マークに作業所に出るよう説得するために，彼の家を訪問しましたが，誰も成功しませんでした。あるスタッフが，彼を作業所に連れ出すためのアイデアを提案しました。それは，マークがドーナツ屋にいきたいなら，作業所にいってからそこに連れてい

くという案でした。彼は，朝起きるとすぐに身支度をすまし，作業所にいかせるための問題はなくなりました。

これは，服従に対する動機づけの仕方を，明確に示した事例である。マークが作業所にいくのを拒絶したとき，スタッフはいくようにと説得したが，どんな説得をもってしても，彼は作業所にいく気にならなかった。しかし，報酬の意味がわかったときに，初めて作業所にいくようになったのである。

正の強化子としてトークンシステムを使用した例がある（Ayllon, Garber, & Allison, 1977; Fjellstedt & Sulzer-Azaroff, 1973）。エイロン（Ayllon）らは，指示に従わないある自閉症児のケースを報告している。彼らは，指示に従うとトークンを獲得できるように指導した。トークンは一種の代用貨幣で，トークンによって自由時間を獲得したり，食べ物を買うことができた。お金がそうであるように，トークンは社会的な強化子であると考えられるが，以下のような場合にも用いられている。

　16歳のアンドリアは問題行動が多く，学校では，彼女を叩くという管理方法がとられていました。しかし，一向に治る気配がなかったため，罰の代わりに適切な行動をしたら正の強化子として笑顔や金星マーク，ステッカーなどのごほうびを与えることにしました。家庭でも両親が同じような方法をとったため，問題行動は激減しました。

一般に，自閉症者は食べ物のような実質的な強化子を好み，ほめ言葉などの社会的強化子は理解ができないと思われていた。しかし，アンドリアの例で，トークンとしてのステッカーなどにほめ言葉をつけ加えることによって，ほめ言葉が強化子として機能することがわかった（Schutte & Hopkins, 1970 ; Wahler, 1969）。これらの研究者たちは，行動への対処技術を拠り所に，不服従な子どもを持つ親を訓練した。彼らは親の注目が最も効果的な正の強化子の１つであることを見出した。訓練された両親の反応によって，子どもの行動は顕著に改善された。

子どもがいたる所を歩き回ることは親にとってもう1つの悩みである。さまよい歩くことは危険に遭遇することもあるし，親の探せる範囲にも制限がある。親の忠告を聞こうとしない子どもは大きな問題を抱えているといえる。なぜなら，子どもは時に罰に対しても反応しない場合があるからだ。行動主義のグループ（Barnard, Christophersen & Wolf, 1977）が，3家族の子どもに対し行ったすばらしい指導内容を報告している。彼らは母親がスーパーマーケットでもらえるポイントカードのようなシステムをつくった。もし自閉症の息子が歩き回らなかったら，5分ごとに母親は息子に1ポイントを与えた。しかし，逆にもし息子が歩き回ったりすると，2ポイントを取り上げてしまう。子どもは家に帰ると，そのポイントをキャンディと交換することができるのである。ポイントシステムは，歩き回る行動を減少させるのに役立った。

　ある父親が息子の多動な行動をコントロールした方法を記そう。

　ケイロンは小さいころ，外へ出ると歩き回る癖があり，とても危険な状態でした。ケイロンには，きちんと手をつないでいるようにと常にいっていたのですが，時に離れようとするので，そんな時は無理にでも強く彼の手を持っていなければなりませんでした。しかし，彼の行動をよく観察すると，1人でいろんな活動をしたがっている，つまり自立したがっているのだということがわかりました。そこで，彼を拘束することを徐々に減らしていくことにし，最初の腕をつかむといった対応から，指先を持つ段階にし，次に袖をちょっとつかむ程度にしてみました。その結果，最後には私から離れても歩き回ることがなくなり，私の後をついてくるようになりました。

　ケイロンの父親はケイロンが1人で行動したがっていることを理解し，巧妙な行動管理のテクニックを使ったのである。当初父親は，息子が歩き回ると危険だからと，1人で外出することを許さなかった。歩き回ることをだめだと禁止する代わりに，新しい接し方を教えたのである。このような指導に

よって父親はケイロンを公の場所に安心して連れて歩くことができるようになったのである。

(2) 破壊的行動

自閉症児は，かんしゃくや奇声，殴打，足げり，かみつきなどのようないろんな破壊的行動を示す。この章では多くの例が氷山モデルによって示されている。子どもの問題行動を解決するためには，子どもがどのような行動をとってきたかという生育歴，あるいは行動が生じる原因や，行動の生じた後の結果などの前後関係等を，詳細に観察する必要がある。破壊的行動，いわゆるパニックやかんしゃくは，いろいろな問題行動を解決する糸口となる。しかしながら，この行動の前後関係だけでは理解できない部分があるのも事実である。それにもかかわらず，破壊的行動は管理する必要がある。行動主義の研究者が開発した対処技法の1つに，タイムアウトという方法がある (Schreibman, 1994)。この方法の手続きは，章のはじめに記したが，その行動が生起している環境から，ある一定時間子どもを引き離すのである。タイムアウトは不適切な行動が生じたすぐ後に用いると効果があり，親たちは自然にタイムアウトを使用している。

　娘のフェイは8歳で，思うようにならないとき，奇声を発したり変な声音を出したりします。私たちはフェイが変な声音を出したら，外に連れ出すというようにしました。彼女は外に出されるのは悪いことをしたからだと学習しました。フェイは自分に注意を向けてくれることを好み，外に出されることは好きではなかったので，外に出されることを恐れて，音を出すのをやめるようになりました。

タイムアウトは，環境的な条件によって行動を維持できない場合や，子どもがタイムアウトを嫌っている場合に効果的である。自閉症児は，注意を惹くために破壊的行動を続けることが多い。フェイの両親にはこのことがわかっていたので，奇声を発したときにそれが迷惑にならない場所や，どんな注

目も得られない場所へ彼女を連れていった。この場合，両親は戸外に連れ出したが，彼女はそこが好きではなく，奇声を減少させるのに効果があった。破壊的行動を起こす子どもに対し環境を変えることは，罰を使用しなくても効果的である。

　　4歳になるボビーは，時折とても取り乱すことがありますが，最近彼を外に連れ出すと，屋内にいるよりも落ち着くことがわかりました。環境の変化が，ボビーには有効であるように思われます。彼はまた，身体を揺すったりすべらせたりしますが，そのことによって落ち着くのです。

　混乱している場所からボビーを他の場所に移動させたり，外へ連れ出したりすると彼を落ち着かせる，ということが両親にわかった。この方法はタイムアウトと全く同じ手続きというわけではないが，代わりの行動をする機会を提供することによって落ち着かせる手法である。外に出るとボビーは活動的になり，怒りや欲求不満を解消することができる。ここで1つ注意をしておかねばならないのは，代替行動を提供する前に，外に連れ出すことによって，彼のかんしゃくを強化していないかどうか確かめておく必要があるということだ。もしそういう状況になっている場合には，別の方法を考えなければならない。

　破壊的行動などの問題行動には，その行動が生じる前に何らかの前ぶれをみる場合がある。そのような時には，破壊的行動が生じる前に状況を修正する（いわゆる構造化する）ことによってその行動を避け得ることを，専門家のみでなく親も理解している。かんしゃく行動を防ぐ1つの方法としては，例えば子どもが不安や怒りを生じたりするたびに，今している活動を他の活動に代える，すなわち代替行動を教えるのである。マックローリンとネイ (McLaughlin and Nay, 1975) は，神経過敏になったとき自分の髪の毛を引っ張る癖のある少女に対して，楽しい音楽を聞き，深呼吸をしてリラックスする方法を教えた。少女が髪の毛を引っ張り始めるたびに，カセットテープをセットし，リラックスするテープを聞くことを学習させた。この手続きによ

って，毛を引っ張る行動を減少させるのに成功したのである。次に，ある母親が10代の娘に行った簡単な方法を記そう。

　毎朝ジェニーを起こすたびに，いやな朝であるかどうかをいい当てることができます。もし，とても眠くて起きるのがつらい場合，ジェニーはいつもかんしゃくを起こすからです。彼女は，朝になるとこの行動パターンを繰り返し，不平をいい，足を踏みならし，物を投げ，ついにはスクールバスに乗るのを拒否するのです。私は何度も，この行動を何とかしようと試み，遅れてでも学校に連れていったり，好ましくない行動をした場合に罰を与えたりしました。しかし，いずれも効果がないように思われました。私は，ジェニーが音楽を好み，とりわけビーチボーイズが好きなことを知っていました。そこで，調子の悪い朝を迎えたと思ったら，テープをかけることに決めました。今では，ビーチボーイズのメロディがジェニーのいやなムードを解消し，気持ちのよい朝を迎えることができるようになっています。

　この母親は，娘の状態が悪くなるサインがどのように出てくるかを学んだ。朝起こすことが難しいときはいつも，彼女が悪い状態になると推測された。しかし，心地よい音楽を鳴らすことによって，好きな音楽の方へ注意をそらすことができた。こうしたアプローチは，有効な場合が多く，力づくで対応するよりもかんしゃくを制御できる，より簡単な方法である。ある生徒の注意を他に向け直し，かんしゃくを制御した女教師の例を紹介する。

　テッドは私のクラスにいる6歳の児童ですが，自分の思い通りにならないときはいつもかんしゃくを起こし，私が「『はい』なの，『いいえ』なの」と聞くと，けんか腰になるように感じます。テッドが灯りにとても興味を持っていることがわかったので，私はクラスにおもちゃの交通信号機を持ってきました。そして，私が緑の色を押すときはいつでも，彼のほしい物が手に入り，赤ランプを押すときはいつでも，ほしい物が手に入らな

いということも教えました。テッドの灯りに対する興味はとても強かったので、かんしゃくを起こさず指示に従うことができるようになりました。

子どもたちは、ほしい物が手に入らないことがわかると、徐々に怒りがおさまっていくことが知られている。かんしゃくの原因は拒絶されたことに対してというより、うまくコミュニケーションが取れないときに頻繁に生じ、交通信号機の灯りのように誰にでもわかるルールとして示されると、理解できる子どもも多い。教師は、テッドの灯りに対する興味をうまく利用し、OKとダメのサインを教えたのである。これは教師からの指示ではあるが、まるで信号機から指示が与えられているように思えたのかもしれない。彼は灯りに興味を持っていたので、混乱なく指示に従った。このように明確な指示を与えることによって、かんしゃくを抑えることができる場合がある。母親が何かさせようとすると、いつもかんしゃくを起こす子どもの研究例が報告されている (Bernal, Duryee, Pruett & Burns, 1968)。彼らは、母親が指示を出す際に、より明確にはっきりと出すように指導したところ、子どものかんしゃく行動は減少したという。

次に、息子のかんしゃく行動を制御したある母親の事例を示す。

リックは、我慢させたり、好きなことを待たせたりしたときに問題を生じています。時には、待つことに我慢ができずかんしゃくを起こすことがあります。私たち家族が旅行の計画を立てるときはいつも、彼に静かになってもらうことを期待して、カレンダーをセットし、視覚的にわかるように旅行日をマークします。そして、旅行について話し合うとき、今日が何日で旅行まであと何日か、リックがカレンダーをみているか、などについて話し合います。このことによって彼の不安はコントロールされ、より忍耐強くなっています。

リックのかんしゃく行動は、何か好きなことを待たねばならないときに生じていた。彼は時間の概念がわからなかったので、望むことを得るために

「待つ」ということを理解できなかったのだ。そこで母親は，視覚的な手がかりを与えるためにカレンダーを使用した。そのカレンダーによって，いつ旅行にいくのかがわかり，彼の混乱が減少したのである。また，カレンダーを手がかりにして旅行にいくことを思い出し，しばらくの間我慢することができた。このような視覚的な構造化が，多くの自閉症児の問題行動を制御するために活用されている（Schopler, Mesibov & Hearsey, 1995）。

社会的活動のほとんどのものは，ルールに従うことが求められる。自閉症児はルールを理解することが困難な場合が多く，強制的に従わせようとすると，頻繁に混乱に陥る。次に，息子にルールを理解させることによって，かんしゃく行動を減少させた母親の例をあげる。

　　ディックは，赤信号で車をとめるといつもかんしゃくを起こしていました。動いている車窓から外をみて，通り過ぎていくいろんなものをみるのが好きだったからです。私たちは彼を外に連れ出し，赤信号がどういう意味を持つかを教えました。彼は赤信号をみてそこで待ち，それから横断することを学びました。今では，車に乗っていて赤信号でとまっても，忍耐強く待つことができるようになっています。

ディックは，両親がなぜ車をとめるのか理解できず，赤信号で車をとめるたびにかんしゃくを起こしていた。赤信号はディックにとって何の意味も持っていなかった。彼の知る限り，両親は意味なく車をとめていたのである。そこで両親は，赤信号がどういう意味を持ち，それをみたときにはどのような行動をすればよいのかについて教えた。彼は一度このことを理解すると，両親が赤信号で車をとめても，車内で辛抱強く待つことができるようになった。

⑶　攻撃的行動

割合はごくわずかであるが，このカテゴリーに入る問題行動がある（第5章参照）。攻撃的行動は強烈で頻繁に生じ，かつ持続時間が長いがゆえに，

時に本人や他人，家財に対しさし迫った危険をもたらす。自傷行動には，繰り返し頭を叩き，血を流し，骨を折り，完全に組織をダメにしてしまう場合さえある。他人を傷つけるような攻撃的行動は，本人に対して深刻ではなくても，家族や世話をする人たちに対して危険な行動となる。

どのような原因かわかってはいないが，有機物の影響によるものかもしれない。つけ加えていうと，破壊的な行動はまた，次のような要因に起因するのかも知れない。例えば，神経学的・生理学的障害あるいは化学反応による異常。また，社会や環境から阻害されていること。さらには，感覚障害によって刺激を十分に甘受できないことなどかもしれない。このような行動は施設入所者に多く生じ，また家庭においても頻繁に現れている。

攻撃行動は，この本の中で示されているような家庭での対応によって，あるいは，この章で議論されているより高度な技術の対処テクニックによって，制御されたり管理されたりしている。こうした努力は効果がないとされていた過去には，薬物療法や強引な治療テクニックが実施されていた。しかし，それらは，専門家の指示がない場合には使用されるべきではないし，実施される場合でも限定された範囲の中で行われるべきである。

(4) 薬物療法

単一の薬で自閉症を治すことはできない，というのが専門家の一般的な見解である（Gualtieri, Evans & Patterson, 1987）。にもかかわらず，薬物療法がとりわけ施設において過度に使用されていることが明らかになっている。攻撃的行動を減少させている薬には，神経遮断剤，鎮痛剤，興奮剤，抗不安剤，抗うつ剤，抗痙れん剤，そして催眠拮抗剤などが含まれる。これらの薬は多くの場合に副作用がある。最も頻繁に処方されているのは神経遮断剤であるが，長期間使用の副作用として運動障害がある。適切に血液検査を実施し，医師の指示のもとで，特殊な行動を示す場合の限られた期間にのみの使用にとどめるべきである。

⑤ 嫌悪療法

　頻繁に現れる問題行動を減らすための嫌悪療法は，他の手法がすべて失敗した場合に，最後の手段として使用される。嫌悪療法には，皮膚に加えるごく短時間の電気ショックや口の中にいやな味のする物を入れたり，鼻の下にほんの一瞬だけ空気や水蒸気を当てたり，アンモニアの塩をかがせたり，むずむずさせたりするものがある。問題行動を少なくするための方法として，他には過剰修正法（例えば自分や，他人が汚した汚れをきれいにさせる），拘束，そして先に触れた方法などがある。

　このような嫌悪刺激の使用は，専門家によって議論の的になっており，激しい論争がされてきた。どんな罰よりも正の強化子や報酬が頻繁に用いられるべきだ，とする専門家の意見が一般化されている。しかし，精神健康国家委員会によってつくられた同意書では，もし臨床現場で十分に再検討がなされた後においても必要とされる場合には，総合的な治療プログラムの状況を考慮したうえで，このような嫌悪療法の手続きを使用してもよい，と勧告された。正しい手法を使ったさらなる研究を試みている人たちがいるので，やがては罰や嫌悪刺激を必要としなくなる時がくるであろう。幸いにも，それらを用いねばならないような最も難しい問題行動は，きわめてまれにしか起きていない。

　この本は，自閉症者が家族の中で人間的な生活をする方法をみつけた親たち，あるいは最新の行動分析的な手法によって問題解決法を見出した親たちへ，祝福として提供されるものである。こうした努力によって，ＤＳＭ－Ⅳ（精神障害診断統計マニュアル）が定義した発達障害の子どもたちへの教育の問題に多くの刺激を与え，問題行動の改善が図られていくものと考える。

第9章

地域支援

深い悲しみ 208　　孤立 208　　異なっているという認識 209 拒絶に対する恐れ 210　　絶えることのない悲しみ 210 苦悩 210　　孤独 210　　心配 210	**行動上（水面上） の問題**
自閉症について十分な知識がない 208　　同じ障害のある子ども の親との連絡の欠如 209　　子どもの困難な行動 209 家族や友人からの支援がない 209　　自閉症についての 一般社会の誤った情報 211　　地域資源に関する 情報のなさ 211　　障害のある人々に対する社会の無関心 211 将来についての不確かさ 212　　親と専門家の間の協力が 足りない 216　　治療方法についての知識が不足している 216 他の親たちとネットワークを持つ機会がない 217 地元の専門家についての情報が不足している 218	**背景（水面下）に ある問題**

これまでの章では，自閉症であるために生まれる特有な問題行動と，これらの問題が家族内でどのように解決されているかについて述べています。この章では，こうした問題が，地方や州そして国家のレベルで，地域からの支援や情報の提供によって，どのように改善されるかを述べることにします。
　私たちが紹介する資源は，親たちが地域に対して抱く次のようなさまざまな疑問の解決に役立ちます。子どもや私の，日々の苦労を理解してくれる人はいるのだろうか？　誰に相談をしたらよいのだろう？　理解のある好意的な医者や歯科医はいるだろうか？　よい学校はどこにあるのだろう？　自閉症の子どもを快く受け入れてくれるレストランや運動場，スイミングプールはどこにあるだろう？　この章では，親たちがそれぞれの地域で協力関係を持てるさまざまな方法を紹介します。明らかなことは，親たちが助け合う仲間として集い，お互いに支え合えると，サービスを主張したり，効果のあるプログラムを上手につくり出すことが可能になります。この章の終わりには，自閉症の子どもとかかわりのある人たちに，情報を提供する重要な全国組織のリストと参考図書を，お知らせしています。
　私は，この本で紹介された数多くの個人的で日常的な問題に，必死に取り組んできた親の1人です。私の経験からいえることは，最も有効な解決方法は，理解があり知識豊富な専門家と自閉症の子どもを持つ親たちとの，協力関係によって見出されました。私の最も親しい友人の多くは，自閉症と日々格闘するうちにできた仲間です。
　私にとって自閉症の子どもを育てることは，他の子どもを育てるのと同じように，神の恵みであると同時に挑戦でした。好調なときもあれば不調なときもある，成功もすれば苦労もしますが，それは何よりも多くの愛情に富む経験でありました。

1　1人からの出発

　自閉症の子どもの親であると，どうしても極度の孤立に陥りがちです。自閉症がどういったものであり，それが，あなたやあなたの子ども，そしてあ

第9章　地域支援

なたの家族に，どのような影響を与えるのかを理解している家族や友人は，ほとんどいません。あなたの子どもは，とても違ってみえます。あなたは，ますます孤独を感じます。

　息子が生まれて間もなくのころ，私たち家族はノースカロライナ州に住んではいませんでした。その当時，地元の専門家や他の親たちから支援を受けたことはありませんでした。息子を連れて近くの運動場へ毎日足を運んだことは，当時の最も悲しい思い出の1つです。運動場で息子のすることは，フェンスの外周に沿って，もっぱら左右対称のラインに集中しながら，独りぽっちで，繰り返しのパターンを続けながら歩くことだけでした。一方，他の多くの子どもたちは，楽しそうにブランコやロープやシーソーで遊んでいました。周りには，一見幸せそうで心配することもない大人たちがいて，私は，他の子どもたち（私の子ども以外の）が遊ぶ光景をみたり，発する声を聞いていました。私は，これ以上味わったことがないくらい孤独を感じました。

　親友や家族は，一生懸命に善意を持って接してくれましたが，息子の診断の日がやってきて，私が感じた悲しみに対する慰めにはなりませんでした。私たちは，息子が本来あるべき普通の少年ではないと認識すると同時に，自閉症について知るためにあらゆることを学ぶ必要がありました。そのうえ，援助してくれる地方の資源を，独力で探さなくてはなりませんでした。子どもの難しいかんしゃくにどうつき合っていくべきか，どこによい言語療法士がいるのか，どこの学校のプログラムが息子に最も適しているだろうか，どうやって姉に自閉症を理解させたらよいのか，そして，障害を持った子どもを育てる際に直面する，限りない困難な日々の問題といかに取り組んでいったらよいのか，対処する方法をみつけ出さなければなりませんでした。

　私は，生き抜く（サバイバル）ための最善の方法は，自閉症の子どもを持つ親たちと連絡を取り合うことだと悟りました。地元の資源と支援のサービスを知っており，そしてすばらしいアイデアを持っていたのは，最前線で戦う兵士，つまり親だったのです！　何の心の準備もできていないのに，偶然のいたずらで厳しい試練の中にともに投げ入れられた親たちこそ，自閉症への取り組みを助けてくれた人だったのです。

息子の診断名を知って最初に電話をした相手というのは，医者に他の親とも話してみたいと頼んで教えてもらったみず知らずの人でした。私は早急に，もうすでにこの苦境を経験し，この痛みがどのようなものか知っている人と話してみたい，と思ったのです。そのときの会話を，人生の中で最も意義深いものの1つとしていつも思い出します。その母親の子どもは，私の子どもよりほんの数年しか年上ではありませんでしたが，私が感じていたことや疑問に思っていたすべてのことを話してくれました。しかし，最も重要なことは，全く予測ができず，愛と喪失，そして恐れといった私が経験したのと同様の瞬間を，実際に経験しているのは，私だけではない，他にもいると知ったことです。彼女は，あなたもいつかは自閉症独特のユーモアを笑いとばすことができるようになるだろう，と話してくれました。

　それまで私は，息子にとって何がいけなかったか，そしてどのように助ければよいのか，ということを考え出すためにつらい努力に耐えてきたのですが，その母親と話をした後に，ついに理解してくれる人がみつかったのだ，と思いました。私にとって生きていく鍵は，自閉症社会で他の親や専門家と協力して，助け合い役立ち合う関係をつくることだ，とわかったのです。

　TEACCHプログラムが親と専門家の協力関係を支援しているノースカロライナ州に転居してきてから，経験，情報，目標，友情を一まとめにして共有できるように，自閉症の子どもの親たちとつながりを持ちました。

　ノースカロライナ州のチャペルヒルでは，親と専門家の協力関係から次の2つの資源が生まれましたが，自閉症の子どもの家族には測り知れないほどの価値を持ってきました。それは，ノースカロライナ自閉症協会の地方支部であるチャペルヒル地域・ローカルユニット（CHALU：Chapel Hill Area Local Unit）と，チャペルヒルのTEACCHクリニックに子どもを通わせている母親のグループが編集した資料で，トライアングル自閉症資源ガイド（Triangle Autism Resource Guide）です。どちらも，他の地域でも独自の支援システムをつくって発展させたいと思っている親たちに，容易に利用できるネットワーク手段です。

2　ローカルユニット（地域グループ）

　この本の精神，つまり親たちの互助の精神に最もふさわしい資源は，<u>ローカルユニット</u>です。この草の根団体は，自閉症の子どもを持つ家族の生活に，直接の影響を及ぼします。ローカルユニットは，自閉症の子どもを持つという点で共通している親のグループ（または関心のある人たち）であれば，地域に根ざしたどんなタイプのグループであってもよいのです。全米自閉症協会と提携してもよいし，その州支部のローカルユニットでもよいのです。

　チャペルヒルで，私たちはTEACCH部の支援をうまく活用しました。けれども，自閉症の子どもを持つ親はどこにいても，直面する問題に対して解決策をみつけたいという同じニーズを持っています。これらの解決策をみつけ出す理想的な場所の1つは，私たちの集まる場の中にあるのです。擁護の旅への第一歩は，私たちの住んでいる町，学区，郡，あるいは地域で，自閉症の子どもの親がどこにいるのかを知ることです。

　自閉症を初めて知った人たちも，住んでいる地域にローカルユニットがすでにあるかどうかを知ることができます。住んでいる州の自閉症協会支部に連絡をするか，全国組織である全米自閉症協会に電話をしてみてください。もし居住地区に団体がないなら，子どもの学校，医者の事務所，早期療育プログラム，あるいは州政府機関に尋ねて，他の親と連絡を取ることもできます。人と一緒に取り組んでいくと，力が湧いてきて，家庭や地域で起きている自閉症のさまざまな問題に対処しやすくなるでしょう。

3　チャペルヒル地域ローカルユニット

　チャペルヒルのローカルユニットは，「CHALU」と呼ばれて親しみを持たれていて，全米自閉症協会の州支部であるノースカロライナ自閉症協会の地方支部です。CHALUは，自閉症の子どもを抱えて同じようなニーズと悩みを持つ地元の親たちが集まる経過の中で，3年前に設立されました。

1991年に，私は息子の同級生の親5人を家に招き，子どもの教育問題について話し合いました。私は，親たちがお互いに出会う機会ができて，喜んでくれたことに感動しました。最初の会合は，たくさんの共通の話題を持った友人たちの，プライベートな集まりでした。私たちは，子どもについての興味深い話を披露したり，個人的な問題を話し合ったり，さらに，子どもに必要なサービスを学校当局に求めるために作戦を練ったりしました。この5人のグループは，定期的に会うようになりました。ある時，学区の特殊教育部長を会合に招きました。部長は，子どもの教育プログラムに大きな権限を持っている責任者でした。和やかな雰囲気の中で，私たちの関心事を伝えながら夜の一時を過ごせたことは，すばらしいことでした。お互いによく知り合えただけでなく，グループが心地よく成果を感じられるものでした。

　5人の核となるグループが効果を表し始めました。私は友人であるシェリー・アンカーと，このグループの主張が通る可能性について話し始めました。私たちは，チャペルヒルで増加している多数の自閉症児たちの親（そして関心のある人たち）を組織できるならば，多くの革新的で必要なプログラムを設置できるのではないかと考えました。5人の小さなグループでさえ，学校当局に影響を与えることができたのですから，もし地域で多くの人たちの居場所がわかり励まし合うことができるなら，限りない成功の機会が存在すると感じました。

　私たちは，州支部であるノースカロライナ自閉症協会から援助を受けて，ローカルユニット設立に十分な関心が得られるかどうかを決めるために，初めての会合を開きました。州支部は，地元のニュース・メディアを使って広報してくれる一方で，私たちの地区で関心のありそうな人々の名前のリストを提供してくれました。学区のすべての特殊教育のクラスにチラシを送りました。そして，教師，医者，ＴＥＡＣＣＨやその他の専門家，近所の人，ローカルユニットを支援することに関心がありそうな友人たちすべてを招待しました。結果は，私たちの期待をはるかに超えるものでした！　最初の会合の出席者は50人でした。出席者全員が自己紹介をし，ローカルユニットに対する見通しについて話すことになりました。親の中には，初めて同じ地元の

親と会う人もいました。出席者全員が，ただちに会を組織して州支部の正式なローカルユニットとすることに賛同しました。私たちは，支援，サービス，友情を発展させるために，積極的に活躍の場をつくることを誓いました。シェリーと私は，共同の会長としてグループの指揮をとり，他の数人が理事会の役員を申し出ました。このように，われわれの計画がもたらした熱意は，人々に拡がっていきました！　今日では，ＣＨＡＬＵは50人以上の会員を抱える盛大な地域の組織となっています。

(1) 経　　営

　ＣＨＡＬＵは，会長を筆頭に9人で構成される理事会から成り，全米自閉症協会の規則に基づく条例に従って運営されています。私たちは，組織について，情報提供，擁護，およびソーシャルプログラムを予定に入れて，あらかじめ年間の行事カレンダーをつくります。地元の教会で毎月会合を開いています。この場所は，教会の会員であり，使用することに責任を持つ理事会の役員によって確保されました。会合は，支援，教育，地域の資源についての情報，来賓講師の講演，プログラム開発のアイデアなど，さまざまなことついて話し合われます。理事会は，将来のプロジェクトの計画を話し合ったり，当面の擁護問題を扱うために，毎月開催されています。

(2) 成　　果

　数年しか経過していませんが，この巣立ったばかりのグループが達成し得た成果は，かなりのものがあります。その目的は，単に個々の家族や子どもたちのニーズを満足させるためだけでなく，公益を追求するために進展しています。私たちのグループは，会員がチームの一員として働くことを強く望んでいるので，今まで成功してきたのでしょう。このようなチーム意識が育つ過程から，深くて永続的な友情が開花してきたのです。

　ＣＨＡＬＵの業績は，さまざまなレクリエーションプログラム，兄弟グループ，レスパイトプログラム，月刊の会報，社会的な行事，中学生クラスの教育計画，グループホーム委員会の推進など，多岐にわたっています。1994

年には，自閉症とコンピューターに関して1日を費やした会議を開催し，100人以上の出席者がありました。

　プログラムの資金は，会員の会費で賄われていますが，現在の年会費は，親は20ドル，教師と他の専門家は10ドルです。

　ＣＨＡＬＵの行事の中には，すでに毎年恒例になっているものもあり，感謝祭，ハロウィーン家族祭り，12月の休暇パーティー，夏の水浴び大会，家族のための保養などが行われています。

(3) 会　　報

　私たちは，レインマン（Rainman）という会報を会員に配布して，行事の予定を知らせたり，家族や教師，友人たちが独創性を発揮する場をも提供しています。月刊の会報を出すために，会員による手作りの作品や記事を募集しています。中には，「マシューの映画レビュー」や「ポールのスポーツ分析」というような，定期的にコラムを担当する子どももいます。また，会報は，ローカルユニットにとって収入となるものです。レインマンは編集者（現在はメアリー・アンネ・ローゼンマン）の献身的な努力によって発刊されていて，会員には無料で，非会員には定期購読料で配られています。

4　ローカルユニットの基礎

　ローカルユニットは，自閉症の子どもを持つ親たちにとっては，なくてはならないサバイバルツール（生き抜くための手段）です。しかし，すべての地域が，ＣＨＡＬＵと同じようなユニットを持つようになるとは限らないでしょう。どのユニットもそれぞれの地域の性格とニーズを反映するものです。そのグループは，会員と同じように個別的であり，彼らが代表する支部であります。しかし，原則的には，5つの明確な目的があります。それは支援，教育，広報，擁護，そしてサービスです。

(1) 支　　援

　ローカルユニットの最も重要な特色は，支援グループとしての機能です。自閉症の子どもの親は，一般的に，同じような状況にある人ならわかるような，思いやりや理解，共感を求めています。ローカルユニットは，自由に話したり聞いたりできる公開討論会を開き，1年を通じて適切な時間が持てるように計画します。会員の名前と電話番号のリストは，どの人にも利用できるようにするべきでしょう。このリストには，子どもの年齢，特定の問題行動，擁護についての関心といった会員の詳細な情報を含めるとよいのです。

(2) 教　　育

　子どもが自閉症であると診断をされた後，親たちは障害についてどこで知識を得たらよいのか，援助の手を探すことのできる所はどこなのか，わからないことがあります。ローカルユニットは，いくつかの方法で，自閉症について理解していない家族のために，指導を行う役目があります。ユニットには，不慣れな親たちに支援や理解を提供できる会員が選ばれているとよいでしょう。そして，自閉症，ローカルユニットとそのサービス，その地域で利用できる資源などに関する資料が作成されていることが望ましいのです。資源ガイドをつくるとよいでしょう（トライアングル自閉症資源ガイドの節を参照）。ローカルユニットはまた，さまざまな話題を投げかける話し手が参加する定例の会合を行って，継続的な情報を提供しています。

(3) 広　　報

　発生率の低い障害ですから，多くの人たちは自閉症についてよく知りません。ローカルユニットの目的の1つは，子どもとかかわりを持つどんな人にも——例えば，肉屋さんやパン屋さんから近所に住む人々，キリスト教会やユダヤ教会，学校の教師，そして地方公務員に至るまで——自閉症とはどんな障害であるかを伝えることです。そして，地域の人々に，自閉症の子どもを理解し受け入れてもらうために，必要な情報を提供することを使命としています。会員たちは，学校や公共の場でのプログラムを提案することもある

でしょう。また，地域のレクリエーション関係者に自閉症の子どももスポーツや美術のプログラムに参加できるように依頼することもあります。地元のラジオ局やテレビ局に，報道することを申し入れることもあります。ローカルユニットは，会報を出版し，それを地域や学校の代表者に役立ててもらうことが可能です。自閉症児の親は，ＰＴＡや障害児評議会（Exceptional Children Councils），学校運営委員会などの代表者になるとよいでしょう。会員は，定期的に教育委員会の会議に出席し，重要な問題が起こったときに，自閉症の子どもを代表する立場になることもあります。

⑷　擁　　護

　ローカルユニットの重要な機能の１つに擁護することがあります。地元の親たちは，学校や地域のプログラム，そしてこれらのサービスを利用するには誰に連絡したらよいのかを一番よく知っています。最も役立つ情報は，それを利用した経験のある親から得ることができるでしょう。会員は，数がものをいうことの有利さをよく理解しているので，強力な擁護者になります。学校は，１人の子どもに対して申し立てをしても必要なサービスを提供してくれそうにもないのですが，似たような心配を持つ親たちがグループで申し立てたときには，その必要性をよく理解してくれるものです。このように，ローカルユニットは，いったん問題が発生すると，ただちに行動を開始する身近な擁護団体として機能します。

⑸　サービス

　ことわざに，「なせばなる　なさねばならぬ何事も　ならぬは人のなさぬなりけり」というのがありますが，障害を持つ子どもの家族にサービスを提供する際にも的を射た言葉です。ローカルユニットは，会員を手助けしようとするときに，最も重要な機能を果たします。会員の家族は，ローカルユニットの活動に直接影響を受けます。そのグループのニーズと希望によっては，ローカルユニットが会員のためにベビーシッター，兄弟グループ，会報，電話ホットラインのようなサービスや，他の協力的な事業を組織したり提供す

ることもできるのです。

　活動を成功させるためには，ローカルユニットの会員がチームの一員として活動すること，つまり，公益につながる目標を達成するために，各人ができる内容を行うことが重要です。役員の人たちは，特別のプログラムに取り組む委員長であるべきです。これらのプログラムは，自閉症の人と家族を含む広範囲の人々に役立つものでなければなりません。<u>個人においても，自閉症社会の全体を念頭に入れて，それに応じて目的をつくり出していくべきでしょう</u>。グループが，すべての会員のニーズに合うようなサービスを計画し協力して働くと，どの人のためにもなります。

⑥　ガイドライン

　次の要約した提案は，ローカルユニットを設立したいと思っている人々に役立つことでしょう。

① 親たちを招いて，プライベートで友好的な会合を持ちなさい。
② 自閉症の子どもたちとかかわりのある地元の教師や専門家の人たちを巻き込みなさい。
③ 公益に重点を置いたグループにしなさい。
④ 地域には，各種のメディアを通して宣伝活動を行いなさい。
⑤ 情報を知らせる目的のために，また，表現活動や収入を得る手段として，会報を作りなさい。
⑥ 自閉症協会の州支部から援助を取りつけなさい。
⑦ １つの目標から始め，徐々に目標を増やしていきなさい。すぐに多くのことを期待するべきではありません。
⑧ 会費を請求することを恐れてはいけません。
⑨ 一般的な規則を用いなさい。
⑩ 楽しみも持ちなさい！

(7) さらなる情報のために

ローカルユニットを設立するうえで、さらに情報が必要な方は、全米自閉症協会に連絡するか、自閉症協会の州支部にご一報ください。

5　トライアングル*自閉症資源ガイド

　日頃親たちが集まると、医者、店屋、レストラン、ベビーシッター、さらに利用したことのあるさまざまなサービスについて話し合うことがよくあります。自閉症の子どもの母親たちも、同様なサービスのことを話し合いますが、話の観点が違っています。私たちの話は、子どもの特有なニーズを受け入れてくれる地域のサービスに集中する傾向があります。自閉症の子どもの特別なニーズに対して、特に忍耐がなかったり過敏に応じる小児科医や靴屋やレストランに、子どもを連れていったことのある人だったら誰でも、その場所で大惨事が起こる可能性のあることがわかるものです。そこで、私たちは刺激の少ない食料雑貨店、サービスの早いレストラン、子どもを理解してくれて知識のある医者、子どもに友好的な靴屋、そして融通の利く夏期（夏休み中の）プログラムなどを探し求めるのです。さらに、自閉症の子どもの親は、言語病理学者、作業療法士、心理学者、歯科医、弁護士、教師、ベビーシッター、発達専門の小児科医のような家族が必要とする専門的なサービスを求めて、地域の中を探し回ります。他の親に紹介してもらう以外に、これらのサービスをみつけ出すよい方法があるでしょうか？

　TEACCHの支援グループであるチャペルヒル母親グループは、この種の資源の情報交換がグループの本質にかかわる核心的な部分であると、数年後に気づきました。私たちの多くは、母親グループの会合で出会った友人たちの推薦が、子どもたちの役に立ったことを知りました。私たちは、公的な方法で情報を交換することがもっと役立つことになるだろうと思いました。

＊訳注：Raleigh（ノースカロライナ州の州都）、Durham, Chapel Hill を合わせて Triangle Area と呼び、大学や企業の研究機関が多い一帯である。

私たちの地区に引っ越してくる自閉症児の家族が増えてきており，自閉症と診断される子どもも増えているようでした。そこで，指導者であり師でもあるリー・マーカス博士（訳注：現在，チャペルヒルＴＥＡＣＣＨセンターの所長である）の力添えにより，色々な人が推薦するサービスを編集し，公開するプロジェクトを開始することにしました。その考えは，私たち母親が子どもが初めて自閉症と診断されたときに，そのような出版物が利用できたらと望んだことが基本になりました。それは，自閉症児の家族が地域のサービスをみつけるための，いわば「内部事情通のガイド」のようなものでした。

　プロジェクトは，どんな種類の情報が家族に役立つのかを厳密に決めることから始まりました。私たちは，重要な資源には特定のカテゴリーがあると思いました。それには，私たち自身の情報を提供したいと思いました。つまり，それは母親自身がガイドを書くことでした。私たち自身の伝記を出版したり，子どもについての情報を含めることによって，読者（自閉症を初めて知る親）が支援や情報を得るために電話をする相手の親を，身近に感じることができるだろうと思ったのです。

　私たちが選択し，後にガイドの目次となったカテゴリーは次の通りです。

- 専門家のサービス
    - 診断と評価
    - 医療と歯科治療
    - 心理学
    - スピーチと言語
    - 作業療法と理学療法
    - 法律
    - 不動産
- 教育プログラム
- 擁護と支援
- 擁護資源
- レスパイトサービス
- グループホーム

夏期プログラム
　　レクリエーション
　　レストランやその他のサービス
　　始めるにあたって
　　参考図書
　　自閉症関係の書店
　　母親グループの略歴

　略歴は，母親たちから提供されました。その書式は，次の項目からなっています。

　　名前・住所・電話番号
　　職業
　　婚姻状況・配偶者の名前・配偶者の職業
　　子どもの名前・子どもの年齢（自閉症の子どもに印をつける）
　　自閉症の子どもに関する情報
　　　　通っている学校・クラスの種類・学区
　　子どもの特別な興味・能力についての記述
　　自閉症の子どもに関する特別な問題
　　特に助けとなった資源のリスト

　資源ガイドは，およそ2年かけて作成されました。それは，親と専門家の共同作業のモデルとなるものです。母親はすべての執筆を行い，印刷，出版，編集の技術的な支援は，チャペルヒルTEACCHセンターとノースカロライナ自閉症協会によってなされました。マーカス博士は，母親グループがガイドを出版する経費を得るためにノースカロライナ自閉症協会を通して助成金を申し込むことを提案してくださいました。ローリーにあるウエイク医療財団（Wake Medical Foundation）から受け取った助成金は，タイプとコピーの出費を補うために用いられました。

1993年にトライアングル自閉症資源ガイドが出版されました。これは，チャペルヒルＴＥＡＣＣＨセンターから，地域でサービスと支援を探し求めている親たちに配布され，成功を収めています。1994年には，差しこみ式の改訂版がガイドに加えられ，ルーズリーフ式のホルダーに綴じられています。
　資源ガイドは，ＴＥＡＣＣＨ部によって具体化された親と専門家の共同作業の賜物であり，親同士が相互に支援し合う理想の証でもあります。何よりもこのガイドは，親たちが互いに提供し合える支援や手助けの可能性の見本となるものです。
　どんな地域の親であっても，情報を共有する必要性を理解していれば，自分たちの資源ガイドを作ることができます。プロジェクトには，途方もなく多くの予算も，専門的な知識も，きれいな包装も必要ではありません。必要なことは，皆に役立つものを作るために，自閉症児を持つ友人たちと一緒に働きたいという真実の願いなのです。

６　地域の資源ガイドを作るための手順

　資源ガイドに取り組む母親グループに役立つと考えられた指針は，次の通りです。
① どのような情報を共有したいのかを正確に決めて，それを明確なカテゴリーに分類しなさい。
② カテゴリーによって執筆の仕事を割りふりなさい。
③ 略歴や家族のあらましを収集するために，一定の書式を作りなさい。個々のグループ会員や家族についての情報，そして自閉症の人についての詳しい特性を含むべきです。カテゴリーに従って，自閉症の人が直面している行動上の問題点を明確に示しなさい（例えば，排泄の問題，摂食の障害，強迫的な行動についてなど）。
④ まとめ，編集，タイプを担当するコーディネーターを割り当てるか雇いなさい。そして，プロジェクトを継続しなさい。
⑤ 州支部や他の団体を通して，助成金や奨学金を申し込みなさい。

⑥　妙案を出し合ったり，アイデアをまとめるために，定期的に会合をしなさい。
⑦　ガイドの対象となる配布先を決めなさい。価格と配布方法を決めなさい（地元の医師，診療所，学校，発達支援センター，ローカルユニット，自閉症協会の州支部などを通して）。
⑧　すべての情報は，更新が必要であることを念頭におきなさい。ガイドの内容だけでなく，形態を工夫しなさい（改訂版のために3リングのバインダーを使用するなど）。
⑨　楽しみを持ちなさい！

7　資源リスト

次の資源は，親にとって特に重要です。

全米自閉症協会（Autism Society of America：ＡＳＡ）
　国の擁護団体であるＡＳＡは，自閉症を初めて知った親にとって，重要な最初の連絡先です。1965年に設立されて，ＡＳＡは合衆国中に州支部や地方支部を持ち，会員は数千人を抱えています。初心者の親は，地区のローカルユニットに問い合わせると同時に，役立つ資源情報の小包を受け取るためにＡＳＡに無料電話をかけてください。
　ＡＳＡの季刊誌 Advocate は，タイムリーな情報を満載しています。
　ＡＳＡは，各州支部の主催によって，毎年4日間の会議を催しています。親や専門家が各分野の頂点にいる専門家から最先端の情報を得ると同時に，お互いのネットワークのために広範で数多くの機会を持てることは，この会議の計り知れない意義であります。
　専門家のアドバイザーから成る委員会は，専門的な知識をＡＳＡに提供しています。ＡＳＡの会員には，毎年開かれる会議の夕食会の際に，委員の人たちと，その時に抱えている問題を直接論じ合える機会が与えられます。

ノースカロライナ自閉症協会（Autism Society of North Carolina：ASNC）
　ASNCは，ノースカロライナにおいて自閉症の子どもや大人，家族の教育と福祉に貢献しています。ノースカロライナ州議会とノースカロライナ大学（ＴＥＡＣＣＨ部によって代表される）と親の間には独自の協力関係があるので，ASNCは，州内の家族に広範囲にわたるサービスとプログラムを提供することができます。これには，同種の中では最も歴史があり最大規模のサマーキャンプ，居住施設の開発，職業斡旋，州規模の擁護支援が含まれています。
　ASNCは，州内にあるローカルユニットを助成していますが，ローカルユニットは，地域レベルで親，専門家，関係のある人たちを結びつけています。
　全米自閉症協会（ASA）の州支部であるASNCは，1年に6回の会報を出版し，毎年秋に1日，年度会議を開催しています。
　ASNCは，自閉症に関して厳選された全国でも最大級の書店を出しています。

発達遅滞者協会（Association for Retarded Citizens：ARC）
　この擁護団体は，発達障害のあるすべての人々のために，地域のみならず国家レベルでの活動を支援しています。ARCは，地域で別の障害を持つ親とも協力したいと思っている自閉症児の親にとっては，役に立つ資源です。お近くの支部を探すには，全国にある事務所に電話をしてください。

　合衆国以外の自閉症の人々の家族にとっても役に立つ資源がたくさんあります。国際関係のあるグループの中には，変わりやすく，しばしば変更されるものがあるので，最新の情報を知りたい方は，全米自閉症協会（Autism Society of America　連絡先：7910 Woodmont Avenue, Suite 300 Bethesda, MD 20814-3067, ホームページアドレス：http://www.autism-society.org/）に問い合わせるのがよいでしょう。

8 参考図書

(1) 会報と機関誌

　次にあげるものは，地方，州，国家レベルで利用できる会報と機関誌の一例です。決して多くのものを含む包括的なリストではありません。合衆国には多くの州や地方支部が，情報を提供する会報を出版しています。さらに詳しい情報がほしい方は，全米自閉症協会に連絡してください（注：以下の＊印は，著者か編集者が親であることを表す）。

The Advocate*
　全米自閉症協会の会報です。地方支部の活動と同様に，全国の活動についての情報を掲載しています。また，ＡＳＡ会員に業務報告をしたり，自閉症，治療，最新の研究についてさまざまな情報を提供しています。特に書評と情報交換欄は，役に立ちます。

ＡＳＮＣ会報
　ノースカロライナ自閉症協会の会報です。最新の地方，州，全国の資源やＡＳＮＣの活動とサービスについての情報を掲載しています。

Autism Research Review International*
　これは，リムランド博士（Bernard Rimland, Ph.D）によって運営されている自閉症研究所（Autism Research Institute）の季刊誌です。博士は，心理学者であり，自閉症を持つ成人の息子の親でもあります。自閉症および関連した障害の分野における，生化学関係と教育の研究の論評を掲載しています。親による種々の治療経験について，興味深い解説も含まれています。

Focus on Autistic Behavior
　プロ-エド（Pro-Ed）社から隔月刊行されています。学術的な出版物で，

第9章　地域支援

自閉症分野の特別の研究テーマを詳細に考察しているだけでなく，予定されている専門家の会議の日程を知らせます。

ＭＡＡＰ*

　ユニークな家族向きの会報で，興味深い手紙や"More Able People with Autism."について述べた論文を特集しています。スーザン・モレノ（Susan Moreno）氏は，高機能自閉症の人とその家族に関する問題について読者と対談しています。ＭＡＡＰは，自閉症の人による創造的な仕事を提供しています。

Parents' Newsletter on Special Education Law*（特殊教育の法律に関する親の会報）

　親や障害児と関係のある人たちのために書かれている特殊な会報で，特殊教育に該当する現行の連邦法を掲載しています。素人向けに書かれており，隔月に刊行される会報は，特に学校における擁護問題に興味を持っていたり関係している親に役立ちます。エドワード・ベッドフォード（Edward Bedford）氏によって出版されていて，彼も同じく自閉症の子どもの親であり，弁護士です。

ＰＯＡＣ Press**

　ＡＳＡの"New Jersey Shore Area chapter"（ニュージャージー海岸地域支部）の会報で，"Parents of Autistic Children"と呼ばれています。地方，州と国家のレベルの最新の資源を載せると同時に，ローカルユニットの活動に焦点を合わせています。親と専門家の共同執筆です。

The Rainman*（レインマン）

　ノースカロライナ自閉症協会のチャペルヒル地域ローカルユニットの会報です。ローカルユニットの活動と地元の学校のニュースを掲載しています。楽しくて支援を提供するこの会報は，ローカルユニットの会員の家族のため

のフォーラム（公開討論の場）です。自閉症の子どもやその兄弟が創意工夫を発揮する場でもあります。資源情報については，広範囲にわたるものが提供されています。月刊誌です。

The Wake Warbler*
　ノースカロライナ自閉症協会のウェーク郡のユニット（Wake County Unit）の月刊誌です。ローカルユニットの活動や地元の学校の教室活動，および広範囲にわたる資源情報について掲載しています。

⑵　図　　書
　次の図書のすべてが，ノースカロライナ自閉症協会から入手できます。
（訳注：原著には行頭に番号は付されていない。）

フィクション（小説）
1　*Family Pictures* by Sue Miller
2　*Inside Out* (1984) by Ann M. Martin
3　*Joey and Sam* (1993) by Illana Katz and Edward Ritvo
4　*Kristy and the Secret of Susan* (1990) by Ann M. Martin

ノンフィクション
1　*The "A" Book: A Collection of Writings from The Advocate* (1992, revised)
2　*Activities for Developing Pre-Skill Concepts in Children with Autism* (1987) by Toni Flowers
3　*After the Tears* (1987) by Robin Simons
4　*The Artistic Autistic* (1992) by Toni Flowers
5　*Aspects of Autism: Biological Research* (1988), edited by Lorna Wing
6　*Autism* (1992) by Richard L. Simpson and Paul Zionts
7　*Autism and Asperger Syndrome* (1991) by Uta Frith

8 *Autism Primer: Twenty Questions and Answers* by the Autism Society of North Carolina (ASNC)
9 *Autism... Nature, Diagnosis and Treatment* (1989), edited by Geraldine Dawson
10 *Autism: A Practical Guide for Those Who Help Others* (1990) by John Gerdtz and Joel Bregman
11 *Autism: Explaining the Enigma* (1989) by Uta Frith
12 *Autism: Identification, education, and Treatment* (1992), edited by Dianne Berkell
13 *Autism Society of NC Camp Operational Manual* (1993) by the Autism Society of North Carolina (ASNC)
14 *Autism Treatment Guide* (1993) by Elizabeth K. Gerlach
15 *Autistic Adults at Bittersweet Farms* (1991), edited by Norman S. Giddan and Jane J. Giddan
16 *Autistic Children by Lorna Wing*
17 *Avoiding Unfortunate Situations* by Dennis Debbaudt
18 *Beyond Gentle Teaching* by John J. McGee and Frank J. Menolascino
19 *The Biology of the Autistic Syndromes* (2nd ed., 1992) by Christopher Gillberg and Mary Coleman
20 *The Boy Who Couldn't Stop Washing: The Experience and Treatment of Obsessive-Compulsive Disorder* (1989) by Judith Rapaport
21 *Brothers and Sisters: A Special Part of Exceptional Families* (2nd ed., 1993) by Thomas H. Powell and Peggy Arenhold Ogle
22 *Brothers, Sisters and Special Needs* (1990) by Debra J. Lobato
23 *Case Studies in Autism* (1990) by Cheryl D. Seifert
24 *Children Apart* (1974) by Lorna Wing
25 *Children with Autism* (1989), edited by Michael Powers
26 *Circles of Friends* (1989) by Robert and Martha Perske
27 *Community-Based Curriculum* (1989) by Mary A. Falvey

28 *The Curriculum System: Success as an Educational Outcome* (2nd ed., 1992) by Carol Gray
29 *Detecting Your Hidden Allergies* (1988) by William G. Crook
30 *Developing a Functional and Logitudinal Plan* (1989) by Nancy Dalrymple
31 *Diagnosis and Treatment of Autism* (1989), edited by Christopher Gillberg
32 *Disability and the Family* (1989) by H. Rutherford Turnbull, III, Ann Turnbull, G. J. Bronicki, Jean Ann Summers, and Constance Roede Gordon
33 *The Early Intervention Dictionary* (1993) by Jeanine Coleman
34 *Educating All Students in the Mainstream of Regular Education* (1989), edited by Susan and William Stainback and Marsha Forest
35 *Emergence: Labeled Autistic* (1986)* by Temple Grandin
36 *Enhancing Communication in Individuals with Autism Through the Use of Pictures and Words* (1989) by Michelle G. Winner
37 *Estate Planning for Families of Persons with Disabilities* by Susan Hartley, John Stewart, and Margo Tesch
38 *Facilitated Communication Technology Guide* (1993) by Carol Lee Berger
39 *Functional School Activities* (1989, revised) by Barbara Porco
40 *Growing Towards Independence by Learning Functional Skills and Behaviors* (1989) by Parbara Porco
41 *Handbook of Autism and Pervasive Developmental Disorders* (1987), edited by Donald Cohen, Anne Donnellan, and Rhea Paul
42 *Hearing Equals Behavior* (1993) by Guy Berard, M. D.
43 *Helpful Responses to Some of the Behaviors of Individuals with Autism* (1992) by Nancy Dalrymple
44 *Helping People with Autism Manage Their Behavior* (1990, revised)

by Nancy Dalrymple
45 *Holistic Interpretation of Autism* (1990) by Cheryl D. Seifert
46 *How They Grow* (1981) by the Autism Society of America
47 *How to Qualify for Social Security Disability* (1992) by David A. Morton, III, M. D.
48 *How lo Teach Autistic and Severely Handicapped Children* (1981) by Robert L. Koegel and Laura Schreibman
49 *How to Treat Self-Injurious Behavior* (1980) by Judith E. Favell and James W. Greene
50 *Infantile Autism* (1964, revised 1986)* by Bernard Rimland
51 *Introduction to Autism: A Self Instruction Module* (1992, revised) by the Indiana Resource Center for Autism
52 *Laughing and Loving with Autism* (1993)* edited by R. Wayne Gilpin
53 *Learning Self-Care Skills* (1991) by Valerie DePalma and Marci Wheeler
54 *Learning to Be Independent and Responsible* (1989) by Nancy Dalrymple
55 *Let Community Employment Be the Goal for Individuals with Autism* (1992) by Joanne Suomi, Lisa Ruble, and Nancy Dalrymple
56 *Let Me Hear Your Voice* (1993)* by Catherine MauriceLetting. Go (1993)* by Connie Post
57 *Mixed Blessings* (1989)* by William and Barbara Christopher
58 *My Autobiography* (1986)* by David Miedzianik
59 *News From the Border* (1993)* by Jane Taylor McDonnell and Paul McDonnell
60 *Nobody Nowhere* (1992)* by Donna Williams
61 *A Parent's Guide to Autism* (1993) by Charles A. Hart
62 *Please Don't Say Hello* (1976) by Phyllis Teri Gold
63 *The Professional's Guide to Estate Planning for Families of*

Individuals with Disabilities (1993) by Susan Hartley and John Stewart
64 *Reaching the Autistic Child* (1973, reprinted 1993) by Martin A. Kozloff
65 *Reading* (1989, revised) by Barbara Porco
66 *Record Book for Individuals with Autism* (1990) by Nancy Dalrymple
67 *Relaxation* (1978) by Joseph R. Cautela and June Groden
68 *Russell Is Extra Special* by Charles Amenta, III* (1992)
69 *Seasons of Love: Seasons of Loss* (1992) by Connie Post
70 *Sex Education: Issues for the Person with Autism* (1991) by Nancy Dalrymple
71 *The Sibling* (1992) by Barbara Azrialy
72 *The Siege* (1982) by Clara Claiborne Park*
73 *Silent Words* (1992) by Margaret Eastham, edited by Anne Grice
74 *The Social Story Book* (1993) by Carol Gray
75 *Solving the Puzzle of Your Hand to Raise Child* (1987) by William Crook with Laura Stevens
76 *Somebody Somewhere* (1994) by Donna Williams*
77 *Some Interpersonal Social Skill Objectives and Teaching Strategies for People with Autism* (1992) by Nancy Dalrymple
78 *Soon will Come the Light* (1994) by Thomas S. McKean*
79 *The Sound of a Miracle* (1991) by Annabel Stehli*
80 *Steps to Independence* (1989) by Bruce Baker and Alan Brightman
81 *Teaching Developmentally disabled Children: The Me Book* (1981) by O. Ivar Lovaas
82 *Theories of Autism* (1990) by Cheryl D. Seifert
83 *There's a Boy in Here* (1992) by Judy Barron and Sean Barron*
84 *Toileting* (1991, revised) by Nancy Dalrymple and Margaret Boarman
85 *Toward Supported Employment* (1988) by James F. Gardner, Michael

S. Chapman, Gary Donaldson, and Solomon G. Jacobson
86 *Turning Every Stone* (1990) by Phyllis Haywood Lambert*
87 *The Ultimate Stranger: The Autistic Child* (1974) by Carl Delacato
88 *Until Tomorrow: A Family Lives with Autism* (1988) by Dorothy Zietz*
89 *When Slow Is Fast Enough* (1993) by Joan F. Goodman
90 *When Snow Turns To Rain* (1993) by Craig Schulzes*
91 *Winter's Flower* (1992) by Ranae Johnson*
92 *The Wild Boy of Aveyron* (1976) by Harlan Lane
93 *The Yeast Connection* (3rd ed., 18th printing, 1992) by William Crook

9 TEACCHの図書とビデオ

TEACCHの図書は，PLENUM社に連絡すると入手可能です。

(1) 図　書

1 *Adolescents and Adult Psychoeducational Profile* (AAPEP) (vol. IV, 1988) by Gary Mesibov, Eric Schopler, Bruce Schaffer, and Rhoda Landrus
2 *Autism in Adolescents and Adults* (1983), edited by Eric Schopler and Gary Mesibov
3 *Behavioral Issues in Autism* (1994) by Eric Schopler and Gary B. Mesibov
4 *Childhood Autism Rating Scale (CARS)* (1988) by Eric Schopler, Robert J. Reichler, and Barbara Rochen Renner
5 *Communication Problems in Autism* (1985), edited by Eric Schopler and Gary Mesibov
6 *Diagnosis and Assessment in Autism* (1988), edited by Eric Schopler and Gary Mesibov

7   *The Effects of Autism on the Family* (1984), edited by Eric Schopler and Gary Mesibov
8   *High-Functioning Individuals with Autism* (1992), edited by Eric Schopler and Gary Mesibov
9   *Learning and Cognition in Autism* (1995) by Eric Schopler and Gary B. Mesibov
10 *Neurobiological Issues in Autism* (1987), edited by Eric Schopler and Gary Mesibov
11 *Preschool Issues in Autism* (1993) by Eric Schopler, Mary Van Bourgondien, and Marie Bristol
12 *Psychoeducational Profile-Revised (PEP-R)* (Vol. 1, 1990) by Eric Schopler, Robert Reichler, Ann Bashford, Margaret D. Lansing, and Lee Marcus
13 *Social Behavior in Autism* (1986), edited by Eric Schopler and Gary Mesibov
14 *Teaching Activities for Autistic Children* (Vol. 3, 1983) by Eric Schopler, Margaret Lansing, and Leslie Waters
15 *Teaching Spontaneous Communication to Autistic and Communication Handicapped Children* (1989) by Linda Watson, Catherine Lord, Bruce Schaffer, and Eric Schopler
16 *Teaching Strategies for Parents and Professionals* (Vol. 2, 1980) by Eric Schopler, Robert Reichler, and Margaret Lansing

(2) ビデオ

1   Adolescents and Adults with Autism
2   Autism Services with Division TEACCH
3   TEACCH Philosophy
4   TEACCH Program for Parents
5   TEACCH Program for Teachers

6 Training Module for the Childhood Autism Rating Scale (CARS)
　Demonstration tape
　Practice tape
7 Training Module for the Psychoeducational Profile (PEP)
　Scoring the PEP: Training tape
　Scoring the PEP: Test tape
　An Individualized Education Program

監訳者あとがき

　この本は，エリック・ショプラーとTEACCHのスタッフがまとめ1995年に出版された *PARENT SURVIVAL MANUAL : A Guide to Crisis Resolution in Autism and Related Developmental Disorders* の訳本です。
　TEACCHとは，Treatment and Education of Autistic and related Communication handicapped CHildren の略称です。このプログラムは，1966年ノースカロライナ大学医学部のショプラー元教授によって児童研究のためのプロジェクトとして始められました。その後1972年には，プログラムにわが子を参加させた保護者の絶大な支持を受け，議会の議決により，州の援助下の全州規模プログラムに発展しました。その内容のあらましは，すでに刊行されている多くの図書や，ノースカロライナ州への留学生や見学者，日本でのトレーニングセミナーへの参加者などによってわが国にも紹介され，各地でTEACCHに学ぶ実践が画期的な広がりをみせるようになりました。今やわが国でも，多くの成果が蓄積されようとしています。
　TEACCHは自閉症を発達障害ととらえ，その障害が家庭・学校・地域社会における自閉症の人々の人生を生涯にわたり困難なものにすると考えています。したがって，プログラムを展開するための留意点として，次の3点が強調されています。その1は「一貫性」で，自閉症ほど長い年月にわたり一貫性のある療育の視点や方法を要求される障害は他に類をみないので，これを最も基本的な姿勢としています。その2は「親は共同療育者 (co-therapist)」という認識と役割で，家庭を中心にした地域社会での生活に，安定した発展をみなければ治療教育の意味はありません。その3は「教師の訓練」で，両親の役割を除けば，子どもの将来を決定するのは10年余にも及

ぶ学校教育の成否であって，指導する教師の訓練には精力が注がれています。

　ＴＥＡＣＣＨプログラムとは，単なる特定の指導技法を指すのではありません。学校や地域社会をベースにした壮大な療育のシステムです。また家庭・学校・地域社会での自閉症の人々の生活を支援するためのコンサルテーション機関としての役割も大きいのです。その中で，指導の技法的な側面をあげるとすれば，療育や教育に際して用いられる「構造化のアイデア」でありましょう。それは，自閉症の個々の人たちの障害特性を理解し受容した結果生じた，きわめて必然的で合理的なアイデアの１つです。さらに構造化は，脱構造化の状態，すなわち通常の状況や方法に至るプロセスを常に見通して立案されます。

　ＴＥＡＣＣＨモデルでは，自閉症の障害特性の理解の上に立って，家庭や学校，職場などで，「視覚化」を中心に構造化された環境を整え提供します。障害特性に合わせて環境を修正します。しかし，どれだけ環境を整えてもなお問題行動が生じる場合，本文で紹介されている「氷山の比喩」の図にたとえられるアプローチを試みるのです。第３者にとって理解が困難な表面化している症状や行動，すなわち水面上にみえる症状や行動が生じた場合，その症状や行動の背景にある原因，すなわち水面下に隠れてみえないが，水面上の症状や行動の引き金になっているメカニズムについて理解を深め，それに対して直接的・間接的に働きかけていこうとします。その人にとってそうせざるを得ない理由は何か，あるいは，表面化している行動の背景にある問題は何かを，その人の立場に立って支援していこうとするアプローチです。

　われわれは，身体面に障害のある子ども，例えば体が不自由で歩行の困難な子どもに対したとき，障害改善のための訓練などを第一にすることはもちろんですが，困難な場合には躊躇なくその障害に適合した車椅子（介助具）を提供します。車椅子の使用によって行動範囲は広がり，自立的な生活が増大します。その場合には，車椅子を用意するという発想に異論を唱える人は皆無でありましょう。では自閉症の人たちにとっての車椅子とは何か。それは「周囲の状況を理解しやすいものにすることである」とＴＥＡＣＣＨの関係者は述べています。われわれが最大限の努力を払い，自閉症の人たち一人

ひとりにとって意味理解の明確な環境とコミュニケーションの方法を用意することを「環境の構造化」と呼んでいるのです。

　「家庭をベースにした地域社会で，生活を健全に送れるように」という願いを実現するために，家庭内における子どもの適応には最大限の努力が払われています。そして，ＴＥＡＣＣＨの実践の原則にあげられているように，わが子とともに長く一生を送る親を全面的に支援し，さらに共同療育者にするという方針は，重要なポイントになっています。この本には，困難な子どもの問題に立ち向かっているそうした親の努力の様子が，多くのエピソードを通して語られています。

　顧みると，朝日新聞厚生文化事業団が1989年と1992年に，ノースカロライナからショプラー元教授やメジボブ教授らＴＥＡＣＣＨのスタッフを招いて，わが国の療育担当者を対象に，東京と大阪で米国と同じスタイルの研修セミナーを開催してから10年が経ちました。当時私は佐々木正美先生のもとで，関西のコーディネーターの役割を与えられるという光栄に浴しましたが，自閉症の人たちの療育についてこれほどまでに濃厚で，効果的な現任者のトレーニングに出会ったことがありませんでした。あの研修セミナーは，一口でいって療育者側の立場のみからその場の状況をみたり，聞いたり，考えたりするのではなく，自閉症の人たち自身の身になって周囲の状況を認識する訓練の場であり，まさに感受性の訓練の場であると思われました。ある受講生は，「目から鱗が落ちる思いがした」と，その感動を表現していました。1989年度の大阪セミナーの受講生が中心になって「ＴＥＡＣＣＨプログラム研究会」を結成し，自分たちが受けたトレーニングの内容をモデルにして，公開研修会をこれまで開催してきたのも，その表れの１つでありました。そして，ＴＥＡＣＣＨに学んだ療育者の第２世代・第３世代が育ってきています。

　あれから10年，昨年は自閉症の人たちの療育をめぐっていくつかのトピックスがありました。全国の都道府県で自閉症・発達障害支援センターの設置が始まったことや，９月に東京の早稲田大学キャンパスを会場に，ショプラー先生を迎え1,000人を越える関係者が集まって「自閉症カンファレンス

監訳者あとがき

NIPPON 2002」が行われたことなどです。後者は，川崎医療福祉大学の佐々木正美先生のご発案ご尽力と，朝日新聞厚生文化事業団のご援助によるものでしたが，アメリカでのＴＥＡＣＣＨ総会のように，専門家や指導者のみでなく，親の立場からの大勢の参加と発表があって，わが国においても，親の立場の尊重と，親と専門家や指導者との連携の輪が広がっていることを実感した集まりでした。今年も９月中旬に第２回の開催が予定されているとか，さらなる成果が期待されるではありませんか。

　わが国においても，最近の親の立場での活動には目を見張るものがあります。ホームページを開設して，多くの方々が家庭でのわが子へのかかわりの様子を公表し，後輩の家庭の参考に供されていることは，関係者の間では周知の事実です。例えば，ホームページの名称で『ダダ父通信』『Happy Teppy 自閉症のままで』『自閉症ノブの世界』や，母親の立場からの『サリーの樹』などは中でも著名で，まさに20世紀の自閉症療育の名著というべき内容が読みとれます。

　ところで，1990年にショプラー先生が何度目かの来日をされたとき，ふともらされた雑談の中のお言葉によって，この本の原書のことを知りました。「親たちが日常生活の中で子どもたちの問題に対処している実践事例を集めて，その創意工夫の様子を本にまとめたいと思っている」というお話でした。非常に魅力的な内容なので，それまでに『自閉症児と家族』(*The Effects of Autism on the Family*)，『自閉症の評価──診断とアセスメント』(*Diagnosis and Assessment in Autism*)（どちらも，Ｅ.ショプラーとＧ.Ｂ.メジボブ編著の本の訳本，黎明書房刊）の２冊を訳出させていただいているご縁からも，ぜひその本も紹介したいと念願しました。

　そのあと，先生に何度か問い合わせをしていましたが，その都度完成の遅れを知らされて，いかに編集に力をこめ苦労されているかを察するとともに，ますますその本への期待を高めていました。原書は結局，最初にうかがってから５年後の発刊となり，さらに諸般の事情から，今回こうして訳書を上梓するまでに数年を要してしまいました。

本書のサブタイトルは『ＴＥＡＣＣＨ入門』としていますが，内容は決して入門の段階のものではないと思っています。この「入門」とは初級といった意味ではなく，文字通りＴＥＡＣＣＨの門に入る，すなわちＴＥＡＣＣＨの真髄を知るという意味であると理解してほしいと思います。また原書の第９章には，全米自閉症協会の各州支部の住所，電話番号等の資料が記載されていましたが，すでにかなりの年月を経て資源資料的な意味を失っていると判断され，掲載するとかえって混乱を招く恐れのあることから，ショプラー先生の了解を得て割愛しています。
　各章のとびらのページの氷山のイラストには，水面上・水面下のそれぞれに内容を示す項目とページが記されていて索引の役割を果たしています。しかし，かならずしもそれぞれの項目自体が本文中に記述されているわけではなく，文中の内容を要約した項目である場合が多いことをご了解ください。
　翻訳を分担してくれたのは，ＴＥＡＣＣＨの考え方に共鳴し，留学や研修の機会を持って直接ショプラー教授の教えを受け，ＴＥＡＣＣＨに学んでこられ，現在わが国のＴＥＡＣＣＨ実践の第一線で活躍中の人たちです。自閉症の障害特性を入念に理解してあるがままに受け容れ，双方のコミュニケーションの感性を培って相互理解に努め，自閉症の人たちが自立的な生活を送れるように総合的に支援するという視点を持った人たちばかりです。
　養護学校の教員をふり出しに，これまでの教育実践や研究，相談活動などを通して障害児教育の専門職でありたいと願ってきた私は，多くの自閉症の人たちやその保護者の人たちに育てていただいてきました。そうした体験に加えて，この本に語られている多くの事例を読んで痛感したことは，自閉症のわが子を支援している親たちの「明るさ」と「賢さ」と「謙虚さ」に学ぶことの大切さでした。「明るさ」とは，キャラクターとしての明るさもさりながら，問題行動などの困難な場面に遭遇しても，「きっとよくなる，改善できる」と信じて前向きに努力する，プラス思考の態度を失わないことを指します。また「賢さ」には，本人の障害特性を正確に把握したり，対処の方策などを適切に工夫するなどの的確な判断力が含まれます。そして，「まだまだ努力や工夫が足りない」と反省を忘れずに，試行錯誤の努力を惜しまぬ

監訳者あとがき

「謙虚さ」のある姿勢や態度が重要に思えてなりません。こうした親の方々の生き方は，感動的な第9章の手記でも語られているように，ともに苦労を分かち合い，役立つ資源を求めて情報を共有し合う，親同士の共感と連携のきずなによって育ち合われたものでありましょう。まさに本書は Survival Manual そのものであって，ひたむきな努力には畏敬の念を禁じ得ませんし，療育者としても親支援や家族支援のあり方に大きな示唆を与えられるものだと思います。

この本も，前述の『自閉症児と家族』『自閉症の評価──診断とアセスメント』の2冊に続いて，自閉症療育の問題に深い理解を示し，とりわけショプラー先生とＴＥＡＣＣＨ部の業績を高く評価しておられる黎明書房から刊行することができました。同社の武馬久仁裕社長をはじめ，編集の実務をじつに懇切，丁寧に果たしてくださった吉川雅子さんに，心からお礼を申し上げます。校正や雑務を引き受けて手伝ってくれた京都女子大学田川ゼミの学生大友貴美子さんや，その他お世話になった多くの方々に感謝を捧げます。

　2003年2月

田川元康

参考文献

第1章

American Psychiatric Association. 1994. *Diagnostic and Statistical Manual of Mental Disorders* (4th ed.). Washington, DC: Author.

Biklen, D. (1991). Communication unbound: Autism and praxis. *Harvard Educational Review, 60,* 291–314.

Green, G., & Shane, H. C. (1994). Science, reason, and Facilitated Communication. *Journal of the Association for Persons with Severe Handicaps, 19,* 151–172.

Kanner, L. (1943). Autistic disturbances of affective contact. *Nervous Child, 2,* 217–250.

Mesibov, G. B. (in press). Division TEACCH: A collaborative model program for service delivery training, and research for people with autism and related communication handicaps. In M. C. Roberts (Ed.), *Model Programs in service delivery in child and family mental health.* New York: Plenum Press.

Mesibov, G. B., Schopler, E., & Hearsey, K. A. (1994). Structured teaching. In E. Schopler & G. B. Mesibov (Eds.), *Behavioral issues in autism* (pp. 195–210). New York: Plenum Press.

Rimland, B. (1994). Facilitated communication: What's going on? *Autism Research Review, 6,* 4, 2.

Schopler, E. (1993). Anatomy of a negative role model. In G. Brannigan & M. Merrens (Eds.), *The undaunted psychologist* (pp. 173–186). New York: McGraw-Hill.

Schopler, E. (1994). A statewide program for the treatment and education of autistic and related communication handicapped children (TEACCH). *Child and Adolescent Psychiatric Clinics of North America 3(1),* 91–103.

Schopler, E., & Mesibov, G. B. (1987). *Neurological issues in autism.* New York: Plenum Press.

Schopler, E., Mesibov, G. B., & Hearsey, K. (1995). Structured teaching in the TEACCH system. In E. Schopler & G. B. Mesibov (Eds.), *Learning and*

cognition in autism (pp. 243–268). New York: Plenum Press.
Schopler, E., Mesibov, G. B., Shigley, R. H., & Bashford, A. (1984). Helping autistic children through their parents: The TEACCH method. In E. Schopler & G. B. Mesibov (Eds.), *The effects of autism on the family* (pp. 65–81). New York: Plenum Press.
Schopler, E., & Reichler, R. J. (1971). Parents as cotherapists. *Journal of Autism and Childhood Schizophrenia, 1,* 87, 102.
Schopler, E., & Reichler, R. J. (1972). Parents as cotherapists. In S. Chess & A. Thomas (Eds.), *Annual progress in child psychiatry and child development* (pp. 679–697). New York: Brunner/Mazel.
Watson, L., Lord, C., Schaffer, B., & Schopler, E. (1989). *Teaching spontaneous communication to autistic and developmentally handicapped children.* Austin, TX: Pro-Ed.

第2章

Aiken, J. M., & Salzberg, C. L. (1984). The effects of a sensory extinction procedure on stereotypic sounds of two autistic children. *Journal of Autism and Developmental Disorders, 14,* 291–299.
American Psychiatric Association. (1994). *Diagnostic and Statistical Manual of Mental Disorders* (4th ed.). Washington, DC: Author.
Breese, G. R., Mueller, R. A., & Schroeder, S. R. (1987). The neurochemical basis of symptoms in the Lesch-Nyhan syndrome: Relationship to central symptoms in other developmental disorders. In E. Schopler & G. Mesibov (Eds.), *Neurobiological aspects of autism* (pp. 145–160). New York: Plenum Press.
Eason, L. J., White, M. J., & Newson, C. (1982). Generalized reduction of self-stimulatory behavior: An effect of teaching appropriate play to autistic children. *Analysis and Intervention in Developmental Disabilities, 2,* 157–169.
Epstein, L. H., Doke, L. A., Satwaj, T. E., Sorrell, S., & Rimmer, B. (1974). Generality and side effects of overcorrection. *Journal of Applied Behavior Analysis, 7,* 385–390.
Foxx, R. M., & Azrin, N. H. (1973). The elimination of autistic self-stimulatory behavior by overcorrection. *Journal of Applied Behavior Analysis, 6,* 1–14.

Kanner, L. (1943). Autistic disturbances of affective contact. *Nervous Child, 2,* 217–250.

Kern, L., Koegel, R. L., & Dunlap, G. (1984). The influence of vigorous versus mild exercise on autistic stereotyped behaviors. *Journal of Autism and Developmental Disorders, 14,* 57–67.

O'Brian, F., & Azrin, N. H. (1972). Symptom reduction by functional displacement in a token economy. *Journal of Behavior Therapy and Experimental Psychiatry, 3,* 205–207.

Richmond, G. (1983). Evaluation of treatment for a hand-mouthing stereotype. *American Journal of Mental Deficiency, 44,* 667–669.

Rutter, M. (1978). Diagnosis and definition. In M. Rutter & E. Schopler (Eds.), *Autism: A reappraisal of concepts and treatment.* New York: Plenum Press.

Schopler, E., Mesibov, G. B., and Hearsey, K. A. (1995). Structured teaching in the TEACCH system. In E. Schopler & G. B. Mesibov (Eds.), *Learning and cognition in autism* (pp. 243–268). New York: Plenum Press.

第3章

Beisler, J. M., & Tsai, L. Y. (1983). A pragmatic approach to increase expressive language skills in young autistic children. *Journal of Autism and Developmental Disorders, 13,* 287–303.

Benaroya, S., Wesley, S., Oglvie, H., Klien, L. S., & Meany, M. (1977). Sign language and multisensory input training of children with communication and developmental disorders. *Journal of Autism and Childhood Schizophrenia, 7,* 23–31.

Carr, E., & Durand, V. M. (1985). Reducing behavior problems through functional communication training. *Journal of Applied Behavior Analysis, 18,* 111–126.

Carrier, J. K., Jr. (1974). Nonspeech noun usage training with severely and profoundly retarded children. *Journal of Speech and Hearing Research, 17,* 510–517.

Coleman, S. L., & Steadman, J. M. (1974). Use of a peer model in language training in an echolalic child. *Journal of Behavior Therapy and Experimental Psychiatry, 5,* 275–279.

Fulwiler, R. L., & Fouts, R. S. (1976). Acquisition of American Sign Language by a noncommunicative autistic child. *Journal of Autism and Childhood Schizophrenia, 6,* 43–51.

Lancioni, G. E. (1983). Using pictorial representations as communication means with low- functioning children. *Journal of Autism and Developmental Disorders, 13,* 87–106.

Lord, C. (1985). Autism and the comprehension of language. In E. Schopler & G. B. Mesibov (Eds.), *Communication problems in autism* (pp. 256–282). New York: Plenum Press.

Lord, C., & Baker, A. (1977). Communicating with autistic children. *Journal of Pediatric Psychology, 2,* 181–186.

Mesibov, G. B. (1992). Treatment issues with high-functioning adolescents and adults with autism. In E. Schopler & G. B. Mesibov (Eds.), *High functioning individuals with autism* (pp. 143–155). New York: Plenum Press.

Mesibov, G., Schopler, E., & Hearsey, K. (1994). Structured teaching. In E. Schopler & G. Mesibov (Eds.), *Behavioral management in autism* (pp. 195–210). New York: Plenum Press.

Schopler, E. (1994). Neurobiologic correlates in the classification and study of autism. In S. Broman & J. Grafman (Eds.), *Atypical cognitive deficits in developmental disorders: Implications for brain function.* Hillsdale, NJ: Lawrence Erlbaum.

Schopler, E., Mesibov, G. B., & Hearsey, K. A. (1995). Structured teaching in the TEACCH system. In E. Schopler & G. B. Mesibov (Eds.), *Learning and Cognition in Autism* (pp. 243–268). New York: Plenum Press.

Schopler, E., Reichler, R., & Lansing, M. (1980). *Individualized assessment and treatment for autistic and developmentally disabled children. Volume II: Teaching strategies for parents and professionals.* Baltimore: University Park Press.

Talkington, L. W., Hall, S., & Altman, R. (1971). Communication deficits and aggression in the mentally retarded. *American Journal of Mental Deficiency, 76,* 235–237.

Watson, L., Lord, C., Schaffer, B., & Schopler, E. (1989). *Teaching spontaneous communication to autistic and developmentally handicapped children.* Austin, TX: Pro- Ed.

Wilbur, R. B. (1985). Sign language and autism. In E. Schopler & G. B. Mesibov (Eds.), *Communication problems in autism* (pp. 229–253). New

York: Plenum Press.

第4章

American Psychiatric Association. (1994). *Diagnostic and Statistical Manual of Mental Disorders* (4th ed.). Washington, DC: Author.

Favell, J. (1973). Reduction of stereotypies by reinforcement of toy play. *Mental Retardation, 11 (4)*, 21–23.

Hopper, C., & Wambold, C. (1978, February). Improving the independent play of severely mentally retarded children. *Education and Training of the Mentally Retarded*, pp. 42–46.

Kern, L., Koegel, R., & Dunlap, G. (1984). The influence of vigorous versus mild exercise on autistic stereotyped behaviors. *Journal of Autism and Developmental Disorders, 10 (4)*, 379–387.

Mesibov, G. B. (1992). Treatment issues with high functioning adolescents and adults with autism. In E. Schopler & G. B. Mesibov (Eds.), *High Functioning Individuals with Autism* (pp. 143–155). New York: Plenum Press.

National Society for Autistic Children. (1977, July). *Definition of the syndrome of autism.* Approved by the Board of Directors and the Professional Advisory Board.

National Society for Autistic Children. (1980). *How they grow: A handbook for parents of young children with autism.* Washington, DC: Author.

Schlein, S., Wehman, P., & Kiernan, J. (1981). Teaching leisure skills to severely handicapped adults: An age-appropriate darts game. *Journal of Applied Behavior Analysis, 14 (4)*, 513–519.

Schopler, E., Brehm, S., Kinsbourne, M., & Reichler, R. (1971). Effect of treatment structure on development in autistic children. *Archives of General Psychiatry, 24*, 415–421.

Watters, R., & Watters, W. (1980). Decreasing self-stimulatory behavior with physical exercise in a group of autistic boys. *Journal of Autism and Developmental Disorders, 10 (4)*, 379–387.

第5章

Berkson, G., & Mason, W. A. (1964). Stereotyped movements of mental defectives, IV: The effects of toys and the character of the acts. *American Journal of Mental Deficiencies, 68,* 511–524.

Cataldo, M. F., & Harris, J. (1982). The biological basis for self-injury in the mentally retarded. *Analysis and Intervention in Developmental Disabilities, 2,* 21–39.

Favell, J. E., McGimsey, J. F., & Jones, M. L. (1978). The use of physical restraining in the treatment of self-injury and as positive reinforcement. *Journal of Applied Behavior Analysis, 11,* 225–241.

Favell, J. E., McGimsey, J. F., & Schnell, R. M. (1982). Treatment of self-injury by providing alternate sensory activities. *Analysis and Intervention in Developmental Disabilities, 2,* 83–104.

MacLean, W. E., & Baumeister, A. A. (1982). Effects of vestibular stimulation on motor development and stereotyped behavior of developmentally delayed children. *Journal of Abnormal Child Psychology, 10,* 229–245.

Mulick, J. A., & Durand, J. R. (1989). Antisocial behavior, aggression, and delinquency. In *Treatment of psychiatric disorders* (Vol. 1, pp. 20–26). Washington, DC: American Psychiatric Disorders.

Saposnek, D. T., & Watson, L. S. (1974). The elimination of the self-destructive behavior of a psychotic child: A case study. *Behavior Therapy, 5,* 79–89.

Schroeder, S. R., Rohajn, J., & Mulick, J. (1978). Ecobehavioral organization of developmental day care for the chronically self-injurious. *Journal of Pediatric Psychology, 3,* 81–88.

Schroeder, S. R., Schroeder, C. S., Rojahn, J., & Mulick, J. (1981). Self-injurious behavior: An analysis of behavior management techniques. In J. L. Matson & J. R. McCarthey (Eds.), *Handbook of behavior modification with the mentally retarded* (pp. 61–115). New York: Plenum Press.

Wells, M., & Smith, D. W. (1983). Reduction of self-injurious behavior of mentally retarded persons using sensory integrative techniques. *American Journal of Mental Deficiency, 87,* 664–666.

第6章

Ando, H. (1977). Training autistic children to urinate in toilet through operant conditioning techniques. *Journal of Autism and Developmental Disorders, 7,* 151–163.

Azrin, N. H., & Foxx, R. (1971). A rapid method of toilet training the institutionalized retarded. *Journal of Applied Behavioral Analysis, 4,* 89–99.

Bettison, S. (1978). Toilet training the retarded: An analysis of the stages of development and procedures for designing programs. *Australian Journal of Developmental Disabilities, 5,* 95–100.

Horner, R. D., & Keilitz, I. (1975). Training mentally retarded adolescents to brush their teeth. *Journal of Applied Behavior Analysis, 8,* 301–310.

Robinault, I. P. (1973). *Functional aides for the multiply handicapped.* Hagerstown, MD: Harper & Row.

Saunders, R. H. (1976). Take a giant step to independent living: Adaptive toothbrushing. *Teaching Exceptional Children, 9,* 7.

Schopler, E., Reichler, R. J. & Lansing, M. D. (1980). *Individualized assessment and treatment for autistic and developmentally disabled children, Volume 2: Teaching strategies for parents and professionals* (2nd ed.). Austin, TX: Pro-Ed.

Wehman, P. (1979). *Curriculum design for the severely and profoundly handicapped.* New York: Human Sciences Press.

第7章

Azrin, N. H., & Armstrong, P. M. (1973). The mini-meal: A method for teaching eating skills to the profoundly retarded. *Mental Retardation, 11*(1), 9–13.

Ball, T. S., Hendrickson, H., & Clarton, J. (1974). A special feeding technique for chronic regurgitation. *American Journal of Mental Deficiency, 78,* 486–493.

Borreson, P. M., & Anderson, J. L. (1982). The elimination of chronic rumination through a combination of procedures. *Mental Retardation, 20*(1), 34–38.

Brazelton, T. B. (1974). *Toddlers and parents.* New York: Dell.

Bristol, M. M. (1984). Family resources and successful adaptation to autistic children. In E. Schopler & G. B. Mesibov (Eds.), *The effects of autism on the family* (pp. 289–310). New York: Plenum Press.

Dalldorf, J. S. (1985). *Medical aspects of the autism syndrome* [Unpublished Monograph]. Chapel Hill: University of North Carolina at Chapel Hill, Medical School, Division TEACCH.

Daniel, W. H. (1982). A management of chronic rumination with contingent exercise employing topographically dissimilar behavior. *Journal of Behavioral Therapy and Experimental Psychiatry, 13,* 149–152.

Groves, I. D., & Carroscio, D. F. (1971). A self-feeding program for the severely and profoundly retarded. *Mental Retardation, 9*(3), 10–13.

Hendriksen, K., & Doughty, R. (1967). Decelerating undesired mealtime behavior in a group of profoundly retarded boys. *American Journal of Mental Deficiency, 72,* 40–44.

Holmes, C. A. (1982). Self-monitoring reactivity and a severe feeding problem. *Journal of Clinical Child Psychology, 11,* 66–71.

Jones, T. W. (1989). Behavior related eating disorders. In *Treatment of psychiatric disorders* (pp. 57–67). Washington, DC: American Psychiatric Association.

Kozloff, M. A. (1973). *Reaching the autistic child.* Champaign, IL: Research Press.

Kozloff, M. A. (1974). *Educating children with learning and behavior problems.* New York: Wiley and Sons.

Leibowitz, J. M., & Holler, P. (1974). Building and maintaining self-feeding skills in a retarded child. *Journal of Occupational Therapy, 28,* 545–548.

Mulick, J. A., Schroeder, S. R., & Rojahn, J. (1980). Chronic ruminative vomiting: A comparison of four treatment procedures. *Journal of Autism and Developmental Disorders, 10,* 203–214.

Murray, M. E., Keele, D. K., & McCarver, J. W. (1977). Treatment of ruminations with behavioral techniques: A case report. *Journal of Behavior Therapy, 8,* 999–1003.

Paluszny, M. D. (1979). *Autism: A practical guide for parents and professionals.* New York: Syracuse University Press.

Ritvo, E. R. (Ed.). (1976). *Autism: Diagnosis, current research and management.* New York: Spectrum.

Schroeder, S. R. (1989). Rumination. In *Treatments of psychiatric disorders* (Vol. 1, pp. 53–55). Washington, DC: American Psychiatric Association.

Schroeder, S. R., & Reese, M. (1984/1985, Spring Semester). Picky eating and stimulus control: A research project. *TEACCHer's report.* Chapel Hill, NC: University of North Carolina, Division TEACCH.

Singh, N. N., Manning, D. J., & Angell, M. J. (1982). Effects of oral hygiene punishment procedure on chronic rumination and collateral behaviors in

monozygous twins. *Journal of Applied Behavior Analysis, 15,* 302–314.
Spock, B., & Rothenberg, M. B. (1985). Dr. Spock's baby and child care. New York: Simon & Schuster.
Stiver, R. L., & Dobbins, J. P. (1980). Treatment of atypical anorexia nervosa in the public school: An autistic girl. *Journal of Autism and Developmental Disorders, 10,* 67–74.
White, A. J. (1982). Outpatient treatment of oppositional non-eating in a deaf retarded boy. *Journal of Behavior Therapy and Experimental Psychiatry, 13,* 251–255.

第8章

Ayllon, T., Garber, S. W., & Allison, M. G. (1977). Behavioral treatment of childhood neurosis. *Psychiatry, 40,* 315–322.
Barnard, J. D., Christophersen, E. R., & Wolf, M. M. (1977). Teaching children appropriate shopping behavior through parent training in the supermarket setting. *Journal of Applied Behavior Analysis, 10,* 49–59.
Bernal, M. E., Duryee, J. S., Pruett, H. E., & Burns, B. J. (1968). Behavior modification and the brat syndrome. *Journal of Consulting and Clinical Psychology, 32,* 447–455.
Doleys, D. M., Wells, K. C., Hobbs, S. A., Roberts, M. W., & Cartelli, L. M. (1976). The effects of social punishment on noncompliance: A comparison with timeout and positive practice. *Journal of Applied Behavior Analysis, 9,* 471–482.
Fjellstedt, M., & Sulzer-Azaroff, B. (1973). Reducing the latency of a child responding to instructions by means of a token system. *Journal of Applied Behavior Analysis, 6,* 125–130.
Gualtieri, T., Evans, R. W., & Patterson, D. R. (1987). The medical treatment of autistic people: Problems and side effects. In E. Schopler & G. B. Mesibov (Eds.). *Neurobiological Issues in Autism* (pp. 374–385). New York: Plenum Press.
Haring, T. C., & Kennedy, C. H. (1990). Contextual control of problem behavior in students with severe disabilities. *Journal of Applied Behavior Analysis, 23,* 235–243.
Kanoly, P., & Rosenthal, M. (1977). Training parents in behavior modification: Effects on perceptions of family interactions and deviant children. *Behav-*

ior Therapy, 8, 406–410.
McLaughlin, J. G., & Nay, W. R. (1975). Treatments of trichotillanonia using positive covariants and response cost: A case report. *Behavior Therapy, 6,* 87–91.
Mesibov, G. B. (in press). Division TEACCH: A collaborative model program for service delivery, training, and research for people with autism and related communication handicaps. In M. C. Roberts (Ed.), *Model programs in service delivery in child and family mental health.* New York: Plenum Press.
National Institute of Health. (1990). Consensus development conference statements: Treatment of destructive behaviors in persons with developmental disabilities. *Journal of Autism and Developmental Disorders, 20,* 403–429.
Ruggles, T., & LeBlanc, J. (1985). Behavior analysis procedures in classroom teaching. In A. S. Bellack, M. Heusen, & A. E. Kazdin (Eds.), *International handbook of behavior modification and therapy* (student ed., pp. 353–390). New York: Plenum Press.
Schreibman, L. (1994). General principles of behavior management. In E. Schopler & G. B. Mesibov (Eds.), *Behavioral issues in autism* (pp. 11–38). New York: Plenum Press.
Schopler, E., Mesibov, G. B., & Hearsey, K. (1995). Structured Teaching in the TEACCH system. In E. Schopler & G. B. Mesibov (Eds.), *Learning and Cognition in Autism* (pp. 243–268). New York: Plenum Press.
Schutte, R. C., & Hopkins, B. L. (1970). The effect of teacher attention on following instructions in a kindergarten class. *Journal of Applied Behavior Analysis, 3,* 117–122.
Sulzer-Azaroff, B., & Pollack, M. J. (1985). The modification of child behavior problems in the home. In A. S. Bellack, M. Hensen, & A. E. Kazdin (Eds.), *International handbook of behavior modification and therapy* (student ed. pp. 311–352). New York: Plenum Press.
Wahler, R. G. (1969). Oppositional children: A quest for parental reinforcement control. *Journal of Applied Behavior Analysis, 2,* 159–170.
Wahler, R. G., & Foxx, J. J. (1980). Solitary toy play and time-out: A family treatment package for children with aggressive and oppositional behavior. *Journal of Applied Behavior Analysis, 13,* 23–39.
Weiner, H. (1962). Some effects of response costs upon human operant behavior. *Journal of the Experimental Analysis of Behavior, 5,* 201–208.

訳者紹介

※下記の所属は出版時（2003年3月）のものです。

田川元康（たがわ　もとやす）
　大阪市立大学文学部卒業。
　現職：和歌山大学名誉教授，京都女子大学家政学部教授，臨床心理士。
　監訳・第1章担当。

梅永雄二（うめなが　ゆうじ）
　慶應義塾大学文学部卒業，
　筑波大学大学院修士課程修了。
　現職：明星大学人文学部助教授，臨床心理士。
　第2・8章担当。

新澤伸子（にいさわ　のぶこ）
　大阪大学人間科学部卒業，
　大阪教育大学大学院修士課程修了。
　ノースカロライナ大学医学部精神科ＴＥＡＣＣＨ部研修生。
　現職：大阪府自閉症・発達障害支援センター長，臨床心理士。
　第3・7章担当。

安倍陽子（あべ　ようこ）
　文教大学人間科学部卒業。
　ノースカロライナ大学医学部精神科ＴＥＡＣＣＨ部研修生。
　現職：横浜市南部地域療育センター，臨床心理士。
　第4・9章担当。

中山清司（なかやま　きよし）
　大阪市立大学文学部卒業，
　和歌山大学大学院修士課程修了。
　ノースカロライナ大学医学部精神科ＴＥＡＣＣＨ部研修生。
　現職：社会福祉法人横浜やまびこの里・仲町台センター職員。
　第5・6章担当。

自閉症への親の支援
じ へいしよう　　おや　　し えん

| 2003年3月31日 | 初版発行 |
| 2010年2月1日 | 11刷発行 |

監訳者　田　川　元　康
　　　　　た　がわ　もと　やす
発行者　武　馬　久　仁　裕
印　刷　藤原印刷株式会社
製　本　協栄製本工業株式会社

発　行　所　株式会社　黎　明　書　房
　　　　　　　　　　　れい　めい　しょ　ぼう

〒460-0002 名古屋市中区丸の内3-6-27EBSビル ☎052-962-3045
　　　　　振替・00880-1-59001　　　　　　FAX052-951-9065
〒101-0051 東京連絡所・千代田区神田神保町1-32-2
　　　　　南部ビル302号　　　　　　　　☎03-3268-3470

落丁本・乱丁本はお取替します。　　　　ISBN978-4-654-02076-8
Ⓒ 2003, Printed in Japan

自閉症児と家族

E.ショプラー・G.B.メジボブ編著　田川元康監訳
A5判・12000円

「親を，子どもを治療する場合の共同治療者とする」という観点に立つ，自閉症児・障害児の生涯療育プログラムTEACCHの指導技法と臨床体験を詳述。障害児とその家族／両親による自閉症児への援助／自閉症児の家族の成長／他

自閉症の評価

E.ショプラー・G.B.メジボブ編著　田川元康・長尾圭造監訳
A5判・12000円

診断とアセスメント／世界の最高水準にある自閉症児・障害児の生涯療育プログラムTEACCHの報告をもとに，自閉症の診断と評価に関する諸問題について分析・解説。小児期自閉症の分類と診断／自閉症の行動アセスメント／他

幼児自閉症の研究

L.カナー著　十亀史郎・斉藤聡明・岩本 憲訳
A5判・7500円

精神医学選書②／1943年に発表された自閉症研究の金字塔「情動的交流の自閉的障害」をはじめ1973年に至るまでの主要論文16編を収録。自閉症研究の先駆者カナーの全貌を示す貴重な研究書。

自閉症

内山喜久雄監修　小林重雄・大野裕史編著
A5判・3500円

情緒障害児双書②／自閉症状へのさまざまなアプローチの方法を，詳細な症例報告をまじえて語る。人とのかかわりの形成／反復傾向・こだわり行動のコントロール／コミュニケーション行動の形成／乳幼児期段階のアプローチ／他

十亀史郎著作集〈全2巻〉

A5判
セット価格19000円（分売不可）

上巻・自閉症論集　下巻・児童精神医学論集／わが国で初めての情緒障害児学級「あすなろ学園」を開設し，自閉症の施設内療育をはじめ児童精神医療に生涯をかけた故十亀史郎氏の多方面にわたる業績の集大成。

学習障害（LD）ってなに？

高野清純・渡辺弥生著
四六判・1500円

学習障害の原因や特徴，発見・指導の方法，専門機関とのかかわり方等を，Q&A方式でわかりやすく解説。早期発見と適切な対応のための親と教師の必読書。学習障害（LD）とは／学習障害児への指導／学習障害児の意欲を育てる問題／他

神経症の行動療法

J.ウォルピ著　内山喜久雄監訳
A5判・11000円

新版・行動療法の実際　精神医学選書⑥／行動療法の大先達ウォルピが全力を傾けた，不安，神経症ないしその周辺についての臨床的研究の集大成。医師，臨床心理士，カウンンセラーなど臨床家・実践家に必携の指導書。新装版

表示価格は本体価格です。別途消費税がかかります。